帝國末路

四千年大夢之覺醒，一個王朝的隱退！

以晚清歷史大事件為線索，揭開帝國崛起被打斷的原因

朱耀輝 —— 著

晚清的
衝突與變革

自 1793 年馬戛爾尼訪華到 1911 年辛亥革命

百餘年間，不知多少人頭落地，匯成滔滔血海

以文字沖開覆蓋在歷史上的層層汙穢和金粉

歷史格局的演化自有其規律在，所有局中人都是迫不得已……

目錄

目錄

第一章
馬戛爾尼訪華：兩個文明的衝突

在天朝上國的閉關政策面前，馬戛爾尼（Macartney）碰了一鼻子灰，不得不返回倫敦。然而這次旅行也讓使團看清了清朝盛世下的荒蕪，如同捅破一層窗戶紙，打破了傳教士在歐洲建立的東方神話。

　　西元 1793 年，中國農曆癸丑年，清高宗乾隆五十八年。

　　這一年的西方很熱鬧，法國那位「鎖匠國王」路易十六（Louis XVI）在軍鼓和「國民萬歲」的呼聲中被推上了斷頭臺，二十四歲的拿破崙（Napoleon）剛剛抵達土倫港前線，喬治・華盛頓（George Washington）正在美國激情澎湃地演講著只有 135 個詞的史上最短的總統就職演說。遙遠的英國，一支從英吉利海峽出發的由七百多人組成的使團分乘軍艦「獅子號」和「印度斯坦號」正行駛在茫茫海面上。

　　地球的另一端，大清帝國卻顯得十分寧靜，沒有天災，沒有戰亂，天上沒有星星閃爍，地上也沒有到處冒紅光。清朝的子民們依舊做著天朝上國的迷夢，沉浸在閉關自守帶來的自我感覺良好的狀態中。皇帝和多數大臣不了解外部的世界和時代的變化，他們不知道外面的世界有多精彩。八大胡同夜夜笙歌，大煙館內雲霧繚繞，彷彿外面的世界發生的那一切都與他們毫無關聯。

　　17 世紀以後，科技革命席捲了整個歐洲，自然而然地又帶動了工業革命向世界範圍內的擴展，人類開始從農業文明向工業文明過渡。

　　18 世紀中期，英國開始了一場前所未有的革命。西元 1733 年，機械師約翰・凱伊（John Kay）發明了飛梭，使織布工人的效率提高了一倍；西元 1764 年，蘭開夏郡內的詹姆士・哈格里夫斯（James Hargreaves）發明了珍妮紡紗機，大大加快了織布的速度，也刺激了對棉紗的需求；西元 1769 年，瓦特（Watt）製成第一臺蒸汽機，從此人類的發展進入了狂飆突進的全新時代；西元 1807 年，美國人富爾頓（Fulton）製造了第一艘汽船；西元 1814 年，史蒂文生（Stephenson）發明了蒸汽機車……

　　工業革命的狂飆突進極大地刺激了英國的經濟，讓英國從孤懸海外的

島國崛起為「日不落帝國」。

　　當時的中國，正處於清王朝統治中期，經過康雍乾三朝，封建社會經濟得到恢復並取得較大發展。乾隆末年，中國的農作物總產量已躍居世界第一位，人口突破三億大關，約占當時世界人口的三分之一，手工業與商品經濟有了突飛猛進的發展。景德鎮的瓷器達到歷史高峰，銀號亦開始在山西出現，對外貿易急遽增長，主要出口商品有茶、絲、土布，尤以茶葉占第一位，這一切都在表明，一個嶄新的盛世已經到來。

　　從地緣政治學的角度來看，中國處於亞洲大陸的東部、太平洋西岸，西面是世界屋脊青藏高原，這裡氣候嚴酷，物產瘠薄，人煙稀少，再加之宗教氣氛濃厚，經常處於分裂狀態，難以產生強大的政治勢力威脅中央王朝的政權；西北僅有一線絲綢之路與外部世界溝通；北部是內蒙古高原，東北部是白雪皚皚的大小興安嶺，冰雪、險峰和森林形成了一道天然阻隔，東南則是地球上最大的海洋。東亞大陸得天獨厚的自然條件和地理環境，孕育了中華民族以農耕為主體的經濟形態。中國歷來是「以農業立國」，這也不難理解，縱觀人類幾千年的發展史，規模較大的文明都需要依賴農業為主的生產力。

　　清王朝始終抱著中國傳統的天下觀，自認為華夏就是世界的中心，普天之下，莫非王土，率土之濱，莫非王臣，以自我為中心的價值觀念來處理與外部的一切關係。這種地理中心觀念不僅僅是一種地理觀念，也是一種文化中心觀念。千年以來，全體中國人對「天朝上國」的自信已是無可動搖，正如山繆·杭廷頓（Samuel Huntington）在《文明衝突論》（*The Clash of Civilizations*）裡指出：「每一個文明都把自己視為世界的中心，並把自己的歷史當作人類歷史主要的戲劇性場面來撰寫。」隨著君主專制逐漸強化，統治者閉目塞聽，再加上自給自足的小農經濟使人們彼此隔絕，

國內統治者以及廣大百姓對外界幾乎沒有了解，還處在「天朝上國」的迷夢之中，不能自拔。

一個是世界上最強大的國家，一個是天下唯一的文明古國。然而兩者之間卻極少有過交流，正如華裔歷史學家徐中約所說：「東西方文明各自處在光輝而孤立的狀態，相互間知之甚少，的確，東方和西方迥然不同，兩者沒有碰撞」。

歷史的車輪吭哧吭哧進入 18 世紀之後，開始了加速行駛，英國這列火車藉著工業革命的春風高速行進在寬敞大道上，而中國這輛破舊的馬車卻已發出不堪重負的呻吟。

因為一個人的到來，古老中國與西方國家終於有了第一次親密接觸。

這個人就是馬戛爾尼此時的他，正站在「獅子號」上的甲板，眺望著遠方的碧海藍天，盡情地呼吸著東方的氣息，內心複雜而激動。他的目標在遙遠的中國 —— 那是歐洲人一心嚮往的聖地。

喬治·馬戛爾尼（George Macartney），一位出生於愛爾蘭的經驗豐富的英國外交官，英國國王喬治三世（George III）的表兄。在接受這次中國行的任務之前，他曾經做過駐俄公使、愛爾蘭事務大臣和印度馬德拉斯總督，在出使俄國進行貿易談判時，馬戛爾尼充分發揮三寸不爛之舌的特長，為在俄國經商的英國商人爭取到了公平的權益，讓英國政府對他刮目相看。此次訪華，英國政府派出了這位老牌政治家，期望他能代表偉大的日不落帝國向東方皇帝問好，名義是給乾隆皇帝祝壽。

事實上，所謂的祝壽只是一個幌子。馬戛爾尼的此次訪華，是受英國國王喬治三世的派遣，帶著重大使命來求見大清帝國的乾隆皇帝。

18 世紀末的英國，在經過將近一百年的累積和努力後，將西方其他資

本主義國家遠遠拋在了後頭，正在大踏步地邁向資本主義社會。一個日益強大的工業文明正在大西洋上冉冉升起。儘管英國國土有限，人口不多，卻由於商品經濟、機械化及工業革命而取得了飛速的發展。作為工業革命起步最早、發展最快的國家，英國人感到十分自豪。

眾所周知，資本主義的發展必然要求它到外部世界去開拓市場，開拓原料產地。由於中國封閉型的自給自足的自然經濟狀態，鉛、錫、銅、毛呢棉花等「洋貨」在中國本土銷路不暢，而中國出產的絲綢、茶葉、瓷器、藥材在海外市場大受歡迎。在中國瓷器流入歐洲之前，歐洲人的餐桌上大多擺放的是鐵質和木製餐具，富裕家庭和上流社會則會使用金銀器具。在見識到中國精美的瓷器後，他們被徹底震撼了！沃肯曾指出，「在西歐見識到中國瓷器以後，中國瓷器就受到熱烈歡迎。因為這是一種不是本地陶器所能比擬的器皿，中國瓷器所特備的優點，它那種不滲透性、潔白、具有實用的美以及比較低廉的價格，都使它很快成為當地人民深深喜愛的物品」。

在當時的大清帝國，外國商人的貿易被長期限制在廣州，為了拓展海外市場，扭轉長期以來的對華貿易逆差，開啟中國的國際貿易大門，在征服了印度之後，英國把目光投向了遙遠神祕的東方古國 —— 中國。所以，馬戛爾尼此次來中國，其實是為了解決中西之間的貿易不均衡問題，和中國建立平等的外交關係並開展擴大經濟貿易往來。

歐洲人對於中國的狂熱追尋和嚮往緣於那本風靡歐洲的超級暢銷書《馬可‧波羅遊記》（*The Travels of Marco Polo*）。這本書在當時的歐洲颳起了一陣最炫「中國風」。在書中，馬可‧波羅（Marco Polo）告訴自己的歐洲同鄉，「中國地大物博，國泰民安，臣民身居大廈，衣著錦繡，地面生長著奇花異草和丁香、八角、肉桂、荳蔻等西方上流社會必不可少的高級

調味品，地下則遍布黃金白銀等西方人夢寐以求的物品。」

　　這本書忽悠了不少渴望黃金和香料的西方冒險家，其中之一就是哥倫布（Columbus）。也由於這篇遊記，使得歐洲的探險家們前仆後繼，尋找通往遍地黃金的大汗樂土之路。

　　張宏傑在他的《飢餓的盛世》中這樣寫道：「歐洲許多的大學者都對中國文化如醉如痴，他們認為中國的一切，從制度到道德，都比歐洲優越。伏爾泰（Voltaire）在他的小禮堂中供奉上了孔子畫像，並且向歐洲人宣稱：『世界歷史始於中國。』萊布尼茲（Leibniz）被稱為『狂熱的中國崇拜者』，他認為中國擁有『人類最高度的文化和最發達的技術文明』。他的學生沃爾夫則認為中國就是現世的烏托邦。」

　　事實上，我們的主角馬戛爾尼也是一位不折不扣的中國迷。這位經驗豐富的政治家這一年已經五十六歲了，他走過了大半個世界，該經歷的都經歷過了，卻唯獨沒有來過中國，這不能不說是一個遺憾。他曾寫詩吐露內心憧憬，表達對遙遠中國的嚮往：

彷彿我遊覽中國幸福的海濱，

攀登她無比自豪的傑作萬里長城。

眺望她波濤洶湧的江河，

她的都市與平原，她的高山岩石和森林。

越過北方疆界，探研韃靼曠野，

不列顛冒險家從未到過的地方。

　　為了表示對遙遠的東方古國的崇敬，敲開中國這扇財富的大門，英國皇帝對於使團的規模和人數也是精心考慮，為使團的組成進行了周密的準備。

這是一個耗費巨大、人員眾多的外交使團，具有商務和政治的雙重目的，使團人才濟濟，各色人等一應俱全，有科學家、園藝家、作家、翻譯家、外交官、青年貴族、學者、醫師、畫家、樂師、技師、士兵和僕役等，還有東印度公司的職員和大量軍事人員，算上水手將近 700 人，其中還包括馬戛爾尼的摯友，也是使團副使的斯當東（Staunton）和年僅 12 歲的小斯當東。

記住這個紅頭髮藍眼睛的小男孩，在不久的將來，他的名字將會多次出現在我們的視野中。

對於禮物的挑選，英國人更是費盡了苦心。

為了這次出使，英國政府花費了一萬三千多英磅，準備了六百多箱豐富的禮品，期待能夠打動那位遙遠的中國皇帝，讓他們大開眼界，見識一下英國的各種新奇發明。

在此，有必要介紹一下我們下文中的主角 —— 乾隆皇帝。

乾隆原名愛新覺羅·弘曆，是雍正帝第四子，滿清入關後的第四位皇帝。西元 1735 年（雍正十三年），有「中國歷史上最勤勉皇帝」之稱的四爺 —— 雍正去世，年僅二十五歲的弘曆即位，改年號為乾隆。乾隆在位六十年，退位後當了三年太上皇，實際執掌最高權力長達六十三年零四個月，是中國歷史上執政時間最長、年壽最高的皇帝。在他漫長的執政生涯裡，大清帝國疆域遼闊，經濟繁榮，萬邦來朝，氣象恢弘，和祖父康熙一朝被稱為「康乾盛世」。而他本人也被描述為開明寬厚、風流倜儻的一代「聖君」。當然，這一切都只是乾隆描繪的一副虛幻的圖景。

晚年的乾隆皇帝喜歡虛榮，他曾得意地自封為「十全老人」，喜歡鋪張浮誇，好大喜功；他愛寫詩，一生寫了四萬首詩，差不多接近《全唐詩》

的總和，可稱第一，但是很遺憾，沒有一句留傳下來；他愛炫耀，喜歡給別人挑錯，以展現自己學問之廣博。

除此之外，乾隆皇帝喜愛西洋玩意兒是出了名的。為了讓乾隆皇帝高興，英國人幾乎帶上了他們所能想到的一切能顯示他們科技水平的發明。這些禮品，是「能顯示歐洲先進的科學技術，並能給（中國的）皇帝陛下的崇高思想以新啟迪的物品。」其中有蒸汽機、棉紡機、梳理機和織布機等工業機器；有當時世界上最先進的天文儀器如天體執行儀、地球儀、望遠鏡；還有也有吊燈、座鐘、帶有減震裝置的馬車、用特種鋼製作的刀劍等生活用品；也還有最先進的軍事武器如榴彈砲、迫擊炮、卡賓槍、連發手槍和裝備有 110 門火炮的巨型戰艦「君王」號艦艇模型。

禮物都準備妥當了，喬治三世緊接著大筆一揮，寫了一封信給乾隆皇帝。

在經過精心準備後，馬戛爾尼對此次訪華信心十足。他相信，憑著自己的三寸不爛之舌和如此眾多繁複的禮品，一定能夠打動那位遙遠的東方皇帝，讓清朝產生與他們進行貿易往來的欲望和動力。

與之相反的是，長期關注清朝政府動向的東印度公司駐廣州的代理人卻不這麼認為。在他看來，「中國政府對外國人一概蔑視，它對外國實力的無知使它過分地相信自己的強大。它認為派遣使團只是一種效忠的表示。」（阿蘭・佩雷菲特（Alain Peyrefitte）：《停滯的帝國》（*The Immobile Empire*））

在將近十個月的顛簸之後，西元 1793 年 6 月 19 日，馬戛爾尼終於看到了中國。而早在前一年，即西元 1792 年，英國使團準備訪問中國的消息已透過英國東印度公司董事長的信件傳遞給兩廣總督，進而通報給了乾

隆皇帝。信中特別寫道：「英王陛下為了增進兩個朝廷間的友好往來，為了發展於兩國都有利的貿易關係，決定派遣他親愛的中表，馬戛爾尼勛爵為全權特使赴北京訪問。」

乾隆皇帝得知在自己的八十三歲生日宴會上，會有一個叫「英吉利」的陌生國家的洋人專程來為自己祝壽時，非常高興，他讓人搬來了《大清一統志》，這本書中記載了中國人已知的所有國家。然而翻遍全書，乾隆也沒找到這個所謂的英吉利在地理上的位置，不過這並不妨礙他接受洋人的朝貢。乾隆還回覆兩廣總督，破例准許使團從天津登陸上岸。要知道，依以往的慣例，海上達到的外國貢使一律由廣州上岸，由此可見，對於為祝壽而來的馬戛爾尼使團，乾隆皇帝表示出了足夠的重視，他還敕令沿海各地大員，在英使到達之日，予以熱情接待，並提供免費的食物供應。

英夷使團前來「朝貢」（至少清朝政府官員認為這是朝貢），自然是件好事，但也不能失了「中國特色」，最好能做到豐儉適中、不卑不亢。想到這裡，乾隆又以上諭的形式告誡相關人員：人家貢使大老遠的來一趟，第一次來觀光我天朝上國，絕非緬甸、安南等隔壁老來串門的常客可比，你們可不能怠慢了啊！

但是，乾隆話鋒一轉，「蠻夷」畢竟是蠻夷，也不能對他們掉以輕心，要不動聲色，密加查察防範。

乾隆皇帝的興致很高，地方官員們也瞅準了時機來拍馬屁，比如這位直隸總督梁肯堂就搶了個頭彩，他的奏摺就堪稱馬屁折的典範：

臣仰見皇上德威遠播聲教覃敷，似此海隅外夷人亦不避重洋，輸誠入貢。當航海獻瑞之時，正勁旅凱旋之候。熙朝盛事，亙古罕聞。臣實不勝踴躍欣忭之至。優查該使臣馬戛爾尼等既由天津進口登陸，初履中華之

土，得近日月之光，似宜量加犒賞，以勵其向化之誠。(《乾隆英使覲見記》)

　　乾隆五十八年（西元 1793 年）七月，馬戛爾尼率領的這支使團艦隊抵達舟山海域。一靠岸，「數以千計的小帆船都駛來觀賞這前所未有的壯觀。一名中國領航員和他的幾名同胞上了船，他們非常好奇地參觀了船上的一切裝置。當他們在英使會客室裡看見他們的皇帝像時，立即跪下，十分崇敬地叩了好幾個頭。」(斯當東 (Staunton)：《英使謁見乾隆紀實》(*An Authentic Account of an Embassy from the King of Great Britain to the Emperor of China*))

　　對著一幅皇帝的畫像叩頭？馬戛爾尼搖搖頭，表示無法理解。然而緊接著，英國人開始了一個又一個吃驚，與馬可波羅遊記中所寫的黃金遍地、人人都身穿綾羅綢緞不同，一登上中國的土地，他們馬上發現了怵目驚心的貧困，以及統治階級對百姓的暴虐、壓迫與不公，這與他們之前所了解的情況截然不同。

　　在到達浙江定海後，英國人受到了定海總兵的熱情歡迎。得知使團下一站要去天津，總兵派人滿城去找到過天津的人，給使團當嚮導。

　　派出去的士兵很快帶回來了一群可憐蟲，一個個雙膝跪地，趴在地上接受詢問，有的人雖然去過天津，卻不是水手；有的雖然是水手，卻從未去過天津。總兵揮了揮手，不一會兒又找來了兩個人，這二人雖然符合條件，但經商有成，早都不下海了。兩人跪著懇求免除這趟差事，但卻被無情拒絕，連一旁的英國人都為他們鳴不平，「總兵的這種專斷，反映了該朝廷的法制或給予百姓的保護都不怎麼美妙，迫使一個誠實而勤勞的公民、事業有成的商人拋家離子，從事於己有害無益的勞役，是不公正的和

暴虐的行為。除非是在一個專制的、其子民不知有法而只知有暴君的國度，這是不能容忍的。」

比這更讓他們震驚的事還在後面。

在與中國人初步接觸後，英國人對中國人的美好感一掃而光。中國人給英國人留下了很壞的印象：撒謊、奸詐，偷得快，悔過得也快，而且毫不臉紅。「他們一有機會就偷，但一經別人指出就馬上說出窩藏贓物的地方。有一次吃飯時，我們的廚師就想厚顏無恥地欺騙我們。他給我們上兩隻雞，每隻雞都少一條腿。當我們向他指出一隻雞應有兩條腿時，他便笑著把少的雞腿送來了。」

不僅如此，當時中國人國民性格中的自私、冷漠與麻木也給英國人留下了相當深刻的印象。使團的船經過運河時，有一夥看熱鬧的人壓翻了河中的一艘小船，許多人掉進河中。雖然附近有不少船隻在行駛，卻沒有一艘船前去救援，眼睜睜地看著他們在河中掙扎。英國人想讓自己的船隻過去救援，卻得不到任何回應。英國人悲哀地發現，這個專制統治下的民族已經麻木自私冷酷到了骨子裡了！

8月5日，馬戛爾尼一行在天津大沽口登陸，兩名清朝大臣 —— 通州副將王文雄、天津道喬人傑，奉命親自到大沽迎接英國使團。清朝的官員們對這些高鼻梁白皮膚藍眼睛的外國人十分客氣，為他們提供了豐盛的食物。英國人看了下清單，結果大吃一驚，因為這份禮單上列的種類實在是太多了！

牛二十頭、羊一百三十頭、豬一百二十頭、雞一百隻、鴨一百隻、粉一百六十袋、米一百六十袋、滿洲麵包十四箱、茶葉十箱、小米一箱、紅米十箱、白米十箱、蠟燭十箱、西瓜一千個、甜瓜三千個、乾製桃子

二十二箱、蜜餞果子三十二箱、乾製果子二十二箱、蜜餞蔬菜二十二箱、鹽製蔬菜二十二箱、大號冬瓜四十籃、南瓜一千個、新鮮蔬菜四十捆、豌豆莢二十擔、陶器三簍。

這麼多的食物，短短幾天內能吃得了嗎？恐怕整個艦隊七百多人一星期都吃不完。鑒於船上空間不多，食物又實在是太多，英國人只收下了其中一小部分，婉言謝絕了其餘蔬菜食物。

英國人一路上所受到的熱情接待令他們感到驚訝。「皇帝陛下的這個意旨被所有參加招待工作的官員嚴格遵守。一位使節團員有一次偶然表示要買一件微小的衣物，承辦招待的官員立刻買來，但無論如何不肯收錢。他說，一切費用都記在皇帝的帳上了。」英國使團的一個成員感慨道：「關於這一方面，我們所受的待遇不僅是優渥的，而且是慷慨到極點。」

在兩名中國官員離開後，英國人發現有些豬和家禽已經在路上碰撞而死，隨手就把牠們扔到了大海。岸上圍觀的百姓一見，爭先恐後跳進水中把這些死去的家禽撈起來，洗盡後醃在鹽裡。

翻開當時英國人紀錄，觸目所及都是貧困落後的景象：

「這個省（指直隸）的農民都一貧如洗。就是那些被僱到船上來侍候大使及其隨從的人，情形也好不了多少。他們每次接到我們的殘羹剩飯，都要千恩萬謝。對我們用過的茶葉，他們總是貪婪地爭搶，然後煮水泡著喝。」

「狗肉是他們慣用的食物。生活在水上的悲慘的中國人一向處於半飢半飽的狀態，樂於以任何食物為食，即使是腐爛了的也不放過。」

「在京城一地每年就有近 9,000 棄嬰……我曾經看見過一個死嬰的屍體，身上沒有繫葫蘆，漂流在珠江的船隻當中。人們對此熟視無睹，彷彿

那只是一條狗的屍體。而事實上如果真的是一條狗的話，也許更能吸引他們的注意。」

......

褪去「康乾盛世」的華麗外衣，不難發現，大清帝國在經歷了近一個半世紀的發展後已是千瘡百孔。雖然朝廷還在洋人面前極力維持著盛世的面子，但馬戛爾尼當時就敏銳地察覺到了清朝的衰落。表面上的盛世，骨子裡卻是極度的貧困與荒蕪！這種貧困與荒蕪不僅僅是指物質生活，更多地展現在當時國人的思想氣質精神上！

馬戛爾尼在出使日記中說：中國「自從北方或滿洲韃靼征服以來，至少在過去 150 年裡，沒有改善，沒有前進，或者更確切地說反而倒退了；當我們每天都在藝術和科學領域前進時，他們實際上正在變成半野蠻人」。

當馬戛爾尼一行上岸後，前來迎接的中國官員在 15 艘滿載禮物的船上都插了一面繡著「英吉利貢使進貢」的黃色旗幟；在英使提供的禮品清單上，中國官吏一律把「禮物」改為「貢物」。

身為外交官，馬戛爾尼當然知道「貢使進貢」是什麼涵義，一旦貼上這個標籤，那就意味著英吉利國就是大清的藩屬國，兩國的地位瞬間就變得不平等了。

馬戛爾尼對此感到有些不快，他此行的目的是打通和中國的貿易往來管道，建立平等的外交關係，自己本身其實是英國派往清朝的首任駐華大使。但中國官員卻不這麼看，在中國，所有送給皇帝的禮物都被稱作貢物。中國與周邊國家在歷史上一直採取朝貢體系，周邊國家奉清朝為宗主國，向清政府「稱藩納貢」，接受清朝皇帝的冊封。在這種思維環境下，

妄自尊大的清朝官員，很難理解平等的國際外交是個什麼新鮮玩意，也根本無從參照。

即便如此，初次踏上大清國的馬戛爾尼還是表現出了應有的謙虛。在與直隸總督交談時，馬戛爾尼這樣說道：「中國皇帝乃西方第一雄主，貴國皇帝是東方第一雄主，今中國皇帝派我到貴國，意欲永修兩國之好，讓我此行有個圓滿的結果。我秉承著本國皇帝的使命，又被皇帝委以全權，自當以皇帝之心為心，處處仰體上意，方能不失職。但東西習俗不同，我擔心處事不當，希望貴總督能不吝賜言，時時加以指導，以免在覲見皇帝時鬧出不必要的尷尬。」

這一番低調謙遜的言辭只是例行的客套話，在和清朝的接待官員談到覲見禮節時，馬戛爾尼對清帝國森嚴的跪拜禮儀表示出了強烈的反感。

清朝官員向馬戛爾尼吹噓中國朝廷禮節之繁複與宮室建築之華麗，馬戛爾尼謙虛地回應，中國畢竟是歷史悠久的文明古國，理當有如此大國氣象。

接待官員接著又談起了各國服飾的差異，唾沫橫飛講了半天，又拉起馬戛爾尼的衣袖看了看，傲慢道：「貴使的服飾窄小輕便，我國的服飾寬大舒適，相較而言，還是我國的服飾更好些。」馬戛爾尼無奈地點了點頭。

接待官員接著說道：「我朝皇帝召見大臣時，服飾一定要統一，貴使的衣服與我朝的服飾差別太大，怕是有礙觀瞻。」又指著對方的護膝說：「此物於行禮不大方便，貴使在覲見皇帝時，最好還是去掉的好。」

馬戛爾尼被對方數落了半天，心中不悅，回應道：「此事不勞貴欽差掛念，敝人在本國時，常穿著這種禮服覲見皇帝陛下，並不覺得有何不

便，料想貴國皇帝不會強迫我行貴國的禮儀。」

接待官員搖搖頭：「外國使節在覲見我朝皇帝時，禮儀必定是統一的，理當行跪拜禮，雙膝跪地，前額碰地九次，想必貴國亦是如此。」

馬戛爾尼答：「中國的禮節與此不同，敝人雖然帶著一顆至誠的心來到貴國，但仍然效忠於中國皇帝，要讓我捨棄本國祖宗相傳之禮節，屈從貴國的意願，抱歉我做不到。」

外交接觸尚未開始，禮節衝突已然發生。

不久之後，清朝官員又提及覲見之禮，並且給英使做示範，要讓英國人練習，避免不習慣而臨時失儀，再次遭到英國人的拒絕。即便是面對英國國王喬治三世，馬戛爾尼也只是行單膝下跪禮，只有向上帝他才會雙膝下跪。他重申絕不對別國君主施高過自己國君的禮節。

為什麼要行三跪九叩之禮呢？英國人或許想不明白，但在清朝官員眼中，臣民匍匐於君主腳下，向君主行跪拜禮被視為天經地義，是對君主至高無上地位的承認和服從。魯迅先生說過：「在中國人看來，人生了屁股就是為了要挨板子的，生了膝蓋就是為了要下跪的。」西方外交講究平等，在英國人看來，單膝下跪是帶有尊重意味的文明禮節，但中國體制講究森嚴繁複的朝貢禮儀，在清朝官員眼中，這只是一種表示臣服的粗野方式。

生存還是死亡，這是一個值得思考的問題。王子哈姆雷特（Hamlet）如是說。

此時的馬戛爾尼也面臨一個兩難的抉擇：

跪，還是不跪？

事實證明，要讓這位不遠萬里而來的英國使臣像其他藩屬國使臣一樣「三跪九叩首」，只是清政府的一廂情願。清朝方面當然不能就此罷休，此

後他們又想出了縮減供應、軟磨硬泡等手段迫使英使就範。無奈之下，馬戛爾尼給當時的軍機大臣和珅寫了一封信：

英王陛下抱著最崇高的敬意，派遣使節觀見中國皇帝陛下，本特使應以無限熱忱來表達英王陛下的這種崇高的敬意。為了避免失儀，和向尊嚴偉大的皇帝陛下表達地球上最遠和最大國家之一的崇高敬意，本特使準備執行貴國臣民和貴國屬地君主謁見貴國皇帝陛下時所行的一切禮節。本特使準備在下述條件下這樣做：貴國皇帝欽派一位同本使地位身位相同的大員，穿著朝服在英王陛下御像前，行本特使來貴國皇帝面前所行的同樣禮節。本特使認為皇帝陛下定能鑑諒其中的必要性而加以俯允。這樣做，就可以使本特使既能向貴國皇帝致敬，而又不損及他所代表的本國國王在世界列強中的崇高地位，雙方都能得到滿意。

最後，馬戛爾尼與清朝官方做出了妥協，雙方達成了這樣的共識：在第一次觀見的宴會上，英國使節行英國式禮節，但去除親吻手背的方式；而在八月十三日的「萬壽慶典」上，他們要行中國的三跪九叩禮。

馬戛爾尼一行在到達北京後，被安排在圓明園居住。由於此時乾隆正在熱河行宮（今河北承德避暑山莊）避暑，特令使團赴熱河謁見。在休整幾天後，馬戛爾尼一行由接待大員陪同前往熱河行宮。

八月初十，乾隆皇帝正式接見英國使團。這一天的凌晨三點鐘，馬戛爾尼和他的隨行人員身穿禮服向皇宮出發。四周一片漆黑，英國人在黑暗中摸索著走了四公里多的路，一路上擔驚受怕，氣喘吁吁。更讓他們無語的是，一路上竟然有一些豬、狗和驢等動物也加入到了使團的隊伍中，整個使團一片混亂。他們似乎也明白，這是他們之前拒絕接受三跪九叩之禮所付出的代價，清朝官員想讓他們出盡洋相，但由於天太黑，倒也沒有人注意到他們的失態。

四點左右，使團到達了熱河行宮，被安排在臨近的帳篷內等待。到了這裡才發現，英國人不是唯一參加覲見的外國使團，他們並不是這次盛會的唯一主角。同樣接受等待的還有一群膚色黝黑的外國人，他們頭上包著頭巾，光著腳，口中嚼著檳榔。遺憾的是，連中國官員也無法準確地辨認出他們來自哪個國家。

在百無聊賴中等待了近三個小時後，凌晨七點鐘，第一縷曙光出現，乾隆皇帝出現了！他乘著一頂 16 人抬的肩輿出現在眾人面前，全體大臣及各國使臣呼啦啦一片跪倒。英國人也照做了，但卻是單膝跪地，把頭低到地上。當別人叩頭時，英國人只是低下頭，當大家抬起身子，英國人也抬起了頭。

隨後，馬戛爾尼呈遞了英王的信，送了幾塊西洋表作為禮品，乾隆回贈了一件雕刻十分精緻的蛇紋石禮品。斯當東父子也上前單膝跪地行禮，獻上了兩隻漂亮的氣槍。年僅十三歲的小斯當東在船上的幾個月中跟著神父學習漢語，已經掌握了簡單的中文。乾隆對這位小朋友似乎十分喜愛，解下了身上的一個荷包送給他。

宴會上，乾隆向馬戛爾尼問道：「你們英吉利國王今年年齡多大了？」當得知英王只有 56 歲時，乾隆說道：「朕今年 83 歲了，希望你們國王與朕一樣長壽。」

年過八旬的乾隆皇帝，言談間頗為自得，眉宇間露出和藹可親之色，但無形之中，散發出來的帝王氣概還是讓旁人肅然起敬，有凜然不可侵犯之意，給馬戛爾尼留下了深刻的印象。

宴會結束後，馬戛爾尼向乾隆皇帝告別，感慨道：「我今天終於得見現世的所羅門大帝了！小時候讀所羅門大帝的故事，每每感嘆他的尊貴與

榮耀，不是後世君主所能比擬的。今天來看，乾隆大帝比所羅門大帝更是有過之而無不及了！」

　　隨後的幾天，馬戛爾尼在和珅、福康安的陪同下遊覽了避暑山莊。為了獲得福康安將軍的好感，馬戛爾尼邀請福康安檢閱英國使團衛隊演習操練新式武器，不料福康安卻淡淡地拒絕道：「看亦可，不看亦可。這火器操作，諒來沒有什麼稀奇！」究其原因，在於清朝重騎射，規定「不可專習鳥槍而廢弓矢」。馬戛爾尼在當天的筆記裡記道：「真蠢！他一生中從未見過連發槍，中國軍隊還在用火繩引爆的槍。」

　　在熱河行宮，英國人看到園內的各個樓裡擺滿了玩具、掛鐘與地球儀，甚至還有一臺行星儀。他們原以為，自己所帶來的西洋時鐘、地球儀等代表了英國最時髦的玩意兒，一定能讓中國人大吃一驚，不料清朝早就有這些洋玩意了，這讓他們感到十分掃興。

　　陪同馬戛爾尼參觀的清朝官員告訴他們，與後妃宮殿內的珍寶和圓明園西洋陳列館中收藏的東西相比，這些根本算不得什麼。馬戛爾尼感到臉上一陣火辣辣地燒，因為這讓他們帶來的禮品黯然失色。在這裡，馬戛爾尼還意外地看到了一個英國造的八音盒，這原本是考克斯博物館的收藏品。見英國人對此物感興趣，陪同官員推斷他們從未見過這種東西，便傲慢地問英國是否也有這種八音盒，結果卻被告知這些東西就是從英國運來的，令他十分掃興。

　　透過自己的所見所聞與清朝漢族大臣的交往，馬戛爾尼得出了自己對乾隆皇帝的印象：「皇帝天性豁略有大度，讀書解事理。性質慈善而篤信佛教。對於臣下恆持恕道，然有與之為敵者必窮治弗赦。又為國家興盛、功業宏大之故，處事不免失之躁急。每有無關緊要之事，皇帝意中以為不

善者輒盛怒以臨之。怒則其勢洶洶不可遏止。性又多忌，不特為大臣者不能操縱事權。」

幾天後，乾隆皇帝終於看到了喬治三世寫給他的國書：

天賜大不列顛、法蘭西、愛爾蘭、眾海之主及信仰護主喬治三世，祝中國乾隆大皇帝萬歲萬歲萬萬歲。

本王自登基以來，事事以仁慈為懷，除了注意保障本土的和平和安全，使臣民得到幸福、道德和知識之外，在盡可能的能力範圍內使全世界同受其惠。本著這種精神，即使在戰爭時期，中國在世界各地取勝之後，我們仍然讓戰敗的敵人在公平條件下同享和平幸福。

現在，除了致力於在各方面超越前人，本國王也曾數次派遣本國優秀的學者遠航，探索未知之地，這並不是為了占領或者擴張我們已有的，足以滿足我們需求的遼闊領土，更不是為了掠奪外國的財富，甚至不是為了本國臣民的對外經商行為，而是為了了解各地出產的產品，與落後地區交流幸福生活知識。我們同時還派遣船隻運送動植物給貧瘠地區需要幫助的人。對於古老文明國家的物質和精神生活，本國王更是注重探詢研究。

在皇帝陛下的統治下，貴國國家興盛，為周圍各國所敬仰。如今我們國家同世界各國和睦相處，本國王認為，正是謀求我們兩大文明帝國友好往來的好時機。本國臣民曾經常常到貴國經商，無疑雙方都能因此受益。但雙方往來需要行為規矩，而不至於違反對方國家的法律和風俗。希望我的臣民不會在外生事。當然，我也希望他們不會受委屈。故此希望特派一位有權柄之人常駐貴國，管束中國臣民的行為，有委曲也可以保護他們。這樣的辦法可保諸事平安。

此次我所派去的喬治‧馬戛爾尼是本國王的親戚。他是位勛爵，一位忠信善良的大臣，倫敦皇家學院的會員，曾代表中國去過很多重要國家，

比如俄羅斯、孟加拉任職。懇請皇帝陛下如同接待我一樣地接待他。為避免特使出發後有變故，我另外委派了副使斯當東。他同特使一樣，也是德高望重，博學之人。再次懇請皇帝陛下能像接待特使那樣接待他。

我知道皇帝陛下公正仁愛，懇請准許所差之人在貴地觀光沐浴，以便回國時教化本國眾人。至於所差之人，如皇帝陛下需用他們的學問，要他們辦事，只管差使他們。對於住在貴國或去經商的中國臣民，如果他們遵守你們的法律法規，求皇帝陛下加恩。若有不是，即該處治。

特使臨行之前，我特別囑咐他一定要在皇帝陛下面前謹慎從事。我們由於各自的王位應像兄弟一樣，希望能有一種兄弟般的友誼能夠在我們中間常存。

祈求天主保佑皇帝陛下常享太平之福。

聖詹姆斯氏三十二年手足摯友喬治三世皇帝親筆

在信中，喬治三世授權馬戛爾尼勳爵代表英國政府與清政府進行協商談判，擴大英國的在華貿易，期望透過此行與中國建立平等的外交關係，並希望中國政府能保護在華英商的利益。

面對著英王的國書，乾隆皇帝終於意識到了這個不肯下跪叩頭的英使的真正意圖，他們並不是來給自己祝壽的，而是來與中國進行談判，擴大通商的。

如夢初醒的乾隆以無此先例為由，斷然拒絕了馬戛爾尼的所有請求，並給英王寫了一回信：

朕奉天承運讓你英吉利國王知曉：

朕讚賞你雖遠在重洋，然而傾心仰慕並願歸順我國德化，特派使者恭敬上表，航海過來叩祝我萬壽，還準備了禮物，透過這些已經傳遞了你們

的忠心。朕披閱表文，詞意真誠，足見國王的恭順之誠，朕深為嘉許。所有攜表上貢的正副使臣，念他們是奉你使命遠涉重洋，朕特別施恩，以禮相待。朕已經令大臣帶他們去瞻仰參觀了。

朕賜給他們豐盛宴席，並疊加恩賜，以示懷柔。已經回到寧波珠山的管船役使等 600 多人，雖然沒有來到北京，朕同樣給以優厚賞賜，讓大家普霑恩惠，展現了朕一視同仁。至於國王你上的表章中，懇請朕准許你派人住在我國，照管你國的買賣，這與中國體制不合，斷不可行。本來西洋各國有願意來天國當差的，朕可以准他來京，但來了以後，即要著我國服飾，遵我國規矩，還只能限於在朝堂之內活動，並永遠不准再回本國。這是我朝的定制，想必國王你也知道的。今天國王你請求朕，同意讓那些你派來的人居住在京城，但朕知道，讓他們像來京當差的西洋人，那樣從此不回本國是不可能的。既然如此，那朕也不可能任其自由往來，並還讓你們保持連繫，所以這事就沒什麼意義了。

我國管的地方大了，凡外藩使臣到京，住宿供給及出行都有一定體制，從來沒有聽其自便的先例。若把人留在京城，與我國言語不通，服飾殊異，朕實在不便安置他們。若要把他們當成來京當差的西洋人來對待，讓他們一律改服飾，我國也不肯強人所難。假設我國也要派人常駐你國，恐怕你國也不能同意吧？何況西洋國家甚多，不止你一國，如果都像你那樣來懇請朕，都想派人留京，朕豈能一一答應？此事斷不可行。朕怎能因國王你一人之請，將天朝百餘年額法度都給改了？

如果依國王你所說，派人來京城是為了照料買賣起見，那麼你的國人在澳門貿易也不是一天兩天了。原先我國對商人就無不加恩照管。譬如像從前葡萄牙、義大利等國家屢次遣使來朝，也曾經以「照料貿易」為名請朕關照。我國鑒於他們真誠，優加體恤，凡遇到這些國家貿易方面事務，無不照料備至。前次廣東商人吳昭平有拖欠洋船銀兩之事，我國馬上命令

該管事總督，先從官庫中支銀兩代為清還，並將拖欠者重重治罪，想必這件事你們國家也應該知道。我們都做到這樣了，那外國又何必派人留在京城？為這件事應你們的請求要讓朕越例，斷不可行！何況你們派人駐在京城，京城距離澳門遠隔萬里，怎麼能照料呢？

按你所說，派人來的另一個原因是仰慕我國，想學習觀察我國的禮儀教化，然我國自有我國的禮法，與你國是不相同的。你派來的人就是肯學，但由於你國也自有風俗制度，所以也不可能效法中國，即使學會了，也是無用。中國幅員遼闊，我們的精力都在勵精圖治、辦理政務上，對於奇珍異寶並不看得很貴重。你國王此次進貢各種貨物，念他們是遠涉重洋而來，我下旨讓管事部門收納就是。其實天朝德威遠澤萬國，萬國來朝貢，各種貴重物品透過水陸管道雲集中國，所以我們無所不有，這些都是你的使者親眼所見的。既然中國從不稀罕奇巧之物，那更無須你們國家為我們來制辦。你國王所請求派人留京一事，既與我國制度不合，對你國也不見得有多大好處。

我特把話都挑明，現令該使者回國。國王你當體察朕的意思，對我國要更加殷情誠懇，謙恭順從，使朕的恩義能施與你的國民，共享天朝太平之福。現在正副使臣以下的各官員及通事和士兵僕役人等，均按等級加賞各物件，賞單另附，又因為你國使臣要回國，我再特頒皇帝敕令，除了按常規慣例賞賜給國王你文綺珍物，再加賜綵緞羅綺、文玩器具等諸類珠寶，這些都另有清單。

恭敬地接受吧，那都是朕對你們的眷懷！

特發諭旨。

如此坐井觀天、狂妄自大，怎能迎接來自外部世界的挑戰？

事實上，在此之後，馬戛爾尼再也沒有見到乾隆。乾隆對馬戛爾尼單

膝下跪的覲見方式也非常生氣，在上諭中說：「現在英吉利國使臣等前來熱河，於禮節多未熟悉，朕心深為不愜，英吉利國使臣不諳禮節，是以擬於萬壽節後，即令回京。」

對於乾隆的逐客令，身為外交使臣的馬戛爾尼豈能不知？但他不甘心失敗，與軍機大臣和珅繼續溝通協調，尋找轉圜的餘地。

乾隆皇帝回到北京後，得知馬戛爾尼仍沒有離開中國的打算，感到有些詫異，便問左右：「他們英吉利人事情辦完了怎麼還不想回國去？難道他們忘記了家鄉不成？奇怪！奇怪！」後來得知英國人來中國這段時間已經病死好幾個了，又感慨道：「他們英吉利人究竟不配到中國來，來了便要死的。」

軍機大臣和珅也趁勢勸道：「你們離家已久，諒來對於故鄉風物必定牽掛得很了。皇上的意思也以為你部下的人到中國後已死了幾個，你自己身體又不舒服，想來北京天氣太冷，與你們洋人的體質不甚合宜。將來交了霜降，天氣還要冷得很，替你們設想，還是早一點回國的好。而且我們的宴會禮節，新年時與萬壽時差不多，貴使既然在熱河看過了萬壽禮，也不必再看新年禮了。」

馬戛爾尼仍不死心，對和珅說道：「北京天氣雖然寒冷，但我來華之前已經準備了禦寒的衣物，即便在北京長久滯留也於身體無礙。在熱河時，中堂大人允諾回京之後與我商談，今日蒙中堂大人賜見，希望藉此機會商談下來華的各項事務。」

見和珅沒有反對，馬戛爾尼索性道出了此行的真實意圖：

「大英帝國皇帝派我來中國，不是為了暫時的連繫感情，而是想讓兩國建立敦睦之誼。中國皇帝的意思是讓我久住北京，以後兩國在國際上發

生任何問題，都由我代表英國皇帝與貴國政府商量解決。至於我在北京的一切起居飲食的費用，都由英國政府承擔，不會給貴國政府添麻煩。倘若貴國皇帝有與英國互派使臣的意願，英國政府自然歡迎，所有船隻以及到英國後的吃穿住行都由英國政府解決，英國政府從皇帝到臣民一定以尊重善待貴國使臣，這種互派使臣的做法是眼下歐洲各國的慣例。倘若貴國皇帝同意，那麼東西方兩大雄主就可以互相往來，交流文化互通文明，這不只是兩國的榮幸，更是世界文明的大幸！」

事實上，馬戛爾尼此前已多次向和珅說明此事，但和中堂一味地顧左右而言他，不痛不癢地問候幾句：身體如何？飲食起居還習慣嗎？卻絕口不提正事。此次面對馬戛爾尼的一番慷慨熱忱的陳詞，和中堂躲不過，只好敷衍道：「皇上的意思，本來也是很願意你常駐北京的，不過你身體不好，天氣又不合宜，水土也不服，所以不能強留了。」

馬戛爾尼抱著最後一線希望，不顧病體給和珅寫了一封信，代表英國政府向清政府提出了6條要求：

第一，請中國允許英國商船在珠（舟）山、寧波、天津等處登岸，經營商業。

第二，請中國按照俄國商人在中國通商的例子，允許英國商人在北京設一樣行，買賣貨物。

第三，請於珠（舟）山附近畫一未經設防之小島歸英國商人使用，以便英國商船停歇，存放一切貨物且可居住商人。

第四，請於廣州附近得一同樣之權利，且聽英國商人自由往來，不加禁止。

第五，凡英國商貨自澳門運往廣州者，請特別優待賜予免稅。如不能

盡免，請依西元 1782 年的稅律從寬減稅。

第六，請允許英國商船按照中國所定之稅率切實上稅，不在稅率之外另行徵收。且請將中國所定稅率錄賜一份以便遵行。因為敝國商人向來完稅，聽說海關稅務人員隨意估價，一直搞不清中國稅款的內容。

仔細分析不難發現，這些要求有一部分屬於希望改善貿易關係的正常要求，另一部分則具有殖民主義侵略性。乾隆將馬戛爾尼的條件一一批駁，以不建交、不貿易、不開放的三不原則拒絕了全部要求，並傲慢地說道：

「我國物產豐盈，無所不有，不需要外國人的貨物，也不需要與國外進行貿易。只因我國所產的茶葉、瓷器、絲綢，為西洋各國及你國必需之物，所以才加恩體恤，在澳門開設洋行，讓你們日常生活得到滿足，並得到一些天朝恩惠。現在你們的使臣在規定之外，又提出許多要求，違背中國賞賜恩惠於遠人的規定和安撫四夷的法度。且在廣東做貿易的也不止英吉利一國，若大家都紛紛效仿，難道都要答應嗎？」

在歐洲各國的外交習慣上，皇帝欽命的使臣大多具有常駐的性質，如果兩國發生糾紛，由駐外使臣代表本國政府處理。而在長期以來形成了以自我為中心的「華夷秩序」的中國眼中，所謂使臣不過是點染粉飾太平的工具。如果不是國家有盛大的宴會，則各國使臣完全可以不用來，來了也不得停留太久，事情辦完立即督促回國。

由此，馬戛爾尼不得不離開了北京。為了全面考察這個東方國度的各方面，他們選擇了從北京到寧波的陸路，沿途蒐集了大量的軍事情報。馬戛爾尼訪華失敗了，但透過這次在中國幾個月的訪問，他漸漸看出了所謂盛世繁華下的真面目，他和隨從團員撰寫了大量的回憶錄，裡面隨處可見

這樣的描述：「事實上，觸目所及無非是貧困落後的景象。」「人們生活在棍棒竹板的恐懼中，他們禁閉婦女、殘殺嬰兒、奸詐、殘酷、膽怯、骯髒，對技術與科學一竅不通，對世界一無所知。」「（清朝）貧窮得令人驚訝，一路上我們丟掉的垃圾，被人撿去吃。」

當歐洲的軍隊已經開始普遍使用榴彈砲、連珠炮、卡賓槍、毛瑟槍時，清朝的士兵還在使用弓箭、大刀、長矛。在英國人眼中，這是一群叫化子一樣的軍隊，他們送給清朝的手槍、火炮等新式武器連同一批光學儀器、天體執行儀器、望遠鏡等足以代表西方文明與先進技術的禮物則被永遠塵封在圓明園，成了一堆廢品，再也無人理會。當然，清軍不用火器的一大原因，也源於他們對滿洲祖制的頑固荒唐的堅持，嘉慶二十五年，皇帝特別下詔告誡滿洲官兵，要求他們多用弓箭，少用鳥銃等火器，理由是：「滿洲行獵舊制專用弓箭。雖閒用鳥槍。並非置弓箭於不用。今該處官兵用鳥槍者甚多。可見佩帶弓箭捕牲者甚屬寥寥。若不實力整飭。相沿日久。必致不習弓箭。廢棄滿洲本業矣。」

半個多世紀後，英法聯軍火燒圓明園時，驚訝地發現這些火砲彈藥完好無損地放在那裡，從未動過。英國人唏噓一陣，原封不動地運回了歐洲。

馬戛爾尼的隨員安德遜這樣總結此次行程：「我們的整個故事只有三句話：我們進入北京時像乞丐；在那裡居留時像囚犯；離開時則像小偷。」

最後，馬戛爾尼這樣總結道：「清帝國好比是一艘破爛不堪的頭等戰艦。它之所以在過去一百五十多年中沒有沉沒，僅僅是由於一班幸運、能幹而警覺的軍官們的支撐，而它勝過其鄰船的地方只在於它的體積和外表。假如來了個無能之輩掌舵，那船上的紀律與安全就都完了。」

馬戛爾尼訪華失敗了。這次的失敗表面上看是馬戛爾尼不願意遵從清朝的三拜九叩禮，實際上卻是東西方兩種不同的文化在深層次上，無法溝通交流所造成的。大清王朝固守著幾千年來形成的「華夷秩序」觀，以自我為中心，閉關鎖國故步自封，當全球化的浪潮襲來時，難免與急於擴張的西方強國產生衝突。

　　為什麼中國幾千年來文化與科技一直領先世界，在西方工業革命後卻急轉直下？為什麼大清帝國在應對外來的挑戰時反應遲鈍步履維艱？顯然，不是統治者個人的品質和能力問題，而是封建制度本身無可救藥了。

　　清朝是封建專制的頂峰時期，孟德斯鳩（Montesquieu）在《論法的精神》（The Spirit of Law）中說：「中國是一個專制的國家，專治的原則是恐怖，專治的目的是平靜。」專制技術摧毀了中國人的創造力，扼殺了普羅大眾的想像力，將封建統治下的百姓，變成了只知亦步亦趨唯唯諾諾的順民。正如英國人所說，「這個政府正如它目前的存在狀況，嚴格地說是一小撮韃靼人對億萬漢人的專制統治。」「在這樣的國度裡，人人都有可能變成奴隸，人人都有可能因官府中最低階官員的一點頭而挨板子，還要被迫親吻打他的板子、鞭子或類似的玩意，跪倒在地上，為麻煩了官府來教育自己而謝罪。於是榮譽觀和尊嚴感就無處可尋了……人的尊嚴的概念巧妙地消滅於無形。」

　　《停滯的帝國》一書的作者佩雷菲特先生對馬戛爾尼訪華一事，作出了這樣的評論：「如果這兩個世界能增加它們間的接觸，能互相吸取對方最為成功的經驗；如果那個早於別國幾個世紀發明了印刷與造紙、指南針與舵、炸藥與火器的國家，同那個馴服了蒸汽並即將駕馭電力的國家把它們的發現結合起來，那麼中國人與歐洲人之間的文化交流，必將使雙方都取得飛速的進步，那將是一場什麼樣的文化革命啊！」

馬戛爾尼訪華無果而終。如果說此行有何收穫的話，除了一大堆乾隆皇帝賞賜的禮品外，他還取得了蠶種和茶樹苗。在經過精心的培育後，馬戛爾尼在茶葉方面取得更大的成功。佩雷菲特說：「把優質樹苗引入印度，光這一項也就不枉此行了，而且在下個世紀將要百倍地償還這次出使的費用。」

在中國的閉關政策面前，馬戛爾尼碰了一鼻子灰，不得不返回倫敦。然而這次旅行也讓使團看清了清朝盛世下的荒蕪，如同捅破一層窗戶紙，打破了傳教士在歐洲建立的東方神話，中國也失去了一次與世界接軌的機會。即便如此，英國政府依然對中國內地的巨大市場念念不忘。西元 1815 年，隨著拿破崙戰爭的結束，英國政府再次把目光投向了遠隔萬里的大清帝國。在馬戛爾尼訪華失敗十三年後，阿美士德（Amherst）被英國政府特任命為全權大使，肩負著與馬戛爾尼同樣的使命前往中國，試圖與中國建立平等的外交關係，擴展對華貿易。

臨行前，英國外交大臣羅加事裡在給阿美士德的訓令中特別指出：

「如果閣下能夠為公司（指東印度公司）貨船，獲得開往廣州以北另一口岸的許可，這將被認為是對華貿易的一項真正重要的收穫；但是，就閣下使團所要完成的任務而言，沒有任何一件事，比在北京設定一名辦理英國民眾事務的長駐使臣更為重要了……在留在中國的時期內，閣下應極力蒐羅有關中國商業政策及政府實際情況的情報；閣下及閣下的某些隨員，應特別注意探求在中國人中間擴大推銷英國製造品的任何手段。」（馬士（Morse）：《東印度公司對華貿易紀事》（*The Chronicles of the East India Company Trading to China*））

西元 1816 年 8 月 13 日，阿美士德使團抵達天津，卻碰到了和馬戛爾尼一樣的問題。清朝要求阿美士德在覲見嘉慶皇帝時行三跪九叩禮，但阿

美士德只願以「脫帽三次，鞠躬九次」代替。雙方在這個問題上一直談不攏，嘉慶帝以為英使傲慢，目無聖駕，大為光火，「中國為天下共主，豈能如此侮慢倨傲？」並下令驅逐使團離京。

回國時，阿美士德拜會了被囚禁在聖赫勒拿島的拿破崙。在聽阿美士德講述完自己失敗的訪華經歷後，拿破崙這樣說道：「在義大利，即使吻教皇的騾子，也不會被人視作卑躬屈節的。如果英國的習俗不是吻國王的手，而是吻他的屁股，是否也要中國皇帝脫褲子呢？」

緊接著，拿破崙說了一句令中國人振奮的話：「中國是東方沉睡的雄獅，當他醒來時世界將為之震撼。」注意下面還一句：「就讓它永遠睡下去吧！」

西元 1793 年，中國與近代世界失之交臂。

半個多世紀後，大英帝國的堅船利炮開啟了古老中國的大門，中國的近代史就此揭開。

第二章
鴉片戰爭：這一次，我們挨打了

　　沉浸在春夢之中的道光皇帝，自以為憑著自己的勤儉節約便可以實現太平盛世，然而區區幾千人的英國軍隊，便把一個擁有四萬萬民眾的中國打得顏面掃地，迷夢從此醒來，近代化的道路就在這樣的炮火中開始了。

「八股文、小腳、鴉片」並稱為近代中國三大陋習。

八股文與小腳是中國的傳統文化，只有鴉片屬於完整意義上的舶來品。

鴉片俗稱大煙，源於罌粟植物蒴果，是罌粟的初級產品。在歷史上，鴉片曾長期作為一種藥物來使用，用途十分廣泛，療效顯著。三國時華佗就曾使用大麻和鴉片作為麻醉劑。17 世紀的英國醫生、臨床醫學的奠基人湯瑪斯・悉登漢姆（Thomas Sydenham）就曾說過：「我忍不住要大聲歌頌偉大的上帝，這個萬物的製造者，它給人類的苦惱帶來了舒適的鴉片，無論是從它能控制的疾病數量，還是從它能消除疾病的效率來看，沒有一種藥物有鴉片那樣的價值。」「沒有鴉片，醫學將不過是個跛子」。

然而，就是這樣一種麻醉性鎮痛藥，卻給近代中國人的國民心理造成了嚴重的心理創傷。

西元 1800 年的世界工業生產中，中國占全球 1/3 的份額；在西元 1820 年的世界 GDP 總量中，中國占 28.7％的份額，比排名第二至四位的國家的總和 26.6％還要多。

工業革命後，崛起的大英帝國急需開啟中國市場。在西元 1800 年的世界工業生產中，中國占全球 1/3 的份額；在西元 1820 年的世界 GDP 總量中，中國占 28.7％的份額。在長期與中國的貿易往來中，英國一直處於被動的境地，從雙方的進出口貨物來看，英國對華輸出主要是棉花、棉布、毛紡織品、金屬品等，中國主要輸出生絲、土布、茶葉、大黃、陶瓷等商品。由於中國長期以來實行自給自足的自然經濟，英國的工業品無法在中國內地開啟市場，嚴重的貿易逆差一直是英國對華貿易中面臨的首要難題。

如何才能開啟廣袤的中國市場？英國商人將目光投向了鴉片。

19世紀時期，古老的中國已進入封建末世，孱弱的清政府從裡到外散發著衰弱腐朽的氣息。民眾不思上進，渾渾噩噩，他們急需鴉片來提神醒腦，進而催生一種精神快感。然而鴉片畢竟是毒品，一時的興奮快感過後則是百倍的空虛寂寞，極大地損害著吸食者的身體健康。俞蛟在《夢廠雜著》中這樣記錄鴉片吸食的痛苦：「癮至，其人涕淚交橫，手足委頓不能舉，即白刃加於前，豹虎逼於後，亦唯俯首受死，不能稍為運動也。故久食鴉片者，肩聳項縮，顏色枯羸，奄奄若病夫初起。」

光緒時人張昌甲指出：凡人初吃煙時，其志個個持定，必曰：「他人心無主宰，以致陷溺其中（指成癮），我有慧力焉，斷不至此！」及至（癮）將成之際，又易一言曰：「放下屠刀，立地成佛，我有戒力以制之！」迨其後明知不可復返矣，則又曰：「我終有定力以守之，不至沉迷惘覺也！」直至困苦難堪，追悔莫及，方瞿然曰：「一誤至此哉！」然人壽幾何，此生已矣！

英國人蒙哥馬利·馬丁（Montgomery Martin）寫道：「與鴉片貿易比較起來，奴隸貿易是仁慈的；我們沒有摧殘非洲人的肉體，因為我們的直接利益要求保護他們的生命，我們沒有敗壞他們的品德，沒有腐蝕他們的思想，沒有扼殺他們的靈魂。可是鴉片販子在腐蝕、敗壞和毀滅了不幸的人的精神世界後，還摧殘了他們的肉體。」

為了扭轉中英貿易逆差、獲取高額利潤，英國堅持進行鴉片走私貿易。鴉片商人泰勒說：「鴉片像黃金一樣，我能在任何時候賣掉它。」在當時，英國輸往中國的鴉片主要來自印度，「鴉片貿易經常取得設在印度的英政府鴉片製造業的供應，它持續到1917年為止，達一百多年之久。這

種近代史上延續最久的有組織的國際性的犯罪活動，為早期英國對中國的侵略輸了血。」（《劍橋中國晚清史》）

自西元 1800 年起，鴉片開始大量輸入中國。西元 1790 年，輸入中國的鴉片約為 4,000 箱左右，西元 1821 至 1828 年擴展到 9,708 箱；西元 1828 至 1835 年增加到 18,835 箱；西元 1835 至 1839 年竟高達 30,000 箱以上。1830 年代，英印政府財政部長就說：「最近 20 年中，我們用一切可能的辦法推動鴉片生產，現在僅出口到中國去的就達 27,000 箱之多。」

與之相應的，是白銀的大量外流，進而導致錢價下跌（這裡主要指銅錢）、銀價上漲、物價飛昇、通貨膨脹，老百姓苦不堪言。

其實，對於鴉片的危害，歷代清朝統治者早有所警覺，每朝都有頒布禁菸令。雍正七年（西元 1729 年），清廷首次頒布了禁菸令，該法令明確規定：「定興販鴉片者，照收買違禁貨物例，枷號一月，發近邊充軍，私開鴉片煙館引誘良家子弟者，照邪教惑眾律，擬絞監候；為從，杖一百，流三千里；船戶、地保、鄰佑人等，俱杖一百，徒三年；兵役人等藉端需索，計贓，照枉法律治罪；失察之汛口地方文武各官，並不行監察之海關監督，均交部嚴加議處。」

然而，朝廷越是嚴禁鴉片，吸食鴉片的人就越多，在規模龐大的鴉片走私貿易面前，清政府的禁菸令成了一紙空文。道光皇帝也曾多次頒布詔書，嚴令禁菸，苦於沒有效果。當時就有人曾調查，京官中吸食鴉片者達十之一、二；幕僚吸食者達十之五、六；長隨、吏胥不可勝數。林則徐也說：「衙門中吸食者最多，如幕友、宦親、長隨、書辦、差役，嗜好者十之八、九。」「嘉慶初食者甚少，不二十年，蔓衍天下，自士大夫以致販夫走卒，群而趨之，靡而不返。」西元 1831 年刑部奏稱：「現今直省地方，

俱有食鴉片之人，而各衙門尤甚，約計督撫以下，文武衙門上下人等，絕無食鴉片者，甚屬寥寥。」有人統計，當時全國吸毒人數達 400 萬，80 萬軍隊中竟有「煙兵」20 多萬！

鴉片之所以越禁越氾濫，除了吸食者自身的原因外，與沿海官員的放水大有關係。舉個例子，當時的廣東水師副將韓肇慶，專門靠保護走私商船獲利，他從每萬箱裡抽取數百箱，做為收繳的鴉片向上級報功，居然因此而提拔為總兵，賞戴孔雀翎。堂堂的大清官員，卻因保護罪惡的鴉片走私貿易而被提拔，真是滑天下之大稽！韓肇慶的做法導致了極壞的結果，「水師兵人人充棄，而鴉片（走私量）遂至四五萬箱矣」。

曾在大清皇家海關總稅務司服務的美國人馬士在《中華帝國對外交往史》中也這樣記述政府官員對禁令的破壞：「儘管皇帝會查禁這種貿易，並也會一再嚴旨重申禁令；儘管總督會恪遵上諭釋出告示，總督和粵海關監督也會傳諭行商慎遵法令；但是總督、粵海關監督、巡撫、提督、知縣以及再往下到那些與衙門略有瓜葛的小人物們，只要他們覺得可以從中取利，對於法令的不斷破壞也就熟視無睹了。他們發現在禁令之下，使他們可以得到更多的好處，因為他們不但可以徵課更大的數額，而且所徵款項絲毫都不必列為稅收奏報；這些陋規可以毫不費力就從中國買主處徵到。」

在鴉片輸入日愈增長，白銀大量外流，銀價有增無減的情況下，清政府對禁止鴉片問題發生爭論，朝野上下很多人對清廷的禁菸主張進行反省，並因此形成了「弛禁派」和「嚴禁派」。

拋開政治立場不談，在這個禁菸與否的這個問題上，主禁的，並不一定是英雄，主弛的，也並不一定是漢奸。

　　主張「弛禁論」的代表是兩廣總督盧坤和太常寺少卿許乃濟。在盧坤看來，鴉片已遍布全國各地，目前的鴉片走私及吸食，已無法透過正常的手段禁絕，大量的鴉片透過走私管道源源不斷地流入中國，而政府卻收不到一分錢的稅，與其繼續搞自欺欺人的禁菸，不如將鴉片貿易合法化，既可以避免白銀外流，還可以為政府增加額外的稅收，何樂而不為？

　　西元 1834 年 11 月，盧坤向道光皇帝上了一道奏摺：

　　「勢成積重，驟難挽回。屢經周諮博採，有謂應行照昔年舊章，准其販運入關，加徵稅銀，以貨易貨，使夷人不能以無稅之私貨售賣紋銀者。有謂應弛內地栽種之禁，使吸菸者買食土膏，夷人不能專利，紋銀仍在內地轉運，不致出洋者。其說均不無所見，然與禁令有違，窒礙難行。」（《鴉片戰爭檔案史料》）

　　盧坤是官場老油條了，他雖然持弛禁的主張，但並沒有旗幟鮮明地提出來，而是用委婉地口吻表示，他雖然認為取消罌粟的禁令等主張有些道理，但違反禁令，恐怕難以實行，其意圖不過是想試探下道光皇帝的態度，以免獲罪。道光皇帝沒有採納他的意見，只是「令舊禁加嚴而矣」。

　　兩年後，太常寺少卿許乃濟給道光上了一道奏摺，旗幟鮮明地提出了主張放開鴉片貿易的意見，他在奏摺中提出了三點主張：

　　其一，讓外國的鴉片販子按藥材類交稅，而中方買入者只能用貨物抵購，不能以白銀直接支付，不僅可以增加外匯收入，還可以避免強勢貨幣 —— 白銀的外流（准令夷商將鴉片照藥材納稅，入關交行後，只准以貨易貨，不得用銀購買）。

　　其二，堅決禁止官員、士子、兵丁等國家公職人員吸食鴉片，但對民間販賣鴉片的人不作要求（民間販賣吸食，一律勿論，只禁文武員弁士子

兵丁等吸食）。

　　其三，既然吸食鴉片無法禁絕，不如准許民眾種植罌粟，生產出本土鴉片，以國產鴉片對抗進口鴉片。隨著內地栽種日多，那麼洋商的牟利就會日減，直到他們無利可圖，外洋鴉片就會自動退出市場競爭（今若寬內地民人栽種罌粟之禁，則煙性平淡，既無大害，且內地之種日多，夷人之利日減，迨至無利可牟，外洋之來者自不禁而絕）。

　　這裡插一句題外話，馬克思（Marx）當年曾高度評價許乃濟，說他是「中國最有名的政治家之一」，他在《鴉片貿易史》中說，「1837 年，中國政府終於到了非立即採取堅決措施不可的地步，因為鴉片的輸入而引起的白銀不斷外流，開始破壞的國庫開支和貨幣流通。」「中國最有名的政治家之一許乃濟，曾提議使鴉片貿易合法化，並從中取利。但是，經過帝國全體高級官吏一年多的全面討論，中國政府決定：『這種萬惡貿易毒害人民，不得開禁。』」

　　道光帝一時難以做出決斷，索性把這份奏摺交給一些重要大臣會議，想聽聽其他人的意見。令人意外的是，身處廣州鴉片氾濫之地的幾個地方大員，都支持弛禁的主張，並且提出了九條實施細則，不少士人也主張將鴉片貿易合法化。

　　有支持派自然就有反對派。禮部侍郎朱嶟、兵科給事中許球及江南道御史袁玉麟紛紛上奏批駁「弛禁論」。許球認為，取消鴉片的禁令，不禁止售賣，又怎能禁止人吸食？如果只禁官員與兵丁，而官員與兵丁都來自於民間，又怎能達到禁食的效果？何況明知鴉片是毒品，朝廷不但任其流行，還要對它徵稅，堂堂哪有這種道理？

　　許球的話義正詞嚴，原先支持弛禁的鄧廷楨也轉而支持嚴禁鴉片。道

光皇帝隨後命兩廣總督鄧廷楨開展禁菸行動，「嚴飭洋商，傳諭該國坐地夷人，勒令寄泊躉船盡行回國，無許託故逗留。並確查窯口巢穴所在，悉數按治，毋稍姑息」。

鄧廷楨接到命令後，加緊禁菸行動，緝拿了一批鴉片販子，也繳獲了一定數量的鴉片。然而，鴉片氾濫已久，禁菸也絕非一蹴而就的事，想在短時間內將鴉片悉數禁絕幾乎是不可能的事。

西元 1838 年 6 月 2 日，鴻臚寺卿黃爵滋給道光皇帝出了個禁菸的主意，他在奏摺中說，「耗銀之多，由於販煙之盛，販煙之盛，由於食煙之眾。」沒有了吸食，就沒有販煙，沒有了販煙，則洋人的鴉片自然不會流通了。黃爵滋提出的重治吸食的辦法是，「請皇上嚴降諭旨，自今年某日起，至明年某月日止，准給一年期限戒菸，雖至大之癮，未有不能斷絕。若一年以後，仍然吸食，是不奉法之亂民，置之重刑，無不平允。查舊例，吸食鴉片者罪僅枷杖，其不指出興販者，罪杖一百，徒三年，然皆係活罪。斷癮之苦，甚於枷杖與徒，故甘犯明刑，不肯斷絕。若罪以死論，是臨刑之慘急，更苦於斷癮之苟延，臣知其清願斷癮而死於家，必不願受刑而死於市。」

黃爵滋主張用死刑來嚴懲鴉片吸食者。道光皇帝閱後，抄轉各地方大員，針對黃爵滋的提議各抒己見。在收到的 29 份奏摺中，大多數地方官員持反對的意見，只有 8 份奏摺支持黃爵滋的主張。反對者認為，鴉片吸食者人數眾多，遍及天下，用死刑重罪吸食者，不僅涉及到複雜的死刑上報問題，而且會造成誅不勝誅的局面。追本溯源，鴉片氾濫的源頭還在海關，只有從源頭上杜絕鴉片流入，才有可能收到禁菸的效果。

在為數不多的支持者中，林則徐的奏摺引起了道光皇帝的注意。他在

奏摺中報告了自己在轄區內嚴禁鴉片的成果，收繳煙膏煙土 1.2 萬餘兩，並稱：「民情非不畏法，習俗大可轉移，全賴功令之森。」林則徐的另一句話給道光帝留下了深刻印象：「若猶洩洩視之，數十年後，中原幾無禦敵之兵，且無充餉之銀。」

就在此時，發生了兩件大事，一是莊親王、鎮國公在尼僧廟吸食鴉片被發覺；二是琦善在天津拿獲鴉片 13 萬兩。這兩件事讓道光意識到，禁菸任務刻不容緩！

西元 1838 年 11 月 9 日，道光皇帝一紙諭旨，詔林則徐進京。

此時的林則徐任湖廣總督一職。接到諭旨後，林則徐由武昌匆忙啟程，12 月 26 日到達北京。在北京的十三天中，林則徐被道光皇帝召見 8 次，還被賜予了少有的恩典——「紫禁城賜騎」。隆遇之盛，實為「國初以來未有之曠典」。與此同時，道光也給了林則徐一個無法完成的悖論任務，「鴉片必須要禁，邊釁絕不能開」。

道光帝的殷殷期望帶給了林則徐莫大的壓力，他已經預感到了此行的複雜與艱險。臨行前夕，林則徐拜訪了自己的恩師沈維鐈，說道：「死生，命也，成敗，天也，苟利社稷，敢不竭股肱以為門牆辱？」

西元 1839 年 1 月 8 日，林則徐以欽差大臣的身分南下廣州，布置禁絕鴉片事宜。

一到廣州，林則徐立即開始了雷厲風行的禁菸行動，緝拿了一批鴉片販子，調查處理了涉嫌販賣鴉片的官員，並要求外國商人將存在躉船上的鴉片全部上繳，要外商寫保證書，以後永不夾帶鴉片，違者處死。隨後，林則徐在給外國商人的諭令中表明自己禁菸的決心：「若鴉片一日未絕，本大臣一日不回，誓與此事相始終，斷無終止之理。」

　　林則徐的諭令遭到了外國商人的一致抵制。見這招不管用，林則徐採取了更為堅決的措施，他下令中止一切對外貿易，封鎖煙館，斷絕對商館的一切供應，撤走商館內的僱傭的中國人。當時有外國商人這樣描述看到的情況：

　　凡到各夷館之街道，俱已堵塞，並將各夷館之後門，亦於前一日皆用磚砌塞了。濠溝內自橋至行街口，皆係官船，周圍屋頂上，皆安置有人，看守各夷館。地方官謀事甚能幹，辦這些事務甚是敏捷，約數刻之間，我等全被囚禁了，以致夷人都不能逃走。隨即出告示，將夷人貿易盡行停止，並將我等之廚師、管店皆即撤去。各有夷人各館，俟時間即變成大監牢，內中之人好似未帶鎖鏈之犯人，外面俱有人看守。

　　事情發展到了這一步，英國駐華商務監督義律坐不住了。

　　作為英國政府的代表，保護英國商人的人身安全是他的職責所在。在經過反覆權衡後，義律命令英國商人交出了兩萬多箱鴉片。當然，英國商人是不會就這樣白白交出鴉片的，義律向英商保證，他們的損失一概由女皇陛下政府負責。

　　說到這裡，不得不提到一個問題，那就是英國政府對鴉片貿易的態度。英國外交大臣巴麥尊（Palmerston），在發給義律的有關指示中曾明確強調：「女王陛下政府絕不懷疑中國政府有權禁止將鴉片輸入中國，並且有權查獲和沒收那些外國人或中國臣民不顧適當制定的禁令，而輸入中國領土內的任何鴉片。」

　　既然英國政府都不支持鴉片貿易，那鴉片戰爭又是怎樣發生的呢？再往下看。

　　6月3日，林則徐開始了著名的虎門銷煙。如何銷毀鴉片在當時就是

個技術難題，傳統銷毀鴉片常採用「煙土拌桐油焚毀法」，但這樣做的弊端是有一部分煙土會滲入地中，難保那些癮君子們不會掘地三尺搜尋鴉片的渣子。林則徐採用的辦法是用海水浸化。他命人在海邊鑿一大池子，將鹽水倒入裡面，把煙土割成四瓣倒進鹽水中，泡浸半日，再投入石灰，石灰遇水便沸，煙土溶解，待退潮時把池水沖得一乾二淨。

美國傳教士裨治文（Bridgman）這樣記述他所看到的情景：

我們已經反覆檢查硝化過程的一部分，他們在整個工作進行時的細心和忠實的程度，遠遠超過我們的預料，我不能想像再有任何事情會比執行這項任務更加忠實的了。在各個方面，看守顯然比廣州扣留外國人的時候嚴密的多。鎮口有個窮人，因僅試圖拿走身旁的一點鴉片，但一經發覺，幾乎立即被依法懲辦。即使偷去一點鴉片，那也是要冒著極大的生命危險的。目擊後，我不得不相信這是一個事實。

鴉片被全數沒收後，義律（Elliot）將英國僑民從廣州撤退到澳門。然而就在此時，又發生了一個意外事件。西元 1839 年 6 月 20 日，有醉酒的英國水手在尖沙咀村酗酒鬧事，與村民發生毆鬥，導致了村民林維喜第二天死亡。林則徐要求義律交出凶手並償命，但義律拒絕交出凶手，在英國船隻上自行審訊，判處 5 名滋事行凶者監禁 3 到 6 個月，罰金 15 至 20 英鎊了事。林則徐當然不做，他說：「若殺人可不抵命，誰不效尤？倘此後英夷毆死英夷，或他國毆死英夷，抑或華民毆死英夷，試問義律將要凶手抵命耶？抑也可以不抵命？」

事實上，「林維喜」暴露出的是中英雙方在司法審判理念中的分歧。在當時刑訊審判中，許多刑罰是非常殘酷的，比如「凌遲」、「梟首」、「戮屍」，對於清政府的這種司法審判，英國人認為這是野蠻的、殘忍的，他

們無法接受自己的同胞遭受這樣的刑罰。

　　林則徐再一次封鎖了英國的在華貿易，禁止國人向英國人提供食物，並斷絕水糧，派出戰船封鎖英國船隻，並傳令如果在岸上發現外國人，一律就地正法。至此，中英兩國的關係徹底破裂。

　　虎門銷煙的消息傳到英國，引發了一場輿論喧囂。有人叫嚷：「中國方面的無理舉動，給了我們一個戰爭的機會。這種機會也許不會再來，是不能輕易放過的，大不列顛現在極應以武力向中國要求恢復名譽了。」英國國會針對是否對中國發動戰爭進行了激烈辯論，英國外交大臣巴麥尊主張用武力強迫中國讓步，「先揍它一頓，然後再作解釋」。在此過程中，英國的一些鴉片大亨也在積極活動和運作，要求英國政府為保護這鴉片貿易而對華用兵。美國著名漢學家費正清（Fairbank）在《劍橋中國晚清史》中這樣寫道：

　　為了進行第一次鴉片戰爭，一些鴉片商大亨不僅幫助巴麥尊制定計畫和策略，而且提供必需的物質援助：把鴉片貿易船隻租給艦隊使用；鴉片貿易船隻的船長給他們當領航員，而其他職員則充當翻譯；自始至終給予殷勤的招待，並出謀劃策和提供最新情報；用販賣鴉片得來的白銀換取在倫敦兌換的匯票，以支付陸海軍的軍費。

　　除了鼓譟發動戰爭的聲音，一些正義之士也站出來反對發動戰爭。威廉・格萊斯頓（William Gladstone）說：「我不知道而且也沒有讀到過，在起因上還有比這場戰爭更加不義的戰爭，還有比這場戰爭更加想使我們蒙受永久恥辱的戰爭。站在對面這位尊敬的先生，竟然談起在廣州上空迎風招展的英國國旗！那面國旗的升起是為了保護臭名遠颺的走私貿易；假如這面國旗從來沒在中國沿海升起過，而現在升起來了，那麼，我們應當以

厭惡的心情把它從那裡撤回來。」

最終，英國國會舉行投票，主戰派以 271 票對 262 票的微弱優勢透過了對華戰爭提案。戰爭的機器再一次被發動起來，目標直指遠在萬里之外的大清帝國！

一場深刻改變中國歷史的大風暴正在襲來，而鐵屋子內的人卻渾然不覺。處於禁菸前線的兩廣總督林則徐，難道就麼有嗅到一絲危險的氣息嗎？

事實上，林則徐對形勢的發展也不是沒有自己的評估判斷。道光皇帝雖然無甚大才，看人的眼光卻是很準。在到達廣州後，林則徐所做的第一件事就是深入調查了解英國人的一切資料，「所得夷書，就地翻譯」；他命令列商、僱役等人查探英國人的動向，每日向他報送；他還請了至少四名翻譯將澳門、東南亞、印度、倫敦等地的報紙翻譯成漢語，按門類分別編輯成冊；他還請人將英國人所著的《世界地理大全》（*Cyclopaedia of Geography*）翻譯成中文，取名為《四洲志》，成為後來魏源撰寫《海國圖志》的珍貴底本。已是 55 歲年紀的林則徐，還主動積極學習外語，掌握一些基本的英語詞彙。

然而即便如此，林則徐畢竟是標準的封建儒臣，他對的軍事充滿了盲目的自信。西元 1839 年 5 月 1 日，林則徐在寫給朋友的一封信中說：我到廣東後觀察到的情況看，洋人外表看似囂張，內心其實怯懦。因我大清總是擔心輕啟邊釁，才導致養癰遺患，日積月深。接著他為皇帝分析道，首先，英國人從六萬里外遠涉重洋而來，主客眾寡之勢不言而喻，豈敢勞師襲遠，輕舉妄動？英國即使其船堅炮利，亦只能取勝於外洋，而不能得逞於我內河。更何況，中英貿易多年，除卻鴉片一項，英國人即使做正經

買賣，也可以獲利三倍，何苦非要和我們過不去呢？

面對不斷增加的英軍艦隊，林則徐竟將此判斷為一次大規模的鴉片武裝走私，「伏查英夷近日來船，所配兵械較多，實仍載運鴉片。」

由此他斷定，英國「萬不敢以侵凌他國之術窺伺中華」，最多是「私約夷埠一二兵船」，「未奉國主調遣，擅自粵洋遊弋，虛張聲勢。」

西元 1839 年 9 月 1 日，林則徐在給道光皇帝的奏摺中寫道：「夷兵除槍炮之外，擊刺步伐俱非所嫻，而腿足裹纏，結束嚴密，屈伸皆所不便，若至岸上更無能為，是其強非不可制也。」他認為英國士兵的腿腳被繃帶裹纏，屈身不便，跌倒後爬不起來，不能陸戰，這實際上又是一種荒謬的判斷。直到西元 1840 年 8 月，戰爭已經爆發，林則徐仍想當然地寫道：「一至岸上，則該夷無他技能，且其渾身裹纏，腰腿僵硬，一僕不能復起，不獨一兵可以手刃數夷，即鄉井平民，亦盡足以制其死命。」

更令人不可思議的是，林則徐還認為洋人嗜吃牛羊肉，如果不從清朝進口的大黃、茶葉以輔食，將會消化不良而死。「況茶葉大黃，外夷若不得此，即無以為命。」

林則徐在中國近代史上被公認為「睜眼看世界第一人」，然而就連這第一人都抱著固有的「上國」的思維模式，對當時中西關係存在這麼多錯誤狹隘的觀念，遑論他人？國人習慣了在上國的迷夢裡沉酣不醒。大學士徐桐甚至有一段極其「精彩」的言論：「所謂西洋各國，除義大利真有其國外，其餘都是漢奸捏造出來嚇唬人的。」

對敵情的嚴重誤判，是林則徐一生中所犯的最大錯誤。

西元 1839 年 11 月 3 日，英發生了一次武裝摩擦，史稱穿鼻之戰。戰鬥進行了不到一個鐘頭，3 艘中國船被擊沉，一艘被擊中彈藥庫而爆炸。

英軍艦船隻有一艘受了輕微損傷，無人員傷亡。然而在林則徐的奏報中，戰況卻是這樣子的：

「該提督（指關天培）親身挺立桅前，自拔腰刀，執持督陣，屬聲喝稱：『敢退後者立斬！』適有夷船炮子飛過桅邊，剝落桅木一片，由該提督手面擦過，皮破見紅。關天培奮不顧身，仍復持刀屹立，又取銀錠先置案上，有擊中夷船一炮者，立即賞銀兩錠……」

且不論林則徐在這封奏摺中摻雜了多少水分，身為虎門水師提督的關天培，絕對堪稱英勇，他試圖靠近敵艦，與敵肉搏，以一種自殺式的精神向前衝去。關天培的這種義無反顧的犧牲精神，令義律肅然起敬，他對於這位老人的勇氣感到非常震驚，命令史密斯不要再開炮，允許這艘破損不堪的旗艦開走，以表達對這位英雄的崇敬。

那麼英國人是怎樣敘述這場戰役的呢？我們來看看義律的說法：

「作為一個勇敢的人，公正的說法是，提督（即指給義律留下深刻印象的關天培）的舉止配得上他的地位。他的座船在武器和裝具上，明顯優於其他船隻，當他起錨後，很可能是斬斷或解脫錨鏈，以靈敏的方式駛向女王陛下的戰艦，與之交戰。這種毫無希望的努力，增加了他的榮譽，證明了他行動的決心。然而，不到 3 刻鐘，他和艦隊中尚存的師船便極其悲傷地撤回到原先的錨泊地。」

西元 1840 年 3 月，第一艘英國戰艦「都魯一」號到達廣東附近海面。6 月 21 日，英國海軍司令伯麥（Bremer）率領由印度開來的艦隊到達；6 月 28 日，遠征軍總司令懿律率領大批艦隊到達廣東海域。此時的英國有海軍戰艦 16 艘，運兵船 27 艘，武裝輪船 4 艘，遠征軍 7,000 人，其中海軍 3,000 人，陸軍 4,000 人，包括善戰的蘇格蘭團和愛爾蘭團。依照英國

外相巴麥尊的指示，「有效的打擊應當打到接近首都的地方去」，在封鎖了
珠江口之後，大部分兵力即按原計畫北上。途經廈門時，英國人想把巴麥
尊的照會《巴麥尊外相致中國宰相書》交給當地官員代轉，但清朝地方官
員卻無法接受這種平行格式的公文，將其退回。

　　伯麥率領的英軍艦隊到達舟山後，派人送給定海縣知縣姚懷祥最後通
牒，命令他們在一個小時之內投降。這封通牒是鴉片戰爭中清方接受的第
一份夷書，浙江巡撫烏爾恭額事後說：「臣閱看夷書，詞甚狂悖，鎮臣張
朝發何以遽準遞收？」

　　面對英國人的咄咄逼人，定海知縣姚懷祥義正詞嚴道：

　　「你們把戰爭施加於民眾身上，而我們這些人從未傷害過你們的人。
我們看到了你們的強大，也知道對抗將是發瘋。但我們必須恪盡職守，儘
管如此做會招致失敗。」

　　定海一戰，英軍艦炮僅用了九分鐘，就毀掉了清軍戰船和岸炮的還擊
能力，1,500 多名清軍潰逃一空，參戰的士兵戰死 13 人，受傷 13 人，總
兵張朝發中彈落水，到鎮海後不治身亡，知縣姚懷祥投水自盡。英方毫無
傷亡。

　　占領定海後，懿律率艦隊繼續北上，接著又到寧波和鎮海，再度試圖
投遞該照會，再度被拒。英軍艦隊於是北上天津，抵達天津大沽口外。

　　琦善此時擔任直隸總督一職。對於英國人的這一做法，琦善百思不得
其解，他在給道光皇帝的奏摺中寫道：「伏查英夷詭計百出，如專為求通
商貿易，該逆夷豈不知聖人天下一家，只預在粵懇商，何必遠來天津？如
欲籲懇恩施，何以膽敢在浙江占據城池？」琦善認為，英國人詭計多端，
如果是專門為了懇求通商貿易，應該知道我是一體的，只在廣州懇請通商

即可，何必大老遠來天津？如果是懇請皇上給予恩施，又為何膽敢占領浙江一帶的城池呢？

　　道光皇帝面對各地接二連三戰事吃緊的消息，也是一頭霧水。為了直接了解英人北上的真實企圖及其對朝廷的態度，他隨後連發兩道諭旨，令伊里布到浙江密查英國人竄擾江浙一帶的緣由，據實奏聞，另外還告訴琦善，如果再有投遞「稟帖」，無論是漢字還是英文，一律照原樣呈上來。「如該夷船駛至海口，果無桀驁情形，不必遽行開槍開炮。倘有投遞稟帖情事，無論夷字、漢字，即將原稟進呈。」按照體制，官員是不能直接接受蠻夷的稟帖的，但此時的道光皇帝已顧不了這麼多體面了，他急於想知道英夷北上的原因。

　　8 月 11 日，懿律率領的英軍艦隊到達天津大沽口外的海域。琦善派羅應鰲去接收「稟帖」，但他們收到的卻是「諮會」，一種平等關係的文書，而不是稟帖，內容要求琦善在 6 天之內派人接收「大英國家照會之公文」。在得到道光帝的准許後，琦善派人到英國軍艦上接收了《巴麥尊外相致中國宰相書》。

　　經歷了無數次投遞無門後，英國的這封照會最終由琦善遞送上來。在這封短短 4,000 字的檔案中，開篇是這樣寫的：

　　「茲因官憲（林則徐）擾害本國住在中國之民人，並褻瀆大英國家威儀，是以大英國主，調派水陸軍師，前往中國海境，求討皇帝昭雪伸冤。」

　　這是一篇符合語言的公文。尤其是「求討皇帝昭雪伸冤」一句，可謂是撓到了道光的癢，令道光皇帝龍顏大悅。而事實的真相是，這是一封在翻譯過程中被嚴重竄改了文意的檔案，原意為「要求皇帝賠償並匡正」。

在原文中，巴麥尊對林則徐在廣州的禁菸活動進行了指控，並在隨後提出了五項要求：賠償被焚的鴉片損失；中英雙方平等外交；割讓一處或幾處島嶼；賠償中國行商所欠英國商人的款項。一句話，英國人絕不是受了冤屈來向道光乞求為自己做主的，而是來興師問罪的！

英軍的「船堅炮利」給琦善留下了非常深刻的印象，使他主「剿」的信念發生了動搖。在給道光皇帝的一封奏摺中，琦善這樣寫道：

「見到英吉利夷船式樣，長圓共分三種，其至大者，照常使用篷桅，必待風潮而行，船身吃水二丈七八尺，其高出水處，亦計兩丈有餘。艙中分設三層，逐層有炮百餘位，舟中所載皆係鳥槍，船之首尾，均各設有紅衣大砲一尊，與鳥槍均自來火。其後梢兩旁，內外俱有風輪，設火池，上有風門，火乘風氣，煙氣上燻，輪盤即激水自轉，無風無潮，順水逆水，皆能飛渡。」

既然是來乞求申冤昭雪的，那事情就好辦多了。道光重新找回了「天下共主」的良好感覺，讓琦善給英國人回覆道：

「大皇帝統馭寰瀛，薄海內外，無不一視同仁，凡外藩之來中國貿易者，稍有冤抑，立即查明懲辦。上年林則徐等查禁菸土，未能仰體大公至正之意，以致受人欺矇，措置失當。茲所求昭雪之冤，大皇帝早有所聞，必當逐細查明，重治其罪。現已派欽差大臣馳往廣東，秉公查辦，定能代申冤抑。該統帥懿律等，著即返棹南還，聽候辦理可也。」

道光對林則徐的查辦，絕不僅僅是緣於英國人對林則徐的控告。顯然，林則徐南下禁菸的結果，顯然違背了道光皇帝給他的訓令：「鴉片務須杜絕，邊釁絕不可開。」生性簡樸吝嗇的道光皇帝在經歷了張格爾叛亂之後，顯然已難以應付再一次戰爭了。而林則徐面對接連彙集到的英軍侵

華的消息，簡單歸結於義律的謠言恫嚇，對即將來臨的戰爭毫無察覺。

　　穿鼻衝突後，中英雙方在官湧有過六次衝突，而林則徐在給道光的奏摺中，這些衝突都是以大獲全勝的面目出現的：「即聞夷船齊聲喊叫，究竟轟斃幾人，因黑夜未能查數」、「把總劉明輝等率兵迎截，砍傷打傷數十名，刀棍上均沾血跡，夷人披靡而散，帽履刀鞘遺落無數。次日望見沙灘地上，掩埋夷屍多具」、「中國軍隊五路大砲重疊發擊，遙聞撞破船艙之聲，不絕於耳。該夷初尤開炮抵拒，迨一兩時後，只聽咿啞叫喊，竟無回擊之暇」。更有甚者，林則徐還向道光皇帝信誓旦旦地表示，英夷膝蓋卻是不會打彎的，跌倒後就爬不起來；夷人都是把肉磨成粉食用，久而久之導致大便不通，沒了的茶葉，英國人便會大便不通而死……

　　道光皇帝對此後局勢的決策，完全是建立在林則徐一系列的「大捷」彙報之上的。《鴉片戰爭：一個帝國的沉迷和另一個帝國的墮落》(*The Opium Wars: The Addiction of One Empire and the Corruption of Another*) 一書中這樣寫道：「中國人不但善於竄改歷史，而且擅長捏造眼前的事情，他們向皇上報告說取得了巨大的勝利，打死許多英國人，而且擊沉多艘英國船隻。在這場衝突中，皇帝的許多錯誤決策並不是策略上的錯誤，而是基於錯誤的情報採取了行動。」定海陷落後，道光接二連三收到了各地戰事吃緊的消息，他已經不信任林則徐了。在給林則徐的批覆中，道光斥責林則徐：「外而斷絕通商，並未斷絕；內而查拿犯法，亦不能淨。無非空言搪塞，不但終無實濟，反生出許多波瀾，思之曷勝憤懣。看汝以何詞對朕也！」、「無理，可惡，一片胡言」，最狠的一句話是：「汝云英夷試其恫喝，是汝亦效英夷恫喝於朕也。」

　　面對廣東戰敗、定海陷落、英軍艦隊占領一路北上的結果，道光胸中一直壓著一股無名火，他需要釋放，盛怒之下的道光帝，只能將責任歸咎

於林則徐，由他來承擔這一本不該由他承擔的結果。一句話，林則徐成了替罪羊。

西元 1840 年 9 月 28 日，道光以「誤國病民，辦理不善」的罪名，下旨將林則徐革職，「從重發往伊犁，效力贖罪」。林則徐被充軍了！

然而在當時閉塞落伍的環境下，「沿海文武員並不諳夷情，震於英吉利之名，而實不知其來歷」，又有誰能擺脫高高在上的「華夷」觀念，清醒地認識世界之大勢，洞悉英帝國資本勢力擴張的野心？然而，板子最終卻打在了林則徐的屁股上，其緣由正如史學家茅海建先生所說：「在專制社會中，獨裁者原本可以不講道理的，因為所有的道理都在他一個人手裡。」

話題回到琦善身上。琦善在與英國人反覆交涉後，給懿律發去一封照會：「如貴統帥欽遵諭旨，返棹南還，聽候欽差大臣馳往辦理。雖明知煙價所值無多，要必能使貴統帥有以安如初。則貴統帥回國時，自必顏面增光，可稱為貴國王能事之臣矣。」

在收到這封照會後，英國艦隊果然選擇了南返。而琦善也被任命為欽差大臣，帶著道光皇帝「上不可以失國體，下不可以開邊釁」的使命，踏上了南下廣州之路。

琦善在天津忙著處理「夷務」時，兩江總督伊里布也沒閒著，他被派去浙江主持軍務，收復被英軍占領的定海。在見識了明顯屬於另一個時代的艦隊後，伊里布也迅速由「主剿派」變成了「主和派」。面對道光帝武力收復定海的命令，伊里布一方面對道光帝虛與委蛇，一方面與英國人接觸談判，尋找最有利的解決方案，甚至對義律說：「大皇帝特別施恩，准爾通商，爾等將何以報？我們辦事必令你們下得去，亦必令你們回得國，復

得命。你們辦事須教我們下得去，教我們奏得大皇帝，教我們大皇帝下得去。」

伊里布最終因為沒有武力收復定海而被調離，兩個月後被彈劾「遣家丁赴敵船事」遭押赴京城受審。遠在廣州的欽差大臣琦善周旋於道光帝和義律之間，在努力說服道光帝的同時，積極與義律開展談判。道光卻沒了耐心，開始調集兵力向廣州集結，命令琦善以武力解決雙方爭端，「乘機攻剿，毋得示弱」。幾次戰役下來，清軍一敗塗地，炮臺被攻陷，守軍紛紛潰逃，還被英軍強行占領了香港。琦善被彈劾褫職，到北京判了個「斬監候」，即死緩。

事實證明，此時的「夷務」已經成了一塊燙手的山芋，擱誰手裡誰倒楣。「上不失國體，下不開邊釁」是一道悖論題，沒有人能解得開。《劍橋中國晚清史》中說，「任何一個處在林則徐地位的官員，都會同樣遭到失敗和受到處分。在這些年間，對欽差大臣的每一次任命，都展現著清帝的這樣一個決心：在不損害他自己所提條件的情況下保持和平與秩序。因此，鴉片戰爭的歷史，就是這種決心受到英國人反覆打擊的過程。最後，清帝的這個願望終將破滅，但是在此以前，他派的代理人員面臨著一種矛盾的要求：既要講和，又不許讓步。這就是林則徐進退維谷的處境及其繼任者的悲劇之所在。」

幾乎所有在廣州的大臣都達成了一個共識，即清軍無法阻擋英軍的進攻，只有一個人對前途表示樂觀並且一意主剿，這個人就是道光。

琦善被查辦後，道光任命老將楊芳為參贊大臣南下廣州，處理「夷務」。眼見英軍接連攻陷數座炮臺，楊芳確定英軍在施邪教妖術，「夷炮恆中我，而我不能中夷。我居實地，而夷在風波搖盪中。主客異形，安能操

券若此，必有邪教善術伏其內。」（《夷氛聞記》）迷信扶乩術的楊芳竟然傳令當地保甲，收集婦女使用的馬桶、溺器，裝滿女人的糞便、穢物，令載於木筏小船，布滿海上江面，「紙紮草人，建道場，祈鬼神，然尚添造炮位，軍器、木排等事」，以阻擋英艦的前進。如此做法，其結果自然不言而喻。當時有詩嘲諷：「糞桶尚言施妙計，穢聲傳遍粵城中。」

幾次作戰，清兵一觸即潰，楊芳不得不用謊言繼續矇騙道光皇帝，一再向朝廷報捷。楊芳後來被革職留任，如履薄冰地做完了這一任，將這個爛攤子交給了靖逆將軍奕山。

不得不說，奕山「唬弄」道光帝的本事遠遠超過琦善和楊芳。在道光的嚴令逼迫下，奕山倉促下達了對英軍艦隊的夜襲，結果反被英軍先後攻占了廣州城外重要據點泥城、四方炮臺等，其炮火可以覆蓋整個廣州城。奕山不得不在城內升起白旗求和，在付出了 600 萬元的「贖城費」後，英軍退到了香港。

仗打敗了，如何向道光帝交代呢？奕山自有辦法。6 月 4 日，在給道光皇帝的奏摺中，奕山這樣描述清軍獲勝的經過：

據守城兵丁探報，城外夷人向城內招手，好像有什麼話要說。我當即派參將熊瑞登上城牆檢視，見有幾個英軍頭目一會兒以手指天，一會兒指自己的胸口。熊瑞沒看明白，找來翻譯詢問。翻譯說，英軍有有苦情要稟告大將軍。總兵段永福大聲喝斥：我大將軍豈能輕易見你們？他奉命而來，是來和你們作戰的！該頭目隨即摘了帽子，屏退左右，將武器扔在地上，向城上行禮。

段永福向我稟請詢問，按照我的吩咐派翻譯來到城下，質問他們：「你們抗拒中華，屢生事端，有何冤屈？」英軍頭目回答，中英終止貿易後，英國的貨物無法在市場上流通，資本折耗，欠款無法追討。新城外兩邊炮

火轟擊，不能傳話，是以來此求大將軍轉肯大皇帝開恩，追討欠款，准允通商，英軍立即退出虎門，交還各炮臺，再不敢惹是生非。

後來聽一些洋商稟告，英軍曾央求他們從中調解，只求照前通商，並將歷年商欠清還，他們馬上會將兵船全數撤出虎門。

在奏報「戰功」的同時，奕山還一口氣保舉了「有功之臣」共五百五十四人，幾乎囊括廣州所有官員。奕山矇蔽道光帝，他甚至將所有人都拉進了這個「撒謊集團」，將這個謊共同圓下去。

西元 1841 年 8 月 8 日，義律收到了來自倫敦的免職通知，英國外相巴麥尊對義律在中國的作為很不滿，他嚴厲斥責義律說：「你違背並藐視了給你的訓令……從你的整個行動看來，你彷彿從頭到尾把我的訓令視為廢紙……你獲得了香港，一座幾乎沒有一間房屋的荒島；在我看來，即使是這個所謂的割讓，就其附加的條件而言，並非是該島主權的割讓，而只是一種讓我們在那裡居住的許諾而已，就像葡萄牙人在澳門所獲得的那種立足點一樣。」

在召回義律後，英國方面派璞鼎查爵士前往中國，完成義律沒有完成的任務。英軍重新北上，準備拿下廈門。主持廈門防務的是閩浙總督顏伯燾，早在 3 月 2 日，顏伯燾抵達廈門時，他便著手改造防務，耗銀 150 萬兩，精心構造了廈門防線，修築了多座炮臺。即便如此，在面對現代化的軍隊時，廈門這座海防要塞在開戰兩個小時後，就被英軍攻陷，全島各陣地均告失守。汀漳龍道張集馨這樣記載廈門之戰：

顏伯燾先是輕視英軍，認為與他們講和不是好辦法。他將各城巨炮運到廈門，排列在海口。這種火炮極重，沒有數十人根本拉不動，為了節省費用，又沒有配備炮車，無法挪動。旁邊的人說，炮臺在牆外，如果不用

炮車拉回大砲，士兵是不敢出城裝填火藥的。顏伯燾大言不慚道，對付英夷一炮即可滅賊，何須再裝填火藥？

待英國艦隊到達江面，兵士看見船帆就把砲彈打完了。英國艦隊火炮在船身兩側，每邊有 40 門大砲，兩船一起前進，靠近後一齊開炮，然後離開；後面的船隻接著上。轉眼間，清軍沿海工事全部被火炮轟塌，官兵四散潰逃。

這之後，英軍再攻定海，兵鋒直指鎮江。在這裡，英軍遭到了戰爭爆發以來最有力的阻擊，連他們自己都不得不承認：「中國軍隊發來的炮火，曾對我方前進的船隻，給以致命的打擊。僅在十分鐘左右的戰鬥過程中，我方十六名海員和八名砲兵都受了傷。」「在這裡滿兵作了一次最頑強的抵抗，他們寸土必爭，因此每一個城角和炮眼都是短兵接戰而攻陷的。」鎮江之戰，英軍共有 39 人死亡，3 人失蹤，130 人受傷。道光在得知戰況後，不無感慨道：「不愧朕之滿洲官兵，深堪憫惻。」

在此後的幾個月裡，英軍一路北上，兵鋒直指南京下關江面。這個時候，即便是傻子也看出來了，清軍絕非英軍的對手，在英軍的堅船利炮面前，清朝的海防被證明是不堪一擊。談判的大門再次開啟，道光召回了罪戍邊疆的伊里布，連同杭州將軍耆英、兩江總督牛鑑共同作為清方談判代表，到南京與英軍展開和談。

西元 1842 年 8 月 29 日，耆英、伊里布、牛鑑等人登上英國艦隊的旗艦「康華麗」號，代表清政府在《南京條約》上簽字畫押。這份條約主要包含以下幾項內容：

1. 賠款 2,100 萬洋銀銀元：1,200 萬為軍費賠償，600 萬為所銷鴉片之賠款，300 萬為償還行商拖欠洋商之債款。

2. 廢除公行之壟斷貿易制度。

3. 開放廣州、廈門、福州、寧波和上海五個口岸，供英國領事、商人及其家眷通商並居住。

4. 割讓香港（條約的中文字委婉地宣稱，因英國商船遠路跋涉來華，往往有損壞須修補者，自應給予一處以便修船及存守所用物料，故大皇帝恩准給予一個地方云云）。

5. 兩國官方平等交往。

6. 核定關稅，不久後確定。（徐中約：《中國近代史》）

在這場舊世界與新世界的戰爭中，清軍雖盡全力仍難逃一敗塗地。中國也曾完勝西方霸主，中國的艦隊也曾無敵於世界，李約瑟（Joseph Needham）甚至認為，「明代海軍在歷史上可能比任何亞洲國家都出色，甚至同時代的任何歐洲國家，以致所有歐洲國家聯合起來，可以說都無法與明代海軍匹敵。」

然而，從天下無敵到敗絮其中，從虎狼之師到土雞瓦狗，失敗來得如此之快，留下的傷痛是如此之深。中國曾領先世界千年，卻在 19 世紀掉隊了。

美國華人學者張馨保這樣評價鴉片戰爭：

和其他歷史事件一樣，鴉片戰爭並不是某一個因素造成的，它有各式各樣的原因。從理論上或概念上說，這是兩種不同文化間的衝突。當兩種各有其特殊體制、風格和價值觀念的成熟的文化相接觸時，必然會發生某種衝突。使英國人與中國人相接觸的是商業，鴉片戰爭爆發前十年，商業最重要的一環是鴉片貿易，這是鴉片戰爭的直接原因（張馨保《林欽差與鴉片戰爭》）

西元 1840 年，英國在鴉片戰爭中打破了「天朝」的威嚴，卻並沒有警醒迷濛中的中國人。直至戰爭一敗再敗，國人仍不願意相信中國已嚴重落後西方的事實。一張民間布告表達了民眾不服氣的情緒：「除你們的船是堅固的，炮火是猛烈的，火箭是強大的以外，你們還有什麼其他本領嗎？」「如果不徹底消滅你們這些豬狗的話，我們就不是頂天立地的勇敢的中國人。」

林則徐在輯錄的《軟塵私議》一書中描述道：「議和之後，都門仍復恬嬉，大有雨過而忘雷之意．海疆之事，轉喉觸諱，絕口不提，即茶坊酒肆之中，亦大書『免談時事』四字，儼有詩書偶語之禁」。

梁啟超在《變法通義·論不變法之害》中沉痛地寫道：現在有一座大廈，已經歷了千年，屋瓦設施毀壞，柱子也崩折了，不是因為它不大，風雨突然到來時，就一定會傾倒。可是屋子中的人，還在酒酣嬉戲打著鼾睡覺，漠然地一點兒也聽不到看不到；有的看到這樣很危險，只知道痛哭，束手無策地等死，不想拯救這種局勢；又有比這個強的，採取修補堵漏的辦法，堵住螞蟻窩兒，苟且偷生地安穩一些日子，藉此來收到一些功效。

一場席捲全球的暴風驟雨已然來臨，但屋內的人卻毫無察覺，繼續昏睡不已，偶爾有幾個人有所警覺，卻無法扒開這間千年的鐵屋，將亮光照進來。魯迅先生回顧歷史時曾說：「中國太難改變了……不是很大的鞭子打在背上，中國自己是不肯動彈的。」這是歷史的悲哀，也是民族的悲哀。

今天的我們不能苛求當時的人能具有超脫時代的意識，正視西方文明，主動融入到世界一體化的潮流中，可民族的發展與前途，將因此而不得不多走些彎路，付出沉重的代價。

第三章
天父下凡：洪秀全的天國之夢

　　天京之變，君臣內訌，兄弟相殘，石達開走了，偌大的天京城內空空蕩蕩。多年後，軍中流傳著一首歌謠：天父殺天兄，總歸一場空；打打包裹回家轉，還是當長工。

　　西元 1864 年 6 月，太平天國的都城南京被攻陷，急紅了眼的曾國荃下令一把火點著了洪秀全的天王府，大火竟然燒了三天三夜。這場大火不僅將周圍十餘里的天王府化為灰燼，而且使得太平天國十多年的恢弘之業，隨之煙消雲散。有詩云：「十年壯麗天王府，化作荒莊野鴿飛。」

　　轟轟烈烈的太平天國運動最終落下帷幕，然而關於這場農民起義的討論卻至今沒有結束，對太平天國的評價總存在兩個極端。推崇者將其視為一次偉大的反封建反侵略的農民革命戰爭，孫中山曾經自稱「洪秀全第二」，並大力宣傳太平天國，羅爾綱先生也曾熱情謳歌太平天國的革命精神；貶低的，將太平天國比作洪水猛獸，斥其為「邪教」，洪秀全為「魔頭」。馬克思就曾將太平軍視為魔鬼的化身，簡又文先生認為，以破壞性及毀滅力論，太平天國革命運動，僅亞於現今日本侵略之一役。

　　拋開這些爭論不談，太平天國的真實面貌到底是什麼呢？讓我們將時間的指標撥回到太平天國之前。

　　故事的起因源於一位落第書生，他的名字叫洪秀全。洪秀全生於廣東花縣的一個客家人家，從小聰明自負，很早就熟讀了四書五經等儒家典籍。據族弟洪仁玕回憶，「其天亶聖聰，目不再誦，十二三歲經史詩文，無不博覽。」

　　帶著族人的期望，洪秀全懷揣著「朝為田舍郎，暮登天子堂」的遠大抱負，踏上了漫漫科學考察路。然而，理想很豐滿，現實很骨感。也許是洪秀全考試的天分不高，從 16 歲開始，一直到 31 歲，洪秀全在科學考察的路上屢敗屢戰，屢戰屢敗，前前後後應試了四次，次次榜上無名。

　　西元 1833 年，洪秀全又一次到廣州參加府試，在街頭得了一本宣傳基督教的小冊子《勸世良言》。這是一本由中國的基督教徒編寫的，作者

梁發，原是一名印刷廠工人，曾協助英國傳教士馬禮遜（Morrison）印刷《聖經》，隨後皈依了基督教。洪秀全只是略微翻了一下，便擱在一邊，繼續埋頭於科舉考試。

在古代，科舉考試幾乎是貧寒子弟通往上層社會唯一的出路，也是他們改變自身命運最好的一個機會。只有坐在考場上，你才能和那些富二代、官二代公平競爭，爭奪那為數不多的晉升名額。洪秀全幾次考試都落榜，除了競爭過於激烈之外，他本人的文采並不出彩，甚至可以說是粗鄙不堪。從他後來寫的詩詞及詔書來看，他的文字功底類似於打油詩的水平，屢考不中很正常。我們來看一首他寫的詩詞就知道了：

手持三尺定山河，四海為家共飲和。

擒盡妖邪歸地網，收殘奸宄落天羅。

東南西北效皇極，日月星辰奏凱歌。

虎嘯龍吟光世界，太平一統樂如何！

西元 1837 年，洪秀全參加廣州府試再次落榜。這次落第給洪秀全帶來了巨大打擊，絕望中的他回家後發高燒大病一場，臥床不起。在病中，洪秀全進入了一種夢魘的狀態。昏迷中，洪秀全做了一個奇怪的夢，他夢見自己飛入雲天，被人剖開肚腹換了五臟六腑，還見到了頭披金髮、身穿黑袍的上帝，自稱是他的父親，並告訴他，人間正在遭受磨難，希望他到世間去斬妖除魔，還派出了他的兄長耶穌（Jesus）前往助陣。在病中，洪秀全常常大呼「斬妖！斬妖」，全村人都認為他精神失常了。

四十多天後，洪秀全的病情漸漸好轉。高燒甫退，洪秀全提筆作詩一首：

手握乾坤殺伐權，斬邪留正解民懸。

眼通西北江山外，聲震東南日月邊。

展爪似嫌雲路小，騰身何怕漢程偏。

風雷鼓舞三千浪，易象飛龍定在天。

　　一次，洪秀全的表兄李敬芳來探望他，無意間翻到了這本書，大加讚賞，這重新引起了洪秀全對這本小冊子的興趣。在經過仔細翻閱後，洪秀全大受啟發，結合自己之前的夢境，萌發了信奉上帝、追求人人平等的觀念。瑞士傳教士韓山文（Theodore Hamberg）在《太平天國起義記》（*The Taping Heavenly Kingdom Uprising*）中寫道：「從書中尋找到解釋其六年前病中夢兆的鑰匙，發覺該書內容與自己夢中的見聞十分吻合。這時他才明白，那位端坐在寶座之上、為世人所當敬拜者即天父上帝，助他殺妖的中年人即救世主耶穌，魔鬼即偶像，所謂兄弟姐妹即世間人類。」

　　洪秀全自認為受上帝之命下凡誅妖，以上帝的幼子、耶穌的幼弟自稱，並稱上帝耶和華為「天父」，稱耶穌為「天兄」。雖然沒有讀過原汁原味的《聖經》，洪秀全卻憑藉著自己對基督教的樸素理解，自創了拜上帝教，逢人便宣傳他所理解的基督教教義。洪秀全說：「人心太壞，政治腐敗，天下將有大災大難，唯信仰上帝入教者可以免難。入教之人，無論男女尊貴一律平等，男曰兄弟，女曰姊妹。」

　　洪秀全拉了表兄李敬芳、表親馮雲山和族弟洪仁玕一起信仰上帝，舉行了簡單的施禮儀式，然後做了一件很極端的事情，砸了私塾裡的孔子牌位。此舉引起軒然大波，洪秀全也因此丟了塾師的飯碗，和馮雲山等人離開家鄉，去了廣西傳教。不久之後，洪秀全又返回了廣東花縣老家，馮雲山則留在桂平一帶邊教書邊傳教。

回到家的洪秀全也沒閒著，從西元 1844 年開始，洪秀全憑藉著自己粗淺的基督教知識，寫下了《百正歌》、《原道救世歌》、《原道醒世訓》等著作，號召大家拜上帝、敬耶穌，反對邪神崇拜和偶像崇拜，宣揚「天父上帝人人共，天下一家自古傳」的理念。為了將中國的「天」與基督教中的「上帝」劃上等號，洪秀全翻遍《詩經》、《易經》，蒐羅有關字句，從《詩經》中找出「上帝臨汝」，《易經》中摳出「薦之上帝」，《書經》中翻出「唯皇上帝」，然後下結論說：「有人妄說拜皇上帝是從番，不知中國有鑑史可考，自盤古至三代，君民皆敬拜皇上帝。」

　　洪秀全改信基督創立拜上帝教是一件意義重大的事件，這表明他開始和傳統文化徹底分道揚鑣。拜上帝教是太平天國的精神支柱，從創立那天起，它就打上了反儒、反傳統文化的標籤，摒棄詆毀傳統文化，藉助軍事和政治手段不遺餘力地對傳統文化進行了大規模的「清剿」。這是太平天國最終失敗的文化原因，我們將在後面對此進行深入剖析。

　　四次科學考察的失利，使得洪秀全思想偏激，反出了儒家，改信基督教。因此，洪秀全的反儒最初不過是為了發些科場失意的憤懣罷了。在確立了新的信仰後，洪秀全開始了對儒家文化正式發出了挑戰。他不僅在家鄉砸了孔子牌位，而且毀孔廟，拆寺院。西元 1844 年 5 月，洪秀全和馮雲山來到廣西貴縣賜谷村，在六烏廟前題詩一首，斥責六烏廟供奉的是「妖魔」：

　　舉筆題詩斥六烏，該誅該滅兩妖魔。

　　滿山人類歸禽類，到處男歌和女歌。

　　壞道竟然傳得道，龜婆無怪作家婆。

　　一朝霹靂遭雷打，天不容時可奈何。

　　寫完詩後，洪秀全用筆桿向菩薩一戳，大喊一聲「斬妖」，廟裡供奉的一對菩薩應聲倒下，粉身碎骨。村民大驚，將洪秀全視為天人。此事在當地引起了轟動，幾個月間有上百人要求皈依受洗禮。洪秀全就這樣走上了神壇。

　　事實的真相是，廟裡的塑像早被白蟻蛀空，洪秀全不過是有意導演了一場戲而已。

　　在擴大宣傳、吸引信徒的同時，洪秀全也沒忘記學習真正的基督教知識。西元 1847 年 3 月，洪秀全到廣州見到了美國傳教士羅孝全（I. J. Roberts）。在羅孝全眼中，這個鄉村塾師「他外表很普通，約高五英呎四英寸或五英呎，體格健壯，圓臉，相貌端莊，有點帥，中年，舉止溫文爾雅，頗有紳士風度」。

　　在這裡，羅孝全指導洪秀全學習了原版翻譯的《聖經新約全書》（*New Testament*）、《聖經舊約全書》（*The Old Testament*）。據羅孝全回憶，洪秀全「參加了我們的聖經班，默記和吟誦經文，在班上每天接受教導兩小時」，期間表現優異。在給朋友的信中，羅孝全興奮地寫道：「我幾乎相信，是主送他們來這裡的；如果這樣，不用很久他們就會加入我們的教會」。

　　一段時間後，洪秀全提出了加入教會的申請。

　　羅孝全問道：「你是否明白，成為教堂的一名成員，並不是某種僱傭，也與金錢的報酬無關。我們不應出於邪惡的動機而加入教堂」。

　　洪秀全猶豫了片刻，答道：「我窮，沒有生活來源，加入教堂將丟掉我的職業，我不知道以後會怎樣過活。」（張功臣：《洋人舊事》）

　　對於洪秀全的入教申請，羅孝全當然十分歡迎，但當他聽到洪秀全提

出津貼問題時，心中有些不悅，終使洗禮受挫。

對這一變故，有一種說法認為是羅孝全的兩名華人助理在其中搗的鬼。如果洪秀全成為羅孝全的助手，必會擠掉自己的飯碗，因此勸誘洪秀全「在受洗禮之前，親對羅牧師要求應許其每月得津貼若干以維持其生活，如是始能於受洗禮之後留在廣州繼續學道。時秀全貧甚，遂以其言為合理可信，即旨羅處要求」。

躊躇幾日，洪秀全離開了廣州，決定到廣西紫荊山尋找馮雲山，去那裡繼續傳播拜上帝教。

洪秀全的神學理論雖然脫胎於基督教，卻與真正的基督教有著本質的區別。基督教只是一個宗教組織，而拜上帝教則是政教合一的組織，拜上帝會否定了基督教「三位一體」的基本信仰。更為出格的是，洪秀全後來還為天父上帝添了幾個兒子及一個女婿，外國傳教士自然大為不滿，多次宣稱：「上帝除了耶穌以外沒有別的兒子」。對於楊秀清動不動就「哐當」一聲倒地代「天父」附體傳言的行為，外國傳教士更是深惡痛絕。基督教教義中強調上帝是個靈體，看不見的，而《太平天日》中的描述是：天父上主皇上帝，頭戴高邊帽，身穿黑龍袍，滿口金鬚托在腹上，相貌最魁梧，身體最高大，坐裝最嚴肅，衣袍最端正，兩手覆在膝上。

有英國人曾對洪秀全的肆意妄為褻瀆聖靈提出異議，東王楊秀清反問他們：「你們自以為拜上帝的時間長，但你們可知上帝身材多高？肚子多大？鬍子什麼顏色？戴什麼樣的帽子？穿什麼衣服？會題詩否？耶穌長子今年幾歲？耶穌有幾個女兒……」這 50 個荒誕不羈的問題讓英國人啞口無言，不得不落荒而逃。

洪秀全雖然舉起了反對儒家文化的大旗，但他的思想卻離不開儒家傳

統文化潛移默化的影響。為了將西方基督教「移植」到中國的土壤中，洪秀全對「拜上帝教」做了不少內容和儀式上的改動，結果不但扭曲了基督教的原旨教義，而且也糅合了中國傳統文化中的一些民間習俗與儀式，富有「中國特色」。

最終的結果是，這個中西文化融合的產物就陷入了一種文化困境：既不容於「洋兄弟」，也不被「讀書人」所接受。中國的傳統衛道士將其視為對封建倫常的背叛，西方教會也將其看作是異端邪說，兩頭不討好。梁啟超說：「太平天國拿四不像的天主教做招牌，這是和國民心理最相反的。」英國人富禮賜憤怒地說道：「教皇如果有權治他洪秀全，早就把他燒死了！」

最典型的一個例子是拜上帝教的洗禮儀式：

在神臺上置明燈二盞，清茶三杯，大概所以適於中國人之觀感也。有一張懺悔狀，上寫明求洗禮者之姓名，至行禮時，由各人朗聲誦讀，乃以火焚化使達上帝神鑑。乃問求洗者「願不拜邪神否？願不行惡事否？願恪守天條否？」各人悔罪立願畢，即下跪。主任人於是由一大盆清水中，取水一杯灌於每個受洗者頂上，且灌且喃：「洗淨從前罪惡，除舊生新。」行禮畢，新教徒起立，將清茶飲了，並以盆中水自洗心胸，所以表示洗淨內心也。彼等又常到河中自行沐浴，同時認罪祈禱求上帝赦宥。受洗禮之教徒即領受各種祈禱文，於早晚進膳時念之。

讓我們將視角重新回到洪秀全身上。在廣西紫荊山區，洪秀全見到了馮雲山發展起來的兩千多名會眾，精神大為振奮。兩年多的時間，馮雲山使拜上帝會在這一帶成了氣候。這其中除了馮雲山優秀的組織能力外，還與當地土著和客家人之間的衝突有很大連繫。當時的廣西盜賊紛起，為求自保，各地紛紛組織了團練。處於劣勢的客家人為了對抗土著居民組成的

團練，紛紛加入了拜上帝會，因而終不免捲入當地的土客之爭，團練與拜上帝會之間爭鬥不斷。李秀成在其被俘後的自述中這樣寫道：「拜上帝人與拜上帝人一夥，團練與團練一夥，各爭自氣，各逞自強，因而逼起。」

西元 1848 年初，馮雲山被當地團練王作新抓走，洪秀全為了救出馮雲山，積極奔走，到廣州去尋求幫助。一時之間，拜上帝會群龍無首、人心渙散！

關鍵時刻，有一個人挺身而出，拯救了拜上帝會。這個人就是楊秀清。

有一天，楊秀清突然「咣當」一聲倒地，聲稱自己是「天父」下凡，在場眾人無不惶恐，紛紛拜倒。藉著天父下凡的把戲，楊秀清凝聚了人心，穩住了差點散夥的拜上帝會，賄賂官府將馮雲山救了出來。同時也篡奪了革命的實際領導權，把馮雲山擠到了後面。

洪秀全回到紫荊山時，發現楊秀清已經在會眾中獲得了地位和權威。他當然知曉所謂的「天父」下凡，不過是個騙人的把戲，但楊秀清借「天父」下凡已經享有崇高的威望，連自己也無力撼動。鑒於此，洪秀全不得不對外宣稱：「東王是上帝愛子，與太兄及朕同一老媽所生。」「一父上主皇上帝，普天大共聖父親。朕之胞兄是耶穌，朕之胞弟是秀清。」這之後，楊秀清讓他的好友蕭朝貴假託「天兄」下凡，加入了拜上帝會的核心領導層。

隨著信徒的不斷擴大，造反自然而然成為了他們的共同目標。當然，體面的說法是要建立一個天國。從西元 1850 年 7 月起，洪秀全領導會眾祕密打造武器、變賣田產、籌足錢糧，部署起義工作。

西元 1850 年 11 月 4 日，這一天是「拜上帝會」相約在金田村起義的

日子。儘管這一天各起義隊伍並未及時趕到金田村，楊秀清還是組織會眾舉起了起義的大旗。

就在金田起義剛剛發動的時候，遠在北京的朝廷開始採取了行動。登基不久的咸豐皇帝派出了林則徐為欽差大臣，前往廣西平定民亂，不料林則徐在途中病逝，咸豐帝只好派出了李星沅出征。

歷代歷代的農民起義常常藉助宗教的力量號召民眾。不得不說，宗教的力量是無窮的。漢末黃巾起義時，張角利用太平道為旗幟，自稱「天公將軍」，提出「蒼天已死，黃天當立，歲在甲子，天下太平」，又派弟子到各地傳教，為起義作輿論準備，藉以吸引和連繫農民。這也不難理解，中國農民長期以來生活在社會的最底層，飽受統計階層的壓迫和欺凌，但因其生活貧困，缺乏文化知識，無力主宰自己的命運，便將命運寄託於神靈，希望能夠在神靈的幫助下脫離苦海。

有別於傳統宗教，拜上帝教是以西方宗教——基督教，但同樣宣傳人人平等的思想，提出了「一律平均，無處不均勻，無人不飽暖，天下人田，天下人同耕等」的口號。在「上帝」的感召下，太平軍將士人人不避風險，視死如歸。欽差大臣賽尚阿在給咸豐皇帝的奏摺中這樣寫道：

一經入會從逆，輒皆瞽不畏死，所有軍前臨陣生擒及地方拿獲奸細，加以刑拷，毫不知所驚懼及哀求免死情狀，奉其天父天兄邪謬之說，至死不移。睹此頑愚受惑情況，使人莫可其哀衿，尤堪長慮。

新生的起義軍氣勢正盛，富有朝氣，不畏犧牲，接連擊敗了前來圍剿的幾路清軍，士氣十分高漲。

西元 1851 年秋，太平軍攻占了永安（今蒙山）。為了動員更多的民眾參與起義，楊秀清、蕭朝貴釋出了一篇慷慨激昂的檄文，劍鋒直指顢頇腐

敗的大清王朝：「予唯天下者中國之天下，非胡虜之天下也；衣食者中國之衣食，非胡虜之衣食也；子女民人者中國之子女民人，非胡虜之子女民人也。」「夫中國首也，胡虜足也，中國神州也，胡虜妖人也。中國名為神州者何？天父皇上帝真神也，天地山海是其造成，故從前以神州名中國也。」「予興義兵，上為上帝報瞞天之讎，下為中國解下首之苦，務期肅清胡氛，同享太平之樂。順天有厚賞，逆天有顯戮。布告下天，咸使聞知。」

除此之外，洪秀全還做了一件大事，那就是分封諸王：楊秀清為「東王」，稱九千歲；蕭朝貴為「西王」，稱八千歲；馮雲山為「南王」，稱七千歲；韋昌輝為「北王」，稱六千歲；石達開為「翼王」。值得玩味的是，洪天王在分封諸王後，又下詔令，「以上所封各王，俱受東王節制。」

此時的楊秀清在一系列征戰中，已經展現出了卓越的組織和領導才能，而且取得了代「天父」傳言的資格，可以說其影響已不在洪秀全之下。而作為拜上帝會的創始人洪秀全既無軍事才能，又無組織才能，在太平天國中被高高掛起，有些虛君的意味，更準確地說，只是一尊宗教偶像。金田起義時，洪秀全為安全起見，祕密藏身於太平軍將領胡以晃的家中，並未現身。李秀成說「謀立創國者出南王之謀，前做事者皆南王也」，確實是天國高層的共識。

不難看出，太平天國從創立那天起，其權力結構就是一種「二元體制」。身為天王的洪秀全只能算是精神領袖，東王楊秀清則主持太平天國的全面工作。這種體制在一定程度上彌補了洪秀全實際領導能力的不足，卻為後來太平天國的覆亡埋下了禍根。

太平軍占領永安後，清軍的大隊人馬迅速向這裡集結，將永安城團團

圍困。西元 1852 年 4 月 5 日，太平軍自永安突圍，北上圍攻桂林。清軍嚴防死守，太平軍於是轉而攻打全州，繼而從水路殺進湖南，準備直撲長沙。

全州城北十里的湘江上有一渡口，名為蓑衣渡。在這裡，太平軍遇到了他們真正的對手 —— 湘軍。

在蓑衣渡設防的是湖南書生江忠源。他命令部隊就地砍伐樹木，在水下密釘排樁，構築木堰，堵塞江道，攔截太平軍的船隻。6 月 5 日，太平軍的船隊在蓑衣渡被阻，埋伏在湘江左岸獅子嶺的湘軍對太平軍發起輪番攻擊。雙方激戰兩晝夜，太平軍損失慘重，船隻焚燒殆盡，南王馮雲山也在此次戰鬥中死去。

8 月分，西王蕭朝貴聞長沙兵力空虛，率領一支 2,000 人的部隊長途奔襲，不料在攻城戰中不幸被敵軍砲彈擊中胸部，回營後傷勢太重死亡。

連折兩王，令洪秀全心痛不已。此後的太平軍沿長江而下，一路破武昌、克九江，兵鋒直指南京城！

在氣勢雄偉的太平軍面前，南京城內防守的 2 萬清軍根本不是對手。3 月 19 日，南京城牆被轟塌，太平軍湧入城中，開始了一場大屠殺。清人沈焄曦在《金陵癸甲摭談補》裡說，太平軍攻下南京後，「殺人盈街，三五為群，入人家蒐括財物，加刃於頸，索金寶，如是者累日。」「偽女官皆大腳蠻婆，入人家擄婦女歸館。搜擄各人家衣飾手扣金銀玉鐲，盡帶手臂。身穿上色花繡衣，或大紅衫，或天青外褂，皆赤足泥腿，滿街挑抬物件，汗溼衣衫，而不知惜，亦不知醜。」「賊人入家搜掠什物，最愛金銀首飾，及綢緞上色衣服。至古書，名人字畫皆不識，或擲，或撕毀，較秦火（指秦始皇的焚書坑儒）尤甚。」

進入南京城後，洪秀全將南京改名為「天京」，宣布建都，隨後便一頭紮進溫柔富貴鄉中，從此再不問政事。這使得清廷情報人員造成了極大的迷惑：「其實不存在洪秀全這麼個人，喜慶節日大殿上坐著的，只是個木偶。」（《賊情彙纂》）

為了專心享受天王的尊貴和榮光，洪秀全自進入南京城起，就開始著手修建天王府：

「癸丑（西元 1853 年）四月，偽天王洪秀全改兩江總督府為偽天朝宮殿，毀行宮及寺觀，取其磚石木植，自督置直至西華門一帶，所壞官廨民居不可勝記，以廣基址，日驅男婦萬人，併力興築，半載方成，窮極壯麗。」

豈料，後來一場大火將這座天王府燒了個精光，工匠們只好重建天王府。「四年（西元 1854 年）正月復興土木，於原址重建偽宮，日宮禁。城周圍十餘里，牆高數丈，內外兩重，外曰太陽城，內曰金龍城，殿曰金龍殿，苑曰後林苑，雕琢精巧，金壁輝煌，如大蘭若狀。」

早在永安城中時，洪秀全就頒布了一系列詔令，實行軍事化管理，規範太平軍和城內百姓的言行舉止。譬如，洪秀全規定：「男有男行，女有女行，男習士農工商，女習針指中饋，一夫一婦，理所宜然。」將男女進行嚴格隔離，不許私下來往，即便是夫妻也不能同居。一經發現，立即嚴拿斬首示眾，絕不寬恕。拜上帝會教規最為嚴禁犯淫，即男女不正當關係，這種違反人性的禁令遭到了太平軍及轄區百姓的強烈反對。

女子以館為單位，25 人為一館，所有成員互稱姐妹。這些被組織起來的女性不得纏足，一部分人從事削竹籤、搓麻繩、挖壕溝、盤糧等後勤勞務，手巧的女子則被編入繡錦衙，其繡花處曰繡花館。

　　洪秀全曾經提出過「天下多男子，盡是兄弟之輩，天下多女子，盡是姊妹之群。何得存此疆彼界之私，何可起爾吞我並之念？」的口號。定都天京後不久，太平天國就宣布一夫一妻制，對平民實行的禁欲主義。與底層百姓形成鮮明對比的是，太平天國的領袖們卻人人大搞特權，廣選嬪妃、妻妾成群。張汝南《金陵省難紀略》一書記載：「各王壽則洪賊選妃賜之，謂以酬其功，偽王固辭而受其一。洪賊及賊子壽，則各王選妃進貢，賊亦辭而受其一。選妃法，各軍女巡查將本軍中幼女，自十二歲至十五歲眉目清楚者，擇出十餘人，交女軍帥裝飾，送之檢點；檢點復於數百人中選擇數十人進之偽王。偽王或留一二人，餘各令回軍。天王亦如是。」

　　早在西元 1851 年金田起義時，洪秀全就已經擁有 15 名後妃，西元 1853 年 2 月，洪秀全在武昌「得十餘齡殊色女子六十人」。進入南京天王府後，洪秀全更是大肆選拔美女，據說其妻妾數量有 88 位之多，連他 10 歲的兒子也分了 4 個老婆。

　　這麼多的妃嬪，連整日與其廝混的洪秀全也無法記住她們的名字，索性廢去娘娘們的名字，給她們編了號。為了給洪天王提供全方位的服務，他寫了近 400 首「天父詩」，對妻妾們提出了極為嚴格細緻的要求。譬如那首著名的「十該打」：

服事不虔誠，一該打；

硬項不聽教，二該打；

起眼看丈夫，三該打；

問王不虔誠，四該打；

躁氣不純靜，五該打；

講話極大聲，六該打；

有問不應聲，七該打；

面情不歡喜，八該打；

眼左望右望，九該打；

講話不悠然，十該打。

天王府中共計有近 2,300 名妃嬪加女官服侍洪天王。天朝門外，硃筆大書寫了幾行大字，其文曰：『大小眾臣工，到此止行蹤，有詔方準進，否則雲中雪。』雲中雪是太平軍形容「殺頭」的隱語，一道朱字詔令將洪天王與其他人隔絕，自此在極具威儀和奢華的帝王生活中沉淪。

太平軍攻破南京後，清軍迅速反撲，占領南京的第八天，向榮在南京朝陽門（現中山門）門外的孝陵衛建立了江南大營，琦善在揚州城北郊建起了江北大營，彼此呼應，威脅天京。為擺脫這種不利局面，楊秀清分別做出了「北伐」和「西征」的重大決定。北伐的目標很明確，不計較一城一地的得失，直搗清廷的老巢北京。對於北伐軍，楊秀清給予了足夠的重視，他挑選了 2 萬最為精幹的太平軍去執行任務，並且任命丞相林鳳祥、李開芳、吉文元等三人作為領兵大將。

西元 1853 年 5 月北伐軍從揚州出發，一路唱著「爭天下，打天下，窮爺們天不怕地不怕，殺到天津衛，朝廷好讓位，殺到楊柳青，皇帝爺發了昏」，經安徽、河南等地，進入直隸，一口氣打到了天津，離北京城只有 240 里的距離。

北伐軍的長驅直入使清廷震動，朝廷迅速作出反應，派勝保、僧格林沁迅速帶兵圍堵。天津知縣謝子澄組織地方團練抵抗，並且掘開南運河堤岸，使天津城外成為湖澤，阻擋了太平軍的前進勢頭。北伐軍沿著堤岸前進，卻遭到了來自白洋澱雁戶的排槍襲擊，損失慘重。北伐軍在靜海、獨

流一帶停留了 3 個月，很快就陷入了清軍的重圍。正值寒冷的冬季，北伐軍多是南方人，缺少禦寒衣物，處境日益艱難，不少士兵被凍死，「凍斃者屍枕藉」。在這種不利情況下，北伐軍被迫南撤，再次被清軍圍困在連鎮和高唐州。

得知北伐軍處境艱難，南京方面分次派出了援軍北上接應。林鳳祥與李開芳遂兵分兩路，李開芳率精銳騎兵南下迎接北上的援軍，林鳳祥則繼續困守連鎮。清軍統帥僧格林沁向城內灌水，不斷有向清軍投降的士兵報告城內的情況：城內遍地皆水，處處泥淖，只有李開芳支床處有一塊乾地。城內嚴重缺水，清軍問，城內明明有水，為何還說缺水？投降的士兵答曰：「水穢臭多蛆，人馬糞溺，皆釀其中，風日燻蒸，飲者輒死。」

堅守多月後，北伐軍因糧盡而逐漸不支，援軍也被清兵擊潰。林鳳祥和李開芳被俘，不久被押到北京凌遲處死。受刑之時，林鳳祥神色自若，「刀所及處，猶目光直視之，未嘗出一聲！」至此，北伐軍全軍覆沒。

在北伐的同時，楊秀清又派出了胡以晃、賴漢英等率戰船千餘艘，兵員兩三萬人，自天京溯江而上西征。與北伐的悲壯收尾不同，西征的太平軍在長江中游頗有收穫，取得了階段性勝利。

西元 1856 年，太平軍接連攻破了清軍江南江北大營，拔掉了威脅天京的兩個釘子。隨著軍事上的節節勝利，隱藏在太平天國內部的矛盾也逐漸顯露出來。如前文所述，太平天國實行的是「二元領導體制」，這為洪秀全與楊秀清之間的權力爭奪埋下了伏筆。打破江南江北大營後，楊秀清的野心不斷膨脹，二人之間的矛盾衝突也逐漸表面化，甚至發生了楊秀清逼迫洪秀全封其為萬歲的事件。張汝南在《金陵省難紀略》中記載了這件事：

一次，楊秀清假陳「天父」下凡，召天王洪秀全到東王府，訓斥他道：「爾與東王均為我子，東王咁（客語，意為「這麼」）大的功勞，何止稱九千歲？」洪秀全惶恐之下答道：「東王打江山，亦當是萬歲。」「天父」又問：「東世子豈止千歲？」洪秀全只得答道：「東王既稱萬歲，世子亦當是萬歲，且世代皆萬歲。」「天父」這才滿意了：「我回天矣。」

楊秀清作風極度張揚，從不知收斂。每次出門都是盛陳儀仗，前呼後擁好不威風，還動不動借「天父下凡」的表演斥責處罰其餘諸王，連洪秀全也不例外，甚至敢借「天父下凡」當眾打洪秀全的屁股。《天父下凡詔書二》中記載了一個故事：

一次，楊秀清曾以洪秀全虐待宮內女官為由，假借「天父下凡」，要杖責天王，當眾怒斥：「爾有過錯，爾知麼？」洪秀全立即下跪回道：「小子知錯，求天父開恩赦宥。」楊秀清繼續訓斥道：「爾知有錯，即杖四十。」北王韋昌輝偕同眾人一再替洪秀全求情，希望天父開恩，赦宥洪天王的罪責，並且自願代天王受杖。洪秀全說道：「諸弟不得逆天父之旨，天父開恩教導，爾哥子自當受責。」楊秀清還是不准，仍令責杖天王。天王無奈道：「小子遵旨。」即俯伏受杖。楊秀清這才道：「爾己遵旨，我便不杖爾。」

洪秀全對這種冒充上帝妄傳聖言的把戲毫無還手之力，因為拆穿楊秀清，自己的宗教地位也會瞬間崩塌。

楊秀清在圖謀將洪秀全取而代之前，已經做了輿論準備，在科學考察中故意出了個題目叫「四海之內有東王」，意圖非常明顯。處於危險之中的洪秀全一方面提議在楊秀清生日那天為他正式封萬歲，另一方面又祕密詔令領兵在外的韋昌輝、秦日綱等人趕回天京誅殺楊秀清。

接到洪天王的密詔後，韋昌輝迅速率領 3,000 人趕回天京，並在城外與燕王秦日綱會合，突襲東王府。韋昌輝之所以對討楊如此積極，是因為二人之間早已埋下仇恨的種子。楊秀清平時飛揚跋扈，動輒對別人施以杖刑，連韋昌輝和秦日綱都未曾倖免。韋昌輝的哥哥曾因得罪了楊秀清而被五馬分屍，這使得韋昌輝對楊秀清的恨意與日俱增。接到洪天王的詔令，韋昌輝會同秦日綱攻破東王府，逮捕楊秀清並將東王府滿門抄斬，東王府內數千男女被殺。

洪天王對韋昌輝的嗜血濫殺深為忌憚，有意放楊秀清一馬，他派人當眾譴責韋昌輝：「你跟我，若不是東王，就沒有今天，我本來沒有殺他之意，現在既然已經捕殺了東王，東王部下們又有什麼錯？又要把他們全部殺掉！應該以天父好生之德為念，放了他們才對！」

韋昌輝聞言大怒：「我為他除掉了大害，如今反責備我，是想沽名釣譽嗎？」將楊秀清誅殺，並設計將楊秀清的 3,000 多部下一網打盡，城內被屠殺的軍民達 2 萬人。

遠在湖北前線的翼王石達開得知「天京事變」的消息，迅速趕回天京，對韋昌輝的大開殺戒多有責備。殺紅了眼的韋昌輝卻將屠刀舉向了石達開。危急時刻，石達開連夜用繩子爬出城牆逃走，躲過一劫，不幸的是城內的家人卻慘遭屠戮。

韋昌輝的殘暴濫殺引起了天京城內軍民的共憤。在洪天王的號召下，城內軍民將韋昌輝捉拿並處死，屍體被割成小塊，標上「北奸肉，只准看不准取」的字樣掛在外面示眾。石達開這時也返回了天京，「合朝同舉翼王提理政務，眾人歡悅」。回歸後的石達開執掌朝政，準備收拾這個爛攤子。然而，楊秀清和韋昌輝的囂張跋扈給洪天王留下了嚴重的心理陰影，

他開始只相信自己的家族中人。為了對石達開形成掣肘，洪天王分封了兩位胞兄洪仁發和洪仁達，參與政事，牽制石達開，並有「陰圖戕害之意」。

在逐漸對天國政權失去信心後，石達開決定離開天京，自立門戶，並帶走了 20 萬精兵。一路上，他沿途張貼布告，向民眾哭訴他不公正的遭遇：

「為瀝剖血陳，諄諭眾軍民：自愧無才智，天恩愧荷深。唯矢忠貞志，區區一片心；上可對皇天，下可質世人。去歲遭禍亂，狼狽趕回京。自謂此愚忠，定蒙聖鑑明。乃事有不然，詔旨降頻仍；重重生疑忌，一筆難盡陳。疑多將圖害，百喙難分清。唯是用奮勉，出師再表真。力酬上帝德，勉報主恩仁。唯期成功後，予志復歸林。為此行諄諭，諄諭眾軍民，依然守本分，各自立功名，或隨本主將，亦一樣立勳。一統太平日，各邀天恩榮。」

天京之變，君臣內訌，兄弟相殘，石達開走了，東南西北，四王皆去，偌大的天京城內空空蕩蕩，只坐著一位沉溺於天國精神世界中的孤獨的君王。多年後，軍中流傳著一首歌謠：「天父殺天兄，總歸一場空；打打包裹回家轉，還是當長工。」

6 年後，石達開的部隊在大渡河陷入絕境，其本人在前往清軍兵營談判時被捕，後被押往成都，凌遲處死。臨刑之際，石達開「自就綁至刑場，均神氣湛然，無一毫畏縮態。且係以凌遲極刑處死，至死亦均默默無聲，真奇男子也！」

一番波折，洪秀全終於心滿意足地實現了自己夢寐以求的「政教合一」。後太平天國時代，為了擺脫「朝中無將，國內無人」的窘境，洪秀全提拔了一批新人擔任將領，如陳玉成、李秀成、李世賢、蒙得恩、韋俊等

人。這些人全都是二三十歲的年輕人，在血與火的戰爭中迅速成長起來，在太平天國危急存亡之時造成了支柱作用。然而，天京事變發生後，人心渙散，廣大太平軍將士的宗教信仰受到了嚴重傷害，如干王洪仁玕曾說：「即我天朝初以天父真道，蓄萬眾一心，故眾弟妹只知有天父兄，不怕有妖魔鬼，此中奧妙，無人知覺。今因人心冷淡，故銳氣減半耳。」

儘管有一批年輕的將領走上櫃檯，但天國的失勢已是人盡皆知，迴天乏力。儘管在後期的軍事上稍有起色，但卻無法避免走向失敗。與此同時，太平軍也逐漸失去了民心，「各處民情大變，長毛亦無可如何」、「長毛因大勢不好，催糧甚急」、「各處百姓團防，長毛大失勢矣」。

西元 1862 年 5 月，曾國藩的九弟曾國荃率湘軍陸師紮營於雨花臺，「雪帥」彭玉麟率領湘軍水師鎮守河口，對天京形成包圍。此時的東南戰場也是惡訊頻頻，蘇州也被圍困，李秀成欲救援蘇州卻被洪秀全拒絕。蘇州陷落後，天京城內的太平軍境況日益危急，李秀成向洪秀全說道：「京城不能保守，會帥兵困甚嚴，濠深壘固，內無糧草，外救不來，讓城別走」，洪秀全不許。

李秀成再奏：「若不依從，合城性命定不能保了。九帥（即指曾國荃）得爾雨花臺，絕爾南門之道，門口不能爾行，得爾江東橋，絕爾西門不能為用出入！得爾七甕橋，今在東門外安寨，深作長壕；下關嚴屯，糧道絕門。京中人心不固，老少者多，戰兵無有，都是朝官，文人多，老者多，兒童多，婦女多，吃飯的人多，費糧費餉者多。若不依臣所奏，滅絕定也！」

李秀成的一番泣血上奏卻被洪秀全嚴斥拒絕：「朕奉上帝聖旨、天兄耶穌聖旨下凡，作天下萬國獨一真主，何懼之有？不用爾奏，政事不用爾

理，爾欲出外去，欲在京，任由於爾。朕鐵桶江山，爾不扶，有人扶，爾說無兵，朕之天兵多過於水，何懼曾妖者乎？爾怕死，便是會死。政事不與爾幹，王次兄勇王執掌，幼西王出令，有不遵幼西王令者合朝誅之。」

天京被圍後，城內糧食銳減，李秀成向洪秀全報告城內的情況，洪秀全竟然答道：「合城俱食甜露，可以養生。」洪秀全所稱的「甜露」，不過是一種野草。李秀成不得不繼續上奏：「此物不能食。」洪天王卻不信邪：「取來做好，朕先食之。」

西元 1864 年 6 月 1 日，洪秀全在天京城內病逝。臨死前，洪天王還對周圍的人說：「朕即上天堂，向天父、天兄領到天兵，保固天京。」李秀成等扶持幼天王洪天貴福繼位。

「九帥」曾國荃對於攻城有一套自己的辦法，那就是挖壕圍城，慢慢耗。7 月 19 日，天京城被湘軍攻破，隨即遭到瘋狂的屠殺。曾國荃令閉門封缺口，搜殺三日，斃太平軍十餘萬，僅王以下大小頭目約 3,000 餘人。最後在城西北隅清涼山藏伏太平軍數千人出與湘軍死戰，全部被殲。天王府婦女多自縊，及溺城河而死。「十年壯麗天王府」，就這樣被燒個一乾二淨。漫天的火光中，席捲大江南北持續十四年，給予清王朝重大打擊的太平天國就此覆滅。作為起義發起者與宗教領袖的洪秀全，從一開始就沉迷於自己創造的宗教神話中不能自拔，天國的衰亡在他自稱天王的那一刻就已決定了。

歷史學家邢超在《失穩的帝國》一書中這樣評價太平天國：「在歷史的長河中，農民起義的作用大致相當於一場洪水。太平天國起義也是如此。這場洪水過後，清帝國一片狼藉：整個社會遭遇嚴重破壞，5,000 萬以上的人口在戰爭中消失；滿足貴族的統治遭到重大打擊，不得已向漢族士紳

讓出部分權力；湘軍集團、淮軍集團產生；曾國藩、李鴻章等人感受到來自外部世界的巨大壓力，這是洋務運動產生的動力。」

錢穆先生說：「大家同情太平天國，認為是一個民族革命，但實際也不盡然。至少他們太不懂政治，他們占了南京十多年，幾乎沒有絲毫制度上的建樹。」「他們對下層民眾，想推行均田制度，大抵是粗淺一些的社會主義，他們是有此想法的。但說到政治就太低能了。」「他們國號太平天國，早可預示他們的失敗。這樣一個國名，便太違背了歷史傳統。正因為這一個集團裡，太沒有讀書人。」「若太平天國成功了，便是全部中國歷史的失敗了。當時洪楊不是推不翻滿清，但他們同時又要推翻中國全部歷史，所以他們只有失敗。」

馮友蘭講：「假如太平天國統一了中國，那麼中國的歷史將倒退到黑暗時期。」梁啟超更是毫不留情地指出：「所謂太平天國，所謂四海兄弟，所謂平和博愛，所謂平等自由，皆不過外面之假名。至其真相，實與中國古來歷代之流寇毫無所異」。

無論怎樣評價太平天國，它的興起對當時的政局產生了重大影響，將綠營兵的畏戰腐朽展露無遺，而這一結果又直接導致了以湘軍為代表的漢族地主武裝的崛起。雖然滿清政府對地方漢族武裝並不信任，但正規軍八旗與綠營早就連根子都爛掉了，不得不倚重於湘軍。湘軍的組建為後來淮軍的興起開闢了道路。中央集權權力開始下移，地方督撫力量的逐漸強化，錢穆說：「太平天國是失敗了，而滿清政權，也就從此逐漸轉移到中國人（漢族）手裡。中國人（漢族）出任封疆大吏的也多了，軍隊變成湘軍與淮軍，便逼出滿清政府以後之變法。」

歸根結柢，太平天國是一場極其落後腐敗失敗的「烏托邦試驗」，如

同歷次王朝末期的大規模民變一樣，太平天國本就是「秦制」下，ß週期性危機專科制朝廷與民間社會的一次衝突。洪秀全夢想著建立一個「普天之下皆兄弟」，「有田同耕，有飯同食，有衣同穿，有錢同使，無處不均勻，無人不飽暖」的人間天國，然而他卻在打下南京，建立太平天國政權後，大修宮殿，廣納美女，帶頭搞特權，搞腐敗。南京被圍時，洪秀全也許早就意識到了天國不過是一個虛幻的願景，大夢即將就要結束，索性不睜眼，讓天國之夢伴隨著自己一同毀滅吧……

第四章
洋務運動：傳統王朝的「洋躍進」

　　鴉片戰爭後，「康乾盛世」已經成為愛新覺羅王朝的一個回憶，吏治腐敗、財政枯竭、外交疲軟，改革勢在必行，先行者們開始踏上了漫長的改革道路，他們能成功嗎？

西元 1861 年的紫禁城，寒風蕭蕭。

就在前一年，英法聯軍攻入北京城，在紫禁城點燃了一把火。當濃烈的火光沖天而起，重重煙霧遮蔽了天空，兩個強盜帶著輝煌戰果，臂挽著臂回到了歐洲。滿天火光中，一個古老民族的傷口在滴血。

鴉片戰爭後，「康乾盛世」已經成了愛新覺羅家族的一個回憶，腐朽與沒落成了王朝的代名詞。眼下的大清帝國內憂外患不斷，南有太平軍步步緊逼，北有捻軍肆意蹂躪。帝國的八旗軍和綠營已喪失戰鬥力，一次次將無能展現在世人面前。面對英法聯軍的長驅直入，咸豐皇帝在和談破裂的情況下，獨自逃往熱河行宮，將北京城的爛攤子扔給了恭親王奕訢。

奕訢是道光帝第六子，咸豐帝同父異母兄弟，一度曾是皇位的有力競爭者。雖然後來咸豐在立儲之爭中勝出，但心中對奕訢的提防之心從來沒有鬆懈過。咸豐十年（西元 1860 年）英法聯軍攻陷北京，奕訢奉命以親王身分被留在京城獨撐危局，分別與英、法、俄簽訂了《北京條約》。在與洋人的交涉談判中，奕訢逐漸得到了洋人的認可，並在北京擁有了自己的政治菁英盟友。

英法聯軍退出北京城後，奕訢會同桂良、文祥，給遠在熱河的咸豐皇帝上了一道奏摺，這就是那道著名的《統計全域性酌擬章程六條呈覽請議遵行折》。

親歷京師橫遭英法血洗之痛的奕訢，開始深入思考清帝國面臨的種種困局，以及解局之策。他用三國舊事做比較：「是今日之御夷，譬如蜀之待吳」、「今該夷雖非吳、蜀與國之比，而為仇敵則事勢相同。」、「發捻（太平軍、捻軍）交乘，心腹之害；俄國壤地相接……肘腋之憂；英國志在通商……肢體之患也。」面對危如累卵的時局，奕訢開出的藥方是：「滅發捻

為先，治俄次之，治英又次之。」攘外必先安內，只有徹底解決國內的太平軍與捻軍，才能騰出手來應對不懷好意的洋人。

為了挽救時局，奕訢提出了六條措施：

一、京師請設立總理各國事務衙門，以專責成也。

二、南北口岸請分設大臣，以期易顧也。

三、新添各口關稅，請分飭各省就近揀派公正廉明之地方官管理，以期裕課也。

四、各省辦理外國事件請飭該將軍督撫互相知照，以免歧誤也。

五、認識外國文學，通解外國語言之人，請飭廣東、上海各派二人來京差委，以備詢問也。

六、各海口內外商情並各國新聞紙請飭按月諮報總理處，以憑核辦也。

當然，奕訢自己也承認，這六條章程僅為治標之策，「探源之策，在於自強；自強之術，必先練兵」。故這六條加練兵，便構成了洋務自強之總綱。

這是一道在近代史上起過重要作用的奏摺，由此揭開了晚清洋務運動的序幕，以恭親王奕訢為首的改革派，也踏上了挽救國家危亡的艱難探索歷程。

西元 1861 年 1 月 20 日，咸豐皇帝下諭，批准成立了「總理各國事務衙門」，由奕訢、桂良、文祥擔任總理衙門大臣，辦公地點選在了東堂子衚衕 49 號，原為清大學士賽尚阿的宅邸。

我們都知道，古代中國有著一套根深蒂固的「華夷秩序」觀念，中原王朝與周邊藩邦屬國以「朝貢制度」為媒介，直到晚清，帝國統治者仍然

是從「朝貢體系」出發開展各類外交事務，這種結構展現了天朝大國居中馭外的政治理念，展現了「上國」與「夷狄」之間的不平等。鴉片戰爭前，清政府認為與外國的關係僅僅是「理藩而已，無所謂外交也」！當時的清政府對外交往事務，全部交由理藩院和禮部共同處理，二者的分工大致是這樣的：由東、南海路來的外交事務由禮部處理，從西、北陸路來的外交事務由理藩院負責。即便如此，受華夷觀念的影響，理藩院和禮部都算不得平等往來的外交機構。

對當時的中國來說，外交近代化已是一個迫在眉睫的重大課題。

西元 1843 年，為了管理新形勢下的外交事務，清政府被迫設立「五口通商大臣」，駐廣州，由兩廣總督兼職，後來又改為兩江總督兼任。這種做法有很多弊端，就拿廣州和上海為例，這一職務雖然設在廣州，但在具體操辦過程中卻互不統屬，除廣州外，其他口岸的外交事務均由當地的督撫、道臺處理，最終的結果是各口岸的外交政策不一致，出現了一定程度上的混亂。

另一方面，由於地方督撫們在外交上缺乏最高決策權，使得一些外交事務，經常出現皇帝和地方督撫們互相踢皮球的情況。御史陳慶松就曾直言這種弊端：「向來辦理夷務，本來通盤籌劃。不過來到天津，支應回廣東去，而廣東亦不過搪塞了事，故事終不了。夷人機警，窺破此情，故於我全用劫法。不獨葉名琛被劫去，近日撫局亦係劫成。」

奕訢等人自然明白這些弊端，為了應對新的國際形勢，急需一種平等的專門負責外交事務的國家機構，總理各國事務衙門應運而生。這原本只是一個臨時性的機構，接管以往禮部和理藩院所執掌的對外事務，後來成為一個常設機構。隨著洋務運動的不斷深入，總理衙門的職權也不斷擴

大，由最初的通商和外交延伸到學堂、關稅、鐵路、礦務、海防、傳教、火器、輪船、電報等等。總之，總理衙門的設立是一個代表性事件，政府職能開始轉化，從這裡開始，國人逐漸摒棄了華夷觀念，被動地去接觸外部世界。

鴉片戰爭後，林則徐、魏源等人提出了「師夷長技以制夷」的思想，而在奕訢看來，只有「知夷」，才可以「師夷」進而「制夷」。洋務派要學習西方先進的科學技術，與洋人打交道，必須要有一批優秀的翻譯人才，而這恰恰是當時的清帝國急缺的。

有這麼一則故事：西元 1862 年，日本著名的教育家福澤諭吉在倫敦和一個中國朋友閒聊，兩人談起兩國當時能教洋書的有多少人時，福澤諭吉猜想日本大約有五百人，中國朋友預計只有十一個人。數字雖未必精確，但當時的清朝缺乏翻譯人才也是不爭的事實。

由於不懂翻譯，清政府在簽訂屈辱條約時處處受制。當初奕訢在北京時，讓被俘的英國人巴夏禮（Parkes）寫信給英法聯軍，協商議和事宜。巴夏禮用中文寫了一封信，末尾加了幾行英文。奕訢和身邊的人不知何意，不敢把信發出去，後來聽說天津有一叫黃惠廉的廣東人識得英文，於是急忙請黃惠廉來京辨識，最後得知那幾行英文不過是巴夏禮的英文簽名及年月日。這個不大不小的事件讓奕訢深受刺激，和議成後，奕訢痛定思痛，在給朝廷的奏摺中說：「查與外國交涉事件，必先識其性情，今語言不通，文字難辨，一切隔膜，安望其能妥協？」

為了配合總理衙門辦理外交事務並培養中國的翻譯人才，奕訢準備在北京設立一個洋務學堂。西元 1862 年 7 月 17 日，奕訢的想法終於變成了現實，京師同文館在北京正式開課，它的成立，算得上是中國近百年來教

育現代化的開端。

同文館創辦之初，只有英文館，後來陸續開設了俄文館和法文館，全部學員僅有 30 人，學習時間為三年。這些學生大多來自紈褲子弟，「天資聰慧，年在十三四以下者」。

此後，同文館從過去單純的外語教學變成以外語為主、兼習多門西學的綜合性學校，還建成了近代中國最早的化學實驗室和博物館。同時，同文館還設了印書處和翻譯處，先後編譯、出版了西方自然科學及國際法、經濟學方面的書籍 20 餘種。

西元 1867 年，同文館增設天文、算學館，學員從正途人員中選拔，年齡放寬到 30 歲，舉人、優貢生及科舉出身的五品下京外各官，都可以來同文館學習數學、天文等西方基礎科學知識。當時著名的洋務思想家馮桂芬也認為：「一切西學皆從算學出。」單純的學習外語意義不大，要想「師夷長技」，造出洋槍、洋炮，就必須去學習洋人機器的製造原理，就必須要懂各類知識。

奕訢的想法是：「開館求才，古無成格。唯延攬之方能廣，斯聰明之士爭來。因思洋人製造機器火器等件，以及行船行軍，無一不自天文算學中來，現在浙江上海等處，講求輪船各項，若不從根本上用著實功夫，即學習皮毛，仍無俾於實用。」

奕訢的意見遭到了朝中眾人的反對，當時的人認為入天文算術館學習，是一件非常丟臉的事，「以中華之儒臣而為醜夷之學子」，簡直等同於認賊為父。御史張盛藻上疏抗議：「朝廷必用科甲正途者，為其讀孔孟之書，學堯舜之道，明體達用，規模宏遠也，何必令其學為機巧，專明製造洋槍之理乎？……天文演算法，宜令欽天監天文生習之；製造工作，宜

責成工部督匠役習之。文儒近臣，不當崇尚技能，師法夷裔。」他認為天文、算學這些東西招一些欽天監的學生來學習就行了，而製造技術找些工匠去學習就可以了，怎麼能讓朝廷的進士、科班出身的官員去學習這些西洋玩意呢？

張盛藻的奏摺被皇帝諭旨嚴厲駁回，明確駁斥道：「朝廷設立同文館取用正途學習，原以天文、算學為儒者所當知，不得目為機巧，正途人員用心較精，則學習自易，亦於讀書學道，無所偏廢，是以派令徐繼畬總管其事，以責專成，不過借西法以引證中法，並非舍聖道而入歧途，何至有礙於人心士習？」

奕訢也針鋒相對回應道：「若夫以師法西人為恥者，其說尤謬。此說甚謬，夫天下之恥，莫恥於不若人。查西洋各國，數十年來，講求輪船之制，互相師法，製作日新，獨中國狃（拘泥，狃音扭）於因循積習，不思振作，恥孰甚焉！⋯⋯今日之學，學其理也，乃儒者格物致知之事，並非強學士大夫以親執藝事也，又何疑乎？」

同文館增設天文算學館，表面看來只是學校的發展問題，背後展現的卻是西學東漸的進一步深入。張盛藻輕易敗下陣來，這時保守派另一位重量級人物出馬了，身為帝師的大學士倭仁當時發表了一句名言：

「立國之道，尚禮義不尚權謀；根本之圖，在人心不在技藝。⋯⋯天下之大不患無才，如以天文、算學必須講習，博採旁求必有精其術者，何必夷人？何必師事夷人？⋯⋯議和以來，耶穌之教盛行，無識愚民，半為煽惑，所恃讀書之士，講明義理，或可維持人心。今復舉聰明雋秀、國家所培養而儲以有用者，變而從夷，正氣為之不伸，邪氣因而彌熾，數年以後，不盡驅中國之眾成歸於夷不止！」

倭仁認為，天文、算學乃夷人之學問，仇人之學問，且沒多大用途，以中國之大，何患無有人才，就算要學習天文算學，中國也有精通此道者，又怎能以仇人為師呢，長此以往，禍患無窮，恐會有亡國滅種的危險。

倭仁是道光朝的進士，同治帝師，晚清著名的理學大師，同時也是曾國藩的老師，在士人中威望極高。他的話一出，立刻被很多守舊派奉為經典，廣為傳誦。在研究晚清這段歷史時，許多人都認為倭仁在這個大變局中扮演了頑固的守舊角色，然而，如果我們去研究當時的情勢，則會發現，倭仁不過是中國傳統文化的最後捍衛者。他對國家命運深切憂慮，面對西學東漸對中國傳統文化造成的強大衝擊，倭仁痛切地感受到「華夏之大防已潰」，他將中國傳統文化作為救國的唯一法寶，他擔心「變夏為夷」，如果士人都「奉夷為師」，那麼他們就不可能「盡力報國」，反而會「為夷人用」，為此，他不惜將問題的嚴重性誇張到有亡國滅種危險的地步。

奕訢毫不示弱，以守為攻，抓住倭仁奏摺中的「天下之大不患無才，如以天文、算學必須講習，博採旁求必有精其術者，何必夷人？何必師事夷人？」一句，反詰倭仁：既然你說「中國天下之大不患無才，必有精通天文算學者」，那麼何不立即「酌保數員，擇地另設一館，與同文館互相砥礪，共收實效」呢？你不是說中國之大不患無才，那你就找幾個有才之人，另辦一館，與我們的同文館比試一下，看看效果嘛。

這下子倭仁傻眼了，他哪懂什麼樣務？不得不上奏稱「並無精於天文算學之人，不敢妄保」。倭仁之前主張「以忠信為甲冑，禮義為幹櫓」，抵禦外侮，而僅憑儒家的忠信禮義這些道德思想，又怎麼可能和「夷人」的洋槍洋炮對抗呢？

幾經折騰，倭仁臉面上終於掛不住了，他申請辭職，不准，再辭職，

仍不被批准，乾脆稱病不去上班。慈禧太后無可奈何，只好答應他「准開一切差使，仍以大學士在弘德殿行走」，才算了結了此次紛爭。

表面上看，奕訢在此次紛爭中勝出，但這麼一鬧，北京城中對同文館的各種流言蜚語不脛而走。倭仁的舉動雖然遭到朝廷的壓制，卻得到不少保守派人士的聲援與支持。不少好事之徒到處貼紙條，甚至有人作出了這樣一幅對聯：「詭計本多端，使小朝廷設同文之館；軍機無遠略，誘佳弟子拜異類為師。」更有甚者拿「同文館」的「同文」二字大做文章，說它「未同而言，斯文將喪」，又曰：「胡鬧胡鬧！教人都從了天主教！」、「孔門弟子，鬼谷先生」。候補直隸知州楊廷熙呈遞條陳道：「西學」乃「西洋數千年魑魅魍魎橫恣中原」之學，甚至認為「同文館」三字是宋代奸臣蔡京殘害忠良的獄名，「非美名也」，他以「久旱不雨」、「災異」非常的「天象之變」為由奏請撤銷同文館。

在不明事理的社會輿論面前，奕訢只能感嘆「是臣等未有失人心之道，人心之失，倡浮言者失之也！」

歷時半年之久的同文館之爭雖然結束了，但卻給同文館的招生帶來很大的困難。奕訢指出：「當御史張盛藻條奏此事，明奉諭旨之後，臣衙門投考者尚不乏人；自倭仁倡議以來，京師各省士大夫聚眾私議，約法阻攔，甚且以無稽謠言煽惑人心，臣衙門遂無復有投考者。」

結果，報考同文館的僅有 98 名，其中只錄取了 30 人，很快又淘汰了 20 人，剩下 10 人，最後也只有 5 人畢業。由於遭到士子們的集體抵制，算學館名存實亡。

雖然遭受著「以夷變夏」的譴責，但以奕訢為首的改革派幾乎別無選擇。和任何改革一樣，洋務運動也有不容涉及的禁區，比如海軍的統領問題。

　　在一系列對外戰爭中，清軍吃夠了洋人堅船利炮的虧，太平軍長期從他們的「洋兄弟」手中，高價購入洋槍洋炮。廟堂上的奕訢自然也深知此理，邀請代理中國海關總稅務司赫德（Hart）用海關稅銀購買砲艦。赫德得到命令後，通知在英國養病的海關總稅務司李泰國（Horatio Nelson Lay），委託他就近代為辦理。李泰國於是從英國購買了炮艇 6 艘，供應船 1 艘、快艇 1 艘，又自作主張地為中國的海軍設計好了軍旗，招募皇家海軍官兵 600 餘人，組成了艦隊，聘任英國海軍上校阿思本為艦隊指揮官。李泰國和阿思本還私自制定了一份《英中聯合艦隊章程》，將艦隊控制權牢牢握在自己手中。

　　李泰國強調：「我對中國人的態度是這樣的：如果我幫助你們徵稅，只要外國人的質疑是對的，你們必須去做。如果你們不做的話，我就停止幫助你們……中國政府太腐朽了，不能依靠。我正努力要建造的結構的基礎，得人工來創造。我的地位是作為一個外國人，受中國政府僱傭來替他們執行某些工作，而不是受他們的差遣。我根本不需要說，一個高貴的人，受亞洲野蠻人差遣的想法是非常荒謬的。我不是中國官員，而是一個沒有頭銜，但有很高的地位和影響力的外國顧問。因為我受到信任，受到尊重。」

　　清政府當然不答應，總理衙門驚呼：「其意竟思藉此一舉，將中國兵權、利權全行移於國外。」奕訢在接到這份合約後，大吃一驚：「原來英國人想藉此一舉將中國兵權、利權全奪走」，拒絕在合約上簽字；曾國藩聲稱，如果阿思本艦隊不聽從指揮，則拒絕該艦隊進入兩江地區；洋務派重臣文祥也放出狠話──「清廷寧可退到長城以外」，也不接受這一結果。當時清軍已將金陵團團包圍，勝利就在眼前，李鴻章也明確表示：「金陵已成合圍之勢，可勿庸外國兵船會剿。」

最終，為避免領導權旁落，清政府以「中國費數百萬之帑金，竟不得一毫之權柄」、「中國兵權不可假於外人」為由，退回了這支艦隊。這一舉動不但導致 67 萬兩白銀的損失，而且把中國海軍的現代化推遲了十幾年。

細心的讀者也許會發現，上文中提到的中國海關總稅務司竟然是一名外國人！

鴉片戰爭失敗以後，隨著通商口岸的開關，清政府對外貿易不斷擴大，在不到 20 年的時間裡，海關已成為帝國最重要的經濟機構和財政來源之一。與之形成鮮明對比的則是清朝海關衙門極度腐化，效率低下，他們使用傳統的稅收辦法，而且偷稅漏稅十分嚴重，管理相當混亂。受上海小刀會起義的影響，上海海關甚至癱瘓停擺。

為了協助地方當局恢復上海海關，英、美、法等國開始參與中國海關事務，他們帶來了一套全新的西式管理辦法，建立了一整套科學、嚴密、高效的管理制度，徹底改變了中國海關腐敗混亂的面貌，讓海關成為貪腐盛行的清政府中唯一一抹亮色，同時也為朝廷上繳了鉅額海關稅銀。西元 1861 年，海關稅收為 496 萬兩，到西元 1887 年，海關稅收達到 2,000 萬兩，占清廷財政收入的 24.35%；1903 年，海關稅收總額超過了 3,000 萬兩白銀，關稅成了清廷最穩定、最可靠的財源。

中國海關的健康執行離不開李泰國和赫德等洋人。李泰國因阿思本艦隊一事與清政府關係不恰，由赫德接任。西元 1863 年，不到 30 歲的赫德被任命為海關總稅務司。赫德性格平和，很清楚自己的位置，在工作中盡心盡力，他上任之初便對僱員們說，必須時刻謹記在心，海關稅務司署是中國衙門，不是洋機構，每位職員必須按照中國人的意志行事。有人用「三不停」概括他勤奮而繁忙的工作狀態：腦不停、手不停、腿不停。因為能夠上繳鉅額海關稅款，赫德成為了朝廷的「財神爺」，備受關注，一做

就是五十年，期間還拒絕了英國聘任其為駐華公使的邀請。恭親王奕訢對赫德就頗為滿意：「赫德雖係外國人，察其性情，尚屬馴順，語言亦多近禮。於中外撮合之處，為力居多。」並親切稱之為「我們的赫德」。

如果說奕訢是洋務運動的領袖，那麼李鴻章等人則算得上是洋務運動的主將。在率領淮軍進駐上海時，李鴻章就被洋槍洋炮深深吸引，他在給恩師曾國藩寫信時說：「洋兵數千槍炮併發，所當輒靡。其落地開花炸彈真神技也！」又說：「若火器能與西洋相埒，平中國有餘，敵外國亦無不足。」、「中土若於此加意，百年之後，長可自立。」

西元 1861 年，曾國藩在安慶創設了第一個仿製西式武器的近代軍事工業，清軍攻陷南京後，該廠由安慶遷到南京，改名為金陵機械製造局。西元 1862 年，李鴻章在上海、蘇州先後建立了洋炮局，左宗棠在福州相繼辦起了福州船政局，並把新興的洋務產業推進到了邊遠地區，在西安、蘭州等地創辦了一批軍事及民用企業；張之洞也步李鴻章的後塵，相繼創辦了廣東水陸師學堂及漢陽煉鐵廠，並主持修築了京漢鐵路。我們先從李鴻章說起。

李鴻章自稱「少年科第，壯年戎馬，中年封疆，晚年洋務」，梁啟超曾慨嘆道：「李鴻章所以為一世俗儒所唾罵者，以洋務；其所以為一世鄙夫所趨重者，亦以洋務。」李鴻章的洋務思想啟蒙於太平天國運動時期，他的後半生是和洋務緊緊連繫在一起的，可謂是成也洋務，敗也洋務。在走向近代化的路上，李鴻章屢開先河，我們來簡單捋一下李鴻章在洋務運動中具體興辦了哪些大事：

西元 1863 年，開設外國語學館（廣方言館）於上海。

西元 1865 年，與曾國藩開設江南製造局於上海。

西元 1870 年，開設機器製造局於天津。

西元 1870 年，籌辦通商日本並派員往駐。

西元 1871 年，擬在大沽設洋式炮臺。

西元 1872 年，與曾國藩派遣幼童赴美留學。

西元 1872 年，開設輪船招商局。

西元 1872 年，奏請開設煤鐵礦。

西元 1875 年，籌辦鐵甲兵船。

西元 1875 年，奏請遣使日本。

西元 1875 年，奏請在各省設立洋學局，分格致測算、輿圖、火輪機器、兵法、炮法、化學、電學諸門，擇通曉時務大員主之，並於考試功令稍加變通，另開洋務進取一格。

西元 1876 年，派遣下級軍官赴德國學習陸軍，派遣福建船政學校的學生赴英、法學習造船、駕船。

西元 1880 年，開始購進鐵甲船。

西元 1880 年，開設水師學堂於天津。

西元 1880 年，開設南北洋電報局，請修建鐵路。

西元 1881 年，開設開平礦物商局。

西元 1881 年，創設公司船赴英貿易。

西元 1881 年，招商接辦各省電報。

西元 1882 年，築旅順船塢，建設軍港。

西元 1882 年，開設商辦織布局於上海。

西元 1885 年，開設武備堂於天津。

西元 1887 年，創辦黑龍江漠河金礦。

西元 1888 年，成立北洋海軍。

西元 1894 年，開設醫學堂於天津。（《李鴻章傳》梁啟超）

李鴻章洋務思想的核心可以歸納為兩個字：求強，主要展現在軍事上。在與洋槍隊的聯合作戰中，李鴻章還發現洋人不僅火器犀利，而且部隊紀律嚴明，他認為，清軍之所以無法戰勝洋人，不僅僅是武器太落後，差距還展現在兵制上。眼下朝廷的軍隊「靖內患或有餘，御外辱則不足」，因此他希望透過購買西方的堅船利炮，同時變易兵制，裁撤綠營，建立新軍。

淮軍是李鴻章發家的基礎，因此他首先從自己的淮軍入手徹底整頓部隊的武器和訓練問題。在淮軍的示範和引領下，其他軍隊也紛紛效仿，清軍的戰鬥力得到了極大的提升，這在此後的中法之戰中得到了充分驗證。

1960 至 1979 年，中國的邊疆與海防同時出現的巨大危機。阿古柏（Yaqub Beg）勢力入侵新疆占領了大部分地區，俄國居心叵測，打著替清廷討伐阿古柏的旗號奪取伊犁；東南海疆，日本以弱旅入侵臺灣，清政府無力東顧，不得不承認日軍侵臺為「保民義舉」，以白銀 50 萬兩換取日軍撤離臺灣了結。於是在西元 1875 年，朝堂之上爆發了一場海防與塞防之爭。李鴻章上了那道著名的《籌議海防折》：

歷代備邊多在西北，其強弱之事，主客之形，皆適相埒，且猶有中外界限。今則東南海疆萬餘里，各國通商傳教，往來自如。陽託和好，陰懷吞噬，一國生事，諸國構煽，實為數千年來未有之變局。輪船電報，瞬息千里，軍火機器，工力百倍，又為數千年來未有之強敵。而環顧當世，餉力人才，實有未逮，雖欲振奮而莫由。

易曰：「窮則變，變則通。」蓋不變通，則戰守皆不足恃，而和亦不可久也。近時拘謹之儒，多以交涉洋務為恥，巧者又以引避自便。若非朝廷力開風氣，破拘攣之故習，求致勝之實際，天下危局，終不可支；日後乏才，且有甚於今日者。以中國之大，而無自強自立之時，非唯可憂，抑亦可恥。

左宗棠則對此提出了相反的意見，他主張「東則海防、西則塞防，二者並重」，上奏說：「重新疆者，所以保蒙古；保蒙古者，所以衛京師。」慈禧太后受到觸動，最終同意了左宗棠的西征，左宗棠也不負眾望，成功收復了新疆。

由此，後世史家在論及「海防與塞防」之爭時，給李鴻章扣了一頂賣國賊的大帽子，而高度褒讚左宗棠為民族英雄。事實上，李鴻章從未公開宣揚過「放棄新疆」，左宗棠稱無論重塞防還是重海防，都是愛國之舉：「今之論海防者，以目前不遑專顧西域，且宜嚴守邊界，不必急圖進取，請以停撤之餉習濟海防；論塞防者，以俄人狡焉思逞，宜以全力注重西征，西北無虞，東南自固。此皆人臣謀國之忠，不以一已之私見自封者也。」

李鴻章將「練兵」與「製器」放在同等重要的位置，「製器與練兵相為表裡。練兵而不得器，則並無用；製器而不得其人，製器必無成。西洋軍火日新月異，不惜工費而精利獨絕，故能橫行於數萬里之外。中國若不認真取法，終無以自強。」早在西元 1862 年，李鴻章就開始請人製造西洋武器，並把李善蘭製造的兩尊大砲和幾發砲彈送給了曾國藩。西元 1865 年，曾國藩、李鴻章等人在上海創辦了江南製造局，這是洋務派開設的規模最大的近代軍事企業。

江南製造局初期主要生產武器彈藥，然而由於缺乏相應的技術和人

員，生產效率低下，導致產品質量低劣。不得已，李鴻章只得從國外購買輕武器。隨後，江南製造局轉產，在西元 1868 至 1875 年間建造了 6 艘木質輪船，同樣的，由於成本遠高於國外輪船，李鴻章不得不叫停造船專案，繼續從國外購買軍艦。

在此後的幾年間，江南製造局陸續設定了火藥廠、槍廠、砲彈廠、水雷廠、熟鐵廠、木工廠、輪船廠、碼頭等，但其建造的重炮、輪船等已遠遠落後於西方國家，連李鴻章的淮軍都不再使用製造局生產的武器彈藥。更嚴重的是，由於製造局長期依賴國外的人員和技術，加上官辦企業的管理混亂、任人唯親、效率低下、虛報費用、貪汙浪費嚴重，江南製造局的製造成本居高不下，無法與國外的產品進行競爭。譬如在金陵機器局，李鴻章聘請英國人馬格里（Macartney）主持生產研發，但馬格里實際上是個醫生，根本不懂實業。雖然馬格里工作盡心盡力，但隔行如隔山，金陵機器局製造的武器依然質量低劣。西元 1875 年，金陵機器局製造的兩門海防大砲在大沽炮臺爆炸，造成幾名中國炮手傷亡。

江南製造局的管理有多混亂？有這麼一個例子：郭嵩燾曾出使英國，回國的船上，郭嵩燾和在江南製造局工作的英國人傅蘭雅（John Fryer）交談，傅蘭雅告訴郭嵩燾這麼一件事：

一次，傅蘭雅前往江南製造局鑄槍廠，見一童工「開通內膛」的方式不對，傅蘭雅告訴他這樣做不行：「此當開通內膛，捨長用短，是不求通也。」童工反而回答自己薪資太少，「不過挨延歲月而已」，反正上面的人又不會知道，要傅蘭雅別多管閒事。傅蘭雅雖是英國人，但他畢生的夢想都是希望中國「多興西法，推廣格致，自強自富」，面對此情此景，不由得感嘆，洋務改革也「不過挨延歲月而已」。

即便如此，李鴻章依然不言放棄，曾有人藉口福建造船廠製造輪船花費太多而主張放棄時，李鴻章堅決反對，「臣愚以為，國家諸費皆可省，唯養兵、設防、練習槍炮、製造兵輪之費萬不可省，求省費則必摒除一切，國無興立，終不得強矣。」

李鴻章在「自強」的同時，也承擔著「求富」的責任。既然純粹官辦的專案行不通，那就試試官督商辦，於是，李鴻章引入了民間資本，首採股份制，創辦了輪船招商局。

沙船運輸業在咸豐道光年間一度空前繁榮。鴉片戰爭後，中國諸多港口對外開放，西方輪船的湧入，多家洋行壟斷了輪船運輸生意，將中國傳統的沙船客貨運輸業逼到了潰滅的地步。

事情著落在李鴻章身上，他開始組織華商創辦輪船招商局。西元 1872 年 8 月，招商局第一個正式章程《輪船招商節略並各項條程》出爐，明確規定企業的性質是「官商合辦」，因其中沒有涉及到公司具體的股權分配問題，胡雪巖等鉅商對此並不感冒。唐廷樞曾一針見血地批評道：「商人只有出錢的義務，卻沒有經營的權力。生意賺了還好說，做賠了可找誰去理論？」

隨後招商局又進行了改組，重擬了《招商局條規》。在李鴻章的運作下，輪船招商局聘請了兩位「專業經理人」唐廷樞和徐潤為責任人，引入西方的管理模式進行企業運作。西元 1873 年 7 月，兩人開始負責輪船招商局工作，他們堅持「局務由商任不便由官任」，透過市場經濟原則進行招股。有了朝廷「官督」層面的政策支持，又有經驗豐富的「專業經理人」之間的通力合作，招商局迅速開啟局面，其股票深受私人投資者歡迎，出現求過於供局面，逐年盈利，一舉成為當時中國民用企業乃至亞洲國家自

辦企業的佼佼者。李鴻章也欣然自稱：「招商輪船，實為創辦洋務四十年來最得手文字。」

然而好景不長，隨著西元 1883 年上海的金融風潮襲來，以及次年春清軍在中法戰爭中的失利，再加上李鴻章一系列錯誤的人事調整，使得招商局民間資本最終無法逃脫被官僚體系吞沒的命運。為了保證輪船招商局營運的獨立性，唐、徐等人早就提出盡量避免官方干預，「依期分還，幣息陸續繳官，嗣後商務由商任之，盈虧商認，與官無涉，請免派員」。然而，李鴻章還是強行將自己的得意門生盛宣懷塞了進來，民營資本被剝削壓榨，招商局被視同「官產」，「官督商辦」進入「官辦」的階段。曾積極入股招商局的鄭觀應在《商務嘆》中慨嘆道：「輪船招商開平礦，創自商人盡商股」、「辦有成效倏忽變，官奪商權難自主」、「名為保商實剝商，官督商辦勢如虎」。

此後的輪船招商局開始走上下坡路，經營形勢每況愈下。

與此同時，與清帝國隔海相望的日本，在明治維新期間大力扶持民間私營企業，將官營工廠出售給民間，不與民爭利，甚至將官船無償交給「三菱」公司使用，才有了日本經濟的騰飛。

隨著工商業的發展，李鴻章在國內創辦了大量的實業，如礦務、鐵路、醫學等等。雖然西方的堅船利炮開啟了中國的大門，然而保守陳舊的思想觀念卻依然強大，受觀念和利益的影響，洋務派幾乎每做一件事，都會遭到反對派的攻訐與抵制。在李鴻章主導的洋務事業中，爭議最多、阻力最大的非修建鐵路莫屬。

鐵路進入中國之初，老百姓擔心其破壞風水，視其為洪水猛獸，竭力阻礙。要想在這個傳統古老而封閉的帝國修建一條鐵路，又何嘗是一件容

易之事？西元 1863 年，以英商怡和洋行為首，連繫英、法、美三國 27 家洋行向李鴻章提出建議，允許他們修建一條自上海至蘇州的鐵路。李鴻章當時對鐵路還不太了解，他擔心洋人利用鐵路深入內地，果斷拒絕了洋人的建議。「三國所覬覦者，在蘇州未通商地方，竟以開路為主；其用意似有深淺之殊，其關係亦有輕重之別」。後來的發展表明，李鴻章的擔心純屬多餘。

西元 1864 年，怡和洋行又邀請了在印度從事鐵路建築的英人史蒂文生來到中國，規劃了數條縱橫內地的鐵路網，結果再次被朝廷拒絕。

西元 1865 年，英國商人杜蘭德在北京永定門外鋪設了一條長約一華裡的鐵路，被京城百姓視為妖物，引起轟動。步軍統領隨後緊急將其拆除。

西元 1876 年，英國商人索性採取了欺騙的手段，對外宣稱是要修築一條上海至吳淞的普通馬路，以此獲得了地方政府的支持，暗地裡卻在最短的時間內修建了一條鐵路，待上海道臺發現時，機車升火鳴笛開始試執行，生米已經做成了熟飯。這條鐵路通車後，每天往返六次，路邊觀者雲集，乘客天天爆滿。據《申報》的記述，火車啟動時，「先聞搖鈴之聲，蓋示眾人已必就位，不可再登車上。坐車者盡面帶喜色，旁觀亦皆喝采，注目凝視，頃刻間車便疾駛，身覺遙遙如懸旌矣。」

不想，鐵路投入營運一個多月後，火車軋死了一名行人，引發軒然大波。經過反覆交涉後，兩江總督以 28.5 萬兩白銀的價格買下了這段鐵路，次年將其拆除，軌條被運往臺灣，火車則被扔進了長江。

與朝中頑固的反對派不同，李鴻章很快就意識到了鐵路的軍事作用。西元 1872 年，李鴻章對丁日昌寫信說：「電線由海至滬，似將盛行。中土

若竟改驛遞為電信，車為鐵路，庶足相持。聞此議者勘不咋舌。吾謂百數十年後，舍是莫由。公其深思之！……俄人堅拒伊犁，我軍萬難遠役，非開鐵路則新疆、甘隴無轉運之法，即無戰守之方。俄窺西陲，英未必不垂涎滇蜀，但自開煤鐵礦與火車路，則萬國踏伏，三軍必皆踴躍，否則日蹙之勢也。」

為了爭取朝廷對修建鐵路的支持，李鴻章不斷向朝廷強調鐵路運兵、防備俄國的作用：「中國與俄接壤萬數千里，向使早得鐵路數條，則就現有兵力，盡敷調遣。如無鐵路，則雖增兵增餉，實屬防不勝防。蓋處今日各國皆有鐵路之時，而中國獨無，譬猶居中古以後而屏棄舟車，其動輒後於人也必矣。」即便如此，反對的聲音依然占據了大多數，李鴻章於是發誓再也不提修建鐵路之事。

然而形勢逼人，作為一名實幹家，李鴻章骨子裡的憂患意識和擔當意識不容許他沉默下去。西元 1880 年 12 月，清廷召賦閒在家的櫃檯灣巡撫劉銘傳進京，商議應付日趨嚴重的邊疆危機。劉銘傳進京之後，上了一道奏摺：《籌造鐵路以求自強折》，呼籲朝廷大修鐵路，以鞏固國防。他提出：

「用兵之道，貴審敵情。俄自歐洲起造鐵路，漸近浩罕，又將由海參崴開路以達琿春。此時之持滿不發者，非畏兵力，以鐵路未成故也。不出十年，禍且不測。」

「若鐵路造成，則聲勢聯絡，血脈貫通，裁兵節餉，併成勁旅，防邊防海，轉運槍炮，朝發夕至，駐防之兵即可為游擊之旅，十八省合為一氣，一兵可抵十數兵之用，將來兵權、餉權俱在朝廷，內重外輕，不為疆臣所牽制矣。」

「若一旦下造鐵路之詔，顯露自強之機，則氣勢立振，……不獨俄約易成，日本窺伺之心亦可從此潛消矣。」

劉銘傳奏摺背後的操縱者正是李鴻章。慈禧太后接到奏摺後，讓各位督撫議一議。翰林院侍讀學士張家驤上奏，表示反對修築鐵路，他提出了三條弊端：影響民間田畝、房舍、墳墓，百姓平添紛擾；洋人會藉機深入內地，藉端生事；一旦鋪設鐵路，由上海、漢口入京者，大半歸於陸行，天津碼頭將從此而衰。

　　李鴻章隨後具折聲援劉銘傳，他寫了一封 4,000 餘字的長折，對張家驤的「三弊」逐一予以駁斥，闡述了歐美各國富強的原因：「有輪船以通海道，復有鐵路以便陸行」，並列舉了集兵、運輸、軍餉、通訊、救災、拱衛京師等九條修建鐵路的好處。

　　頑固派說，修建鐵路會給民間車馬及往來行人帶來不便。李鴻章提出兩種解決辦法，一種是「旱橋」即今天的交流道，一種是在鐵道兩邊設立柵門，火車通過時暫停行人通過。

　　最後，這位為洋務運動操勞了大半生的老者吐露了自己的心聲：

　　「鴻章老矣，報國之日短矣，即使事事順手，亦復何補涓埃！所願當路大君子務引君父以洞悉天下中外真情，勿徒務虛名而忘實際，狃常見而忽遠圖，天下幸甚！大局幸甚！」

　　然而，近十年過去，朝堂內的保守派勢力依舊強大，朝廷作出如下批示：「鐵路斷不宜開，劉銘傳所奏，著無庸議。」

　　這次鐵路大討論又以洋務派的失敗而告終。李鴻章在失望之餘，採取迂迴策略，他在自己創辦的開平礦務局偷偷修建了一條唐山至胥各莊的鐵路，全程 9.7 公里。為避免引起朝廷非議，這段鐵路不設火車頭，用騾子拉車皮。鐵路建成剪綵那天，李鴻章登上火車，面無表情地與眾人合影。馬拉火車，看似一個笑話，可李鴻章笑不起來，他的心裡滿是感傷。

西元 1888 年，慈禧太后收到了李鴻章送來的一件小玩意 —— 一條長約 1.5 公里小鐵路，有 6 節車廂，由法國人全額贊助，建在慈禧太后居住的北中南海裡。李鴻章的意圖很明顯，就是要先改變慈禧對修建鐵路的態度，進而推動鐵路政策的實施。

坐慣了轎子、馬車的老佛爺頭一次坐火車，大為好奇興奮，在鐵路上繞了一圈，除了要面對司機屁股感到一絲不快外，她對火車大加讚賞，這可比坐轎子平穩舒適多了，由此也對火車有了親身體驗和全新的認識。

即便如此，反對派依然叫囂著反對修建鐵路，讓李鴻章很火大。這一次，老佛爺終於發話了，稱修鐵路是「係為自強起見」，下發諭旨同意興辦鐵路。而此時距離李鴻章首次提出修建鐵路已經過去了整整 17 年！

李鴻章雖然是個實幹家，有時卻過分注重時效。西元 1887 年，英國傳教士李提摩太向李鴻章建議進行教育改革，希望清朝每年能在教育上投入 100 萬兩白銀。對於李提摩太的這個建議，李鴻章的答覆是：「中國政府承擔不了這麼大一筆開銷。」

李提摩太說：這可是「種子錢」，必將帶來百倍的收益。

李鴻章問：「什麼時候能見成效？」

李提摩太回答：「需要 20 年才能看到實施現代教育所帶來的好處。」

「噢！」李鴻章回答，「我們等不了那麼長時間。」

就在李鴻章為洋務事業奔波操勞時，同為洋務運動主將的左宗棠也沒閒著，他在福州搞起了福州船政局，被李鴻章贊其為「開山之祖」。後在繼任船政大臣沈葆禎的苦心經營下，福州船政局成為當時遠東最大的造船廠。

左宗棠被看做「晚清四大中興名臣」之一，一直與曾國藩、李鴻章、

張之洞並論，其個性頗為自負，敢說敢做，年輕時得罪了不少人。他年輕時自稱「今亮」，即當代諸葛亮，自許「文章西漢兩司馬，經濟南陽一臥龍」。早在第一次鴉片戰爭後，左宗棠就意識到了西方的新式輪船的重要性，因此他極力主張建立一支不受洋人控制的海軍。他說：

「自海上用兵以來，泰西各國火輪兵船直達天津，藩籬竟成虛設⋯⋯欲防海之害而收其利，非整理水師不可；欲整理水師，非設局監造輪船不可⋯⋯彼此同以大海為利，彼有所挾，我獨無之。譬猶渡河，人操舟而我結筏；譬猶使馬，人跨駿而我騎驢，可乎？」

「輪船成則漕政興，軍政舉，商民之困紓，海關之稅旺，一時之費，數世之利也。」

很顯然，他把建設船廠看成是富國強兵、得民惠商不可缺少的要務。

左宗棠時任閩浙總督，在平定太平軍後，他向朝廷提出了創辦福州船政局的主張，很快就得到了朝廷的批准。

西元 1866 年，福州船政局正式成立。左宗棠興奮地發下宏願：「不越十年，海上氣象一新，鴉片之患可除，國恥足以振矣。」

福州船政局的特殊之處在於，它既是一個軍艦製造企業，又擔負著培養軍事人才的重任。船政局內設有船政學堂，分為製造學堂（前學堂）和駕駛學堂（後學堂），前學堂主要培養造船人才，後學堂則注重教授駕駛技術。此後根據培養人才的需要，又添設了管輪、練船、繪畫、電報、匠首和藝徒等六所學堂。學堂施行嚴格的淘汰制度，定期組織考試，成績優異的賞以銀元，幾次考試均落後的則令其退出，學而優者甚至可以赴英、法等國觀摩學習。

在這樣的新式教育下，船政學堂培養出了一大批優秀學員，他們幾乎

都成為晚清新式海軍將領，北洋海軍中有近一半的將領和主力艦管帶都出自福州船政學堂，如「濟遠」號管帶方伯謙、「定遠」號的劉步蟾、「靖遠」號的葉祖圭、「鎮遠」號的林泰曾、「經遠」號的林永升等人，他們在此後的甲午海戰中以身報國，在歷史上留下了濃墨重彩的一筆。

而此時，清廷調左宗棠為陝甘總督，為了保證船政局的建設不受影響，左宗棠再三邀請丁憂在家的原江西巡撫沈葆楨為船政大臣，負責船政局的一切事宜。同時，為了加強船政局的管理，左宗棠聘請了法國人日意格（Prosper Giquel）和德克碑為正副監督，總攬一切船政事務。此外，左宗棠還與日意格、德克碑商訂合約，自鐵廠開工之日起，五年內由他們監造大小輪船 16 艘，並保證教會中國工人掌握技術。

西元 1869 年，福州船政局造出了第一艘輪船「萬年青」號，排水量是1,370 噸，首次試航成功。從建廠到西元 1895 年，船政局共建造了輪船36 艘，是遠東最大的造船廠。

在此後的幾年中，福州船政局陸續造出了一系列艦船，並且取得了不錯的成就，但跟西方國家相比，還是差了好幾個等級。西元 1876 年生產「威遠」號以前，福州船政局製造的輪船仍然使用木製船殼，依照歐洲的標準，這種船隻早就該被淘汰了。西元 1884 年的馬江之戰中，清軍之所以慘敗，與自造軍艦的落後狀況有很大關係。同一年，法國艦隊侵入了船廠，大部分艦船都被法國砲艦擊沉，使船廠受到了極大的破壞。甲午戰爭後，隨著洋務運動的失敗，福州船政局也難以為繼，陷入了半停頓的狀態。

與曾國藩、李鴻章、左宗棠等實幹派相比，張之洞是從「清流派」中分化出來的洋務派「新貴」。作為朝廷實際掌權者的慈禧太后，她的學識

和經歷，在決定了她不具備現代政治理念的同時，卻是一個極其擅長玩弄政治權術的高手。湘軍和淮軍的興起，讓大批漢族官僚掌握了地方實權，為了平衡政局，慈禧太后在支持李鴻章等人搞洋務的同時，也扶持起了一批「清流派」，讓大臣們相互掣肘。因此，清流派作為洋務派的對立面應運而生了。

這些「清流」們在晚清政壇上十分活躍，他們在思想上守舊，在政治上保守，以維持名教為己任，排斥西方的一切新鮮事物，但在個人操守及道德上卻挑不出一絲瑕疵，是中國傳統士大夫的代表所以深得執政者的信任。

「清流派」的領頭人物是李鴻藻，直隸高陽人，當時既是帝師，又是大學士兼軍機大臣，這是一個性格耿直、認死理的傳統官僚，在大臣中頗有威望，深得慈禧太后的信任。當時京師士人「呼李鴻藻為青牛（清流之諧音）頭，張佩綸、張之洞為青牛角，用以觸人；陳寶琛為青牛尾，寶廷為青牛鞭，王懿榮為青牛肚，其餘牛皮、牛毛甚多」，這些人輕言好戰，不識時務，身處高牆深院，缺少實踐經驗，處處掣肘洋務派，其言說不但左右了朝中輿論，而且還引領了士林風尚，是一股不容忽視的政治力量。正如唐才常所說的：「數十年來之主持清議相議以忠義奮發者，不曰用夏變夷，即曰閉關謝使，且動以本朝海禁之開相詬詈。」

李鴻章對這種流於空談的深有體會，他說：

「言官制度，最足壞事。故前明之亡，即亡於言官。此輩皆少年新進，毫不更事，亦不考究事實得失、國家利害，但隨便尋個題目，信口開河，暢發一篇議論，藉此以露頭角；而國家大事，已為之阻撓不少。當此等艱難盤錯之際，動輒得咎，當事者本不敢輕言建樹；但責任所在，勢不能安坐待斃。苦心孤詣始尋得一條線路，稍有幾分希望，千盤百折，甫將

集事，言者乃認為得間，則群起而訌之。朝廷以言路所在，又不能不示加容納。往往半途中梗，勢必至於一事不辦而後已。」

　　張之洞原本是「清流派」中的一員骨幹。他是直隸南皮人，生於道光十七年（西元 1837 年），自幼即博聞多識，文才出眾。張之洞是位公認的學霸，16 歲順天府鄉試中解元，慈禧太后欽點探花。西元 1882 年，張之洞被任命為山西巡撫，完成了從「青牛角」到實幹派的華麗轉身。

　　西元 1876 年至 1879 年，華中、華北大部分地區發生了嚴重災荒，史稱「丁戊奇荒」，山西民生凋敝，餓殍千里，讓初來乍到的張之洞深受刺激。在英國傳教士李提摩太的協助下，張之洞採取了整飭吏治、休養生息、禁戒菸毒等一系列政策，並在山西設了一處洋務局，開始了他的洋務生涯。他說：「經國以自強為本，自強以儲材為先。方今萬國盟聘，事變日多，洋務為最當務之急。」並提出了中西結合的理論，提倡「中學為體，西學為用」。

　　此後的張之洞歷任兩廣總督及湖廣總督。在此期間，張之洞創辦了一系列專案，他在廣州創立槍彈廠，生產火藥、砲彈；設立廣東水陸師學堂，教授近代軍事知識；創辦漢陽鐵廠、大冶煤礦，奏設了織布、紡紗、製麻、繅絲四局，創辦了製磚、印刷、水泥等工廠。值得一提的是漢陽鐵廠和京漢鐵路。

　　漢陽鐵廠誕生於西元 1890 年，共有鑄鐵廠、打鐵廠、機器廠、造鋼軌廠和煉熟鐵廠等 6 個大廠，4 個小廠，兩座鋼爐，工人 3,000 人，外國技師 40 人，是中國第一個近代大型鋼鐵工廠。張之洞不無自豪地說：漢陽鐵廠「開東亞未有之大局。」前來參觀的朝廷官員也說：「目睹其制度宏闊，成就昭然，嘆為各行省所未有。」美國駐漢口領事查爾德讚嘆道：「這

企業是迄今為止，中國以製造武器、鋼軌、機器為目的的最進步的運動，因為這個工廠是完善無疵的，而且規模宏大，所以就是走馬看花地參觀一下，也要幾個鐘頭。」

漢陽鐵廠的建成，標誌著中國近代鋼鐵工業的興起，為中國重工業開了先河。

緊接著，張之洞將槍炮廠也搬到了武漢，用於生產「七九」式步槍、過山快炮等較為先進的武器。其中最著名的是「漢陽造」步槍，漢陽造這款步槍人名鼎鼎，在中國幾乎是家喻戶曉。該槍作為主力武器之一，從袁世凱的新軍到辛亥革命，從北洋軍閥的混戰到抗日戰爭的爆發，一直到抗美援朝的戰場，這個槍型都是中國軍隊的主要裝備，成為了中國戰爭史上的一個傳奇神話。說它是中國槍王，毫不為過。

早在西元 1889 年，張之洞就上奏朝廷分析修築鐵路的好處，他提出蘆漢鐵路是「幹路之樞紐，枝路之始基，而中國大利之萃也」。朝廷準奏，並要求南北分段修築。為了修築這條鐵路，張之洞選中了「於中國無大志」的比利時人承攬下這筆業務。1906 年 4 月 1 日，一列火車發出一陣長鳴，緩緩駛離漢口站，向北京出發，全長 1,200 公里的京漢鐵路全線正式通車。

張之洞先後創辦了漢陽鐵廠、湖北槍炮廠、大冶鐵礦、漢陽鐵廠機器廠、鋼軌廠、湖北織布局、繅絲局、紡紗局、製麻局、製革廠等一批近代工業化企業，居全國之冠，堪稱中國重工業的奠基人。此外，他還致力興辦教育，改造舊式書院、創辦新式學堂。

與曾國藩、李鴻章、左宗棠、張之洞等成就了赫赫事功的洋務實幹派相比，還有一人也屬於洋務派，但其經歷卻不那麼順心遂意，後世聲名也

無法跟曾李左張等人相比，然而隨著時光的流逝，他的重要性將愈發突顯。在我看來，兩百年以後的人們回望洋務運動時，能記起的也許只有一個李鴻章，三百年以後的人們再次回顧這段歷史時，能記住的只有一個人 —— 郭嵩燾！

郭嵩燾出生於湖南湘陰一個富商家庭，與左宗棠是同鄉。與曾國藩、李鴻章等人的仕途生涯相似，郭嵩燾的官場生涯基本上與太平軍活動的時間相始終，但卻比其他人多了一層思考。僧格林沁曾說過這樣一段話：「其初殺洋人，人皆歌頌之，（郭）獨力爭以為不可。其後炮石如雨之中，無肯來營者，又獨渠（他）一人馳至。見利不趨，見難不避，天下要有此人！吾深愧當時之不能相察也。」

西元 1875 年 2 月，英國駐華使館翻譯馬嘉里（Margary）等人到雲南考察，與當地民眾發生衝突而被殺，釀成嚴重的外交事故，這就是轟動一時的「馬嘉里事件」。最後，清政府被迫與英國簽訂《煙臺條約》屈辱了結，並被要求派遣欽差大臣前往英國「致歉」。

郭嵩燾時任廣東巡撫，當時李鴻章等人正大辦洋務，追逐兵器、實業、學館，郭嵩燾雖然也熱心洋務，但他不迷信洋人的堅船利炮，認為洋務派只著眼於生產武器裝備、製造輪船屬於本末倒置，西洋各國強國的根本在於「政教」，即社會制度，商業屬於末節，而造船製器更是末節中的末節。洋務派卻倒了過來，想要依靠練兵、造船、製器而讓國家富強起來，根本行不通。為此，郭嵩燾還上給朝廷一道《條議海防事宜》，論述他的洋務思想。

當時的清廷正在為派誰出使英國而頭疼，接到郭嵩燾的這道奏摺後，隨即詔他進京。恭親王奕訢盛讚郭嵩燾「此人洋務實是精透」，將這個苦

差事交給了郭嵩燾。

在當時的觀念下，「出使番邦」是遭萬人唾棄的事情，需要莫大的勇氣 ——比犧牲性命更大的勇氣。當郭嵩燾將要出使英國的消息傳出後，立刻被當時洶洶輿論圍攻，湖南士人將其看成湖南人共同的恥辱，兩江總督劉坤一指責郭嵩燾：「何面目以歸湖南？更何以對天下後世？」湖南籍考生群情激奮，商議搗毀郭嵩燾住宅，甚至有人寫了一首諷罵郭嵩燾的對聯：「出乎其類，拔乎其萃，不容於堯舜之世；未能事人，焉能事鬼，何必去父母之邦！」李慈銘在日記中記載「夷人至長沙，將建天主教堂，其鄉人以嵩燾主之也，群欲毀其家。」

面對洶洶群議，郭嵩燾也打起了退堂鼓，想要借病引退，但總理衙門堅決不準。半年之後，慈禧太后召見郭嵩燾，溫言安撫：

「此時萬不可辭，國家艱難，須是一力任之，我原知汝平昔公忠體國，此事（出使）實無人任得，汝須為國家任此艱苦。……旁人說汝閒話，你不要管他。他們局外人隨便瞎說，全不顧事理。你看此時兵餉兩絀，何能復開邊釁？你只一味替國家辦事，不要顧別人閒說，橫直皇上總知道你的心事。……你須是為國家任此一番艱難。」

在慈禧的一番安慰下，郭嵩燾才打消了辭職之意，踏上了出使的道路。

西元 1876 年 12 月，郭嵩燾作為中國第一個外交大使離開上海，前往英國，繼而又受命出使法國。在海外的日子裡，郭嵩燾廣泛考察英國社會生活，從政治、經濟、文化、科技、軍事等方面探究英國興盛的原因。他旁聽英國下議院的辯論，訪問了學校、博物館、銀行、工廠、圖書館、報社等，結識了眾多專家學者，和眾多政界人士交流，並以六十高齡潛心學習外語。

郭嵩燾還將自己的考察日記寄給總理衙門，詳細記錄了他眼中的西方世界，名為《使西紀程》，希望能刻版印行。孰料這本書卻在滿朝士大夫群體中引起了極大的憤慨，翰林院編修何金壽參劾他「有二心於英國，欲中國臣事之」。梁啟超在其《五十年中國進化概論》裡還提起此事：

「光緒二年，有位出使英國大臣郭嵩燾，做了一部遊記。裡頭有一段，大概說，現在的夷狄和從前不同，他們也有二千年的文明。哎喲！可了不得。這部書傳到北京，把滿朝士大夫的公憤都激起來了，人人唾罵……鬧到奉旨毀版，才算完事。」

隨郭嵩燾一同出使的副使劉錫鴻此時也跳了出來，公然揚言：「這個京師之內都指名為漢奸的人，我肯定不能容下他」，並指責郭嵩燾有「三大罪」：

1. 「遊甲敦炮臺披洋人衣，即令凍死亦不當披。」——居然穿了外國衣服。

2. 「見巴西國主擅自起立，堂堂天朝，何至為小國主致敬？」——見了外國國王居然站起來。

3. 「柏金宮殿聽音樂屢取閱音樂單，仿效洋人之所為。」——聽音樂居然學洋人拿音樂單。

在士大夫們的一致呼聲下，此書被總理衙門申斥毀版，嚴禁流行，郭嵩燾本人也在出使海外不到兩年後被撤職，黯然歸國。倫敦《泰晤士報》（*The Times*）對郭嵩燾的離職深表惋惜，寫道：

「郭去曾（紀澤）繼，吾人深為惋惜。郭氏已獲經驗與良好之意見，此種更調實無必要，對於其國家將為一大損失。」

正是因為這次出訪，郭嵩燾看到了西方富強的本質，將李鴻章等人遠

遠拋在身後。當曾國藩、李鴻章、左宗棠等洋務派官員，醉心於西方「堅船利炮」的製造而自鳴得意時，郭嵩燾卻站在更高的起點上，批評洋務派一味仿造船器是徒襲洋人的皮毛，提出了「政教」、「商賈」為本，而「造船、製器」為末的理念。他的眼界更寬廣，探索更深入，思想更成熟，對洋務的思想認識始終處於領先地位，甚至遠遠超出同時代人的認知水平。如果要選出晚清最懂洋務的第一人，不是曾國藩，不是李鴻章，而是郭嵩燾！

　　然而，也正是因為郭嵩燾超前激進的思想，使其不為當世所容。回國後，家鄉士人指責他「勾通洋人」，阻止他回湘陰老家；地方官員對其「傲不為禮」，此後的十二年間，雖有封疆大吏屢屢推薦，卻再未得朝廷起用，其內心的憤懣和孤寂可想而知！

　　是執政者不理解郭嵩燾的能力和苦楚嗎？顯然不是！西元 1878 年 9 月，慈禧太后召見即將接替郭嵩燾擔任英國公使的曾紀澤（曾國藩次子），其間曾有如下對話：

　　旨（慈禧太后）：「辦洋務甚不容易。聞福建又有焚毀教堂房屋之案，將來必又淘氣。」

　　對（曾紀澤）：「辦洋務，難處在外國人不講理，中國人不明事勢。中國臣民當恨洋人，不消說了，但須徐圖自強，乃能有濟，斷非毀一教堂，殺一樣人，便算報仇雪恥。現在中國人多不明此理，所以有雲南馬嘉里一事，致太后、皇上宵旰勤勞。」

　　旨：「可不是麼。我們此仇何能一日忘記，但是要慢慢自強起來。你方才的話說得明白，斷非殺一人、燒一屋就算報了仇的。」

　　對：「是。」

旨：「這些人明白這理的少。你替國家辦這等事，將來這些人必有罵你的時候，你卻要任勞任怨。」

……

對：「李鴻章、沈葆楨、丁寶楨、左宗棠均係忠貞之臣。」

旨：「他們都是好的，但都是老團隊，新的都趕不上。」

對：「郭嵩燾總是正直之人，只是不甚知人，又性情褊急，是其短處。此次亦是拚卻名聲，替國家辦事，將來仍求太后、皇上恩典，始終保全。」

旨：「上頭也深知郭嵩燾是個好人。其出使之後，所辦之事不少，但他挨這些人的罵也挨夠了。」

對：「郭嵩燾恨不得中國即刻自強起來，常常與人爭論，所以挨罵，總之係一個忠臣。好在太后、皇上知道他，他拚了名聲，也還值得。」

旨：「我們都知道他，王大臣等也都知道。」

然而，即便慈禧太后理解郭嵩燾又能如何？郭嵩燾思想的超前性必然與傳統文化機制的保守性發生衝突，使得他難為世人所容，受到庸眾的迫害；他逝世後，李鴻章上奏朝廷請國史館為郭立傳並請賜謚號，遭到朝廷的拒絕；義和團運動高漲之際，還有京官上奏要求開棺鞭戮郭嵩燾的屍身，以謝天下！

正如郭嵩燾挽左宗棠的聯語「世需才，才亦需世」，郭嵩燾的思想已超出那個時代太遠，走在了時代思想的前列。令人嘆息的是，這位原本可以做時代跟風者的洋務先知陰差陽錯，最終成了時代的旁觀者。每一個思想的先行者都是孤獨和不被理解的，如同鐵屋子裡的吶喊，竭力想要喚醒眾人卻被視為異類，遭到群體的排斥與驅逐。

這也許正是夢醒者的痛苦！

郭嵩燾崎嶇坎坷的政治生涯是一面鏡子，映照出了中國走向近代化的艱難坎坷。即便如此，郭嵩燾堅持認為自己是對的，歷史將為他正名：「流傳萬代千齡後，定識人間有此人！」

然而，有這種清醒認識的人又有多少呢？放眼望去，滿朝文武皆渾渾噩噩，還做著「天朝上國」的美夢，還抱著「中國文武制度，事事遠出西人之上，獨火器不能及」的認識。相似的開頭，卻在僅僅 20 餘年後，就形成了如此巨大的差別結局，而很快，清帝國的這場「洋躍進」就將迎來史上最嚴峻的一次考驗。

第五章
甲午國殤：四千年大夢之覺醒

　　一場實力懸殊的戰爭，改變了兩個國家的命運。一頭大象被螞蟻絆倒，還惹來了一群蛇蟲虎豹垂涎分食。群議洶洶，李鴻章眼睜睜將自己最後的底牌送上他自己明知必輸的賭局。

西元 1853 年 7 月 8 日，日本東京灣迎來了四艘冒著黑煙發出駭人轟鳴聲的黑色軍艦，艦上的大砲瞄準了岸上的炮臺，300 名全副武裝的士兵登陸，引發了日本民眾強烈的震撼。

上岸後才知道，這是美國海軍准將培里（Perry）奉美國總統之命，率領艦隊前往遠東，與日本、琉球等國商談開港通商的。自負的培里對日本人說：「你們最好不要抵抗，如果抵抗，結局只有一個，日本必敗！」並要求日本第二年給予答覆，停留一週後揚長而去。由於這四艘軍艦都是通身漆黑，且航行中冒著滾滾黑煙，所以歷史上把這次事件叫做「黑船來航」。

當時的日本跟清政府一樣，也是實行閉關鎖國的國策，這種黑色的近代鐵甲軍艦，是日本人生平第一次見到，培里送給日本人的顯示工業文明的火車機車模型和電報機，更是日本人前所未見。為表感謝，日本人翻來覆去，結果發現只能給美國人送點稻米，這讓日本人深受刺激，深切感受到了日本與外國的巨大差距。

美國人把鐵甲戰艦停在了港口，某天夜裡，有兩個日本人偷偷爬上了軍艦，想隨船到美國去，看看美國究竟為什麼強大，結果上去就被發現了，而這種做法在當時的日本是要被殺頭的。培里大為感動，在日記中寫道：「這兩個日本人的求學精神，令我感動，如果日本人都像他們一樣，日本一定會變得和美國一樣強大。」

雖然這兩個年輕人最後還是被送下了船，但此次「黑船事件」卻促使日本人產生了高度的危機感和憂患意識。日本近代著名思想家福澤諭吉更是寫道：「美國人跨海而來，彷彿在中國人民的心頭上燃起了一把烈火，這把烈火一經燃燒起來便不會熄滅。」

第二年，培里又來了，這次帶來 7 艘軍艦，裝備更為精良。在更

多「黑船」的威逼下，德川幕府接受了美方的條件，簽訂了《日美親善條約》，放棄了二百多年的鎖國政策，被迫開放了下田、箱館兩個通商口岸，給予美國最惠國待遇等等，這也是日本與西方簽訂的第一個不平等條約。其他列強也紛紛效仿美國，向日本提出通商的要求，於是日本又相繼與荷蘭、俄國、英國、法國簽訂了類似的條約，被迫開啟了國門。

當時的日本政府由德川幕府掌控，已經歷了250年，幕府下有200多個領主（大名），領主有自己的武士，15歲的天皇只是隱居在京都，不參與國家大事。黑船來航以後，日本國內普遍意識到國家要維新改革，由此分成「幕府派」和「倒幕派」。「幕府派」掌握著國家的實際統治權，自然希望維持現有的政治結構，而「倒幕派」則是希望推翻幕府，他們發起了「尊王攘夷」運動，在得到天皇的密詔後，倒幕派發動政變，宣布「王政復古」，廢除了幕府統治，逼迫德川幕府將日本大政還給了天皇，成立了新政府。

此後的日本政府也開始走上了變革的道路。西元1868年，明治天皇釋出了《五條誓文》：

一、廣興會議，萬機決於公論。

二、上下一心，盛行經綸。

三、官武一途以至庶民，各遂其志，人心不倦。

四、破舊有之陋習，基於天地之公道。

五、求知識於世界，大振皇基。

睦仁天皇更是提出了「開拓萬里波濤，布國威於四方」，緊接著，日本從上至下全面推行國家政體改革，與一海之隔的清國先後踏上了改革之路，歷時30年的「明治維新」就此拉開了序幕。

　　日本是一個島國，四面環海，陸地狹小，資源匱乏，危機感更強，因此自明治維新伊始，日本就確定了對外擴張的軍國主義國策，其目標自然瞄向了一衣帶水的中國，並提出了所謂的「大陸政策」。「大陸政策」最早是由吉田松陰提出來的，早在西元 1855 年，吉田松陰就指出，日本暫時不能與英法德俄等西方列強抗衡，而應該把朝鮮和中國作為征服對象。「一旦軍艦大砲稍微充實，便可開拓蝦夷，曉喻琉球，使之會同朝覲；責難朝鮮，使之納幣進貢；割南滿之地，收臺灣、呂宋之島，占領整個中國，君臨印度。」西元 1868 年，明治天皇登基後便釋出了《御筆信》，正式確立了「大陸政策」，向北，越過朝鮮半島進入中國東北；向南，越過琉球進犯臺灣，進一步征服中國的東南沿海及南洋諸國，試圖挑戰以中國為核心的東亞朝貢體系。

　　西元 1870 年 9 月，日本政府派遣外務權大丞柳原前光來到天津，面見直隸總督李鴻章和通商大臣成林，請求通商立約，「通情好，結和親」。信上說：「我邦維新之始，即欲遣公使修盟約，因國內多故，遷延至今，深以為憾。茲特遣外務權大丞柳原前光、外務權少丞花房義質、文書權正鄭永寧等來貴國預商通商事宜，以為他日遣使修約之地。伏冀貴憲臺下，款接各員，取裁其陳述。謹白。」

　　收到此國書後，總理衙門起初以「大信不約」為由，准許日本通商，但不同意立約。柳原前光哪肯罷休？再三懇請，聲稱「英法去美諸國，強逼中國通商，我心不甘，而力難獨抗，……唯念中國與中國最為鄰近，宜先通好，以冀同心合力。」

　　面對這份言辭懇切的請求，李鴻章萌生了將日本聯為外援的想法，他上書總理衙門陳述自己的看法，總理衙門於是也同意與日本訂立條約。

西元 1871 年，日本大藏卿伊達宗城、柳原前光再次來到中國，要求仿照西方與中國的簽約，把日本置於和歐美各國同樣的地位。李鴻章大吃一驚，對柳原前光說：「去年送來的約章，均以兩國立論。此次章約，全改為一面之辭，而且綜合西方各個條約擇優採用。這豈非自相矛盾，將前稿作為廢紙不成？未訂交先失信，以後的事怎麼辦呢？教我如何向皇上覆命？」

柳原前光解釋道：「此次約稿，大致與西方各國的條約相同，但相異之處也不少。交際之道，萬國只可劃一，不可輕有重。重了則會遭西人妨忌，輕了則會遭西人侮辱詆毀。現在兩國均有西客，旁觀出入，頗生枝節；倘有參差，非但不能通行，而且會說使者不出力氣，有何面目回國覆命？」伊達宗城也在旁插嘴說：「當今之計，我們兩國唯有內求自強，外禦其侮。誠能心照，不妨按照西洋成例立約，毋須更動，不露聲色為好。」

清方的應寶時、陳欽駁斥道：「貴國特派大臣前來，原為通兩國之好，若怕西方各國猜忌，乾脆不來中國，憂慮皆無，更能照應西人，豈不更好？」伊達宗城被駁得啞口無言。

隨後，李鴻章提出了自己的草案：「自主之國，應有自主之權，何必遵循他人呢？何況條約中無可使西人生疑之處。兩國有來有往，與有來無往的西方不同，故立約絕不可與西方完全相同；而且西人所得之利，還沒有單單不給日本的。今送去草約，請與西約比較，不知何重何輕，希一一指開茅塞。」隨後與日方簽訂了中日《通好條約》。伊達宗城因為沒有達成最終目的，回國後即被罷免。第二年，日方再一次派出了副島種臣，提出了換約要求。名為換約，但其真實目的卻是窺探中國的虛實。

西元 1871 年 11 月 30 日，琉球宮古島民的兩艘進貢船（實際上是以

進貢為名的商船）在駛往中國的途中不幸遭遇颶風，漂流到臺灣，與臺灣高山族人發生衝突，54 人被殺死，12 人死裡逃生回到了琉球，史稱「牡丹社事件」。事件發生後，日本以琉球的「保護國」自居，向清政府興師問罪，清廷嚴詞拒絕，總理衙門大臣毛旭熙態度強硬：「夫二島（琉球、臺灣）俱我屬土，屬土之人相殺，裁決在我。我恤琉人，自有措置，何預貴國事？」日本人隨後向臺灣派兵。

在清政府的斡旋下，日本同意達成和解，但要求清政府支付 200 萬兩白銀。總理衙門大臣文祥則表態不給一分錢。但在英國公使威妥瑪的調停下，清政府迫不得已支付日方 50 萬兩，奕訢在給朝廷的奏摺中這樣解釋道：

「臣等權衡利害輕重，揣其情勢迫切，若不稍予轉機，不獨日本鋌而走險，事在意中，在我武備未有把握，隨在堪虞，且令威妥瑪無顏而去，轉足堅彼之援，益我之敵……今則明知彼之理曲，而苦於我之備虛，不能不姑示羈縻。」

奕訢之所以做出讓步，並非是人們所說的「賣國求榮」，而是擔心日本鋌而走險，導致事態進一步惡化，何況這中間又有洋人調停，不得不給洋人一個面子。如果威妥瑪這次失了面子，轉而跟日本人走到一起，形勢將更加不利。

經此一事，奕訢等改革派更加看到了加強軍備的重要性和迫切性。早在西元 1874 年，日本侵犯臺灣，雖以和談告終，但朝堂上經歷了一次「海防」與「塞防」之爭，李鴻章上了洋洋萬言《籌議海防折》，竭力倡言海軍海防的重要作用，並痛切地指出：「洋人論勢不論理，彼以兵勢相壓，我第欲以筆舌勝之，此必不得之數也……正值海防吃緊之際，倘仍議而未

成，歷年空言竟成畫餅，不特為外人所竊笑，且機會一失，中國永無購鐵甲之日，即永無自強日！」

西元 1875 年 5 月，清廷釋出上諭，讓李鴻章負責組建北洋水師，沈葆楨負責組建南洋水師。當時清廷能用於籌建海軍的經費少得可憐，僅有四百萬兩白銀，此時的沈葆楨表現出了君子風度，以大局為重，認為「外海水師以先盡北洋創辦為宜，分之則難免實力薄而成功緩」，待北洋水師完善強大後，再「以一化三，變為三洋水師」，由此李鴻章的北洋水師得以優先發展。

為了訂購艦船，李鴻章透過海關總稅務司赫德在英國購買了四艘阿姆斯壯公司生產的「倫道爾」式炮艇的小型軍艦，這種砲艦的特點是以其很小的艦體裝載巨炮，因此被人稱為「蚊子船」。幾個月後，北洋水師訂購的四艘「蚊子船」全部交工，李鴻章在經過驗收後，對這種「蚊子船」很滿意：「蚊子船防守海岸最為得力，赫德所購，尤為各國罕有之新式。」在李鴻章的大力推薦下，清廷先後訂購了 11 艘「蚊子船」，耗費白銀 150 萬兩左右，算得上是一筆巨資。可是很快，李鴻章就發現了這種船的弊端：「蚊子船炮大船小，船淺底平」，不適宜大洋作戰，且不經風浪。後來的歷史證明，「蚊子船」航速慢、大砲不能轉向，對爭取制海權基本沒造成多大作用。

這之後，李鴻章又託赫德訂購了「超勇」、「揚威」兩艘巡洋艦，造價共計 65 萬兩銀。兩艦為木身外包鋼板，馬力 2,400 匹，航速為 15 節，排水量 1,350 噸，算得上是「蚊子船」的改進放大型，由大清帝國海軍軍官駕駛回國。

西元 1880 年，李鴻章派李鳳苞出使德國，以 340 萬兩白銀，向伏爾

鏗船廠訂購了兩艘巨型鐵甲艦「定遠」號和「鎮遠」號。這兩艘戰艦為同級姊妹艦，由伏爾鏗船廠集中了當時世界上各類鐵甲艦的優點，裝甲堅固，火力強大，是當時亞洲罕見的巨型戰艦，其中「定遠」艦成為北洋水師的旗艦。

緊接著，李鴻章又接連購買了四艘巡洋艦，分別為「致遠」號、「經遠」號、「靖遠」號、「來遠」號。西元 1888 年，北洋水師正式成軍，在威海擇地建造水師公所，同日頒布施行《北洋水師章程》，主要軍艦大小共有 25 艘，輔助軍艦 50 艘，運輸船 30 艘，官兵 4,000 餘人，並一舉摘得了亞洲第一、世界第七的海軍桂冠。如果再算上南洋水師、福建船政水師和廣東水師，這一時期的中國海上力量無疑更為可觀。西元 1891 年，李鴻章與山東巡撫張曜在校閱北洋海軍之後，在奏摺中洋洋自得地寫道：「綜核海軍戰備，尚能日異月新。目前限於力，未能擴充。但就渤海門戶而論，已有深固不搖之勢。」

當時北洋海軍各艦的艦長及高級軍官，幾乎全為福州船政學堂畢業生，有不少人都有到英國海軍學院留學實習的經歷，另有一部分中層軍官為當時的留美幼童。因此，北洋艦隊的軍官多能操英語，內部指揮命令也是以英語發號。為了將這支實力雄厚的海軍牢牢掌握在自己手中，李鴻章任命淮軍出身的丁汝昌擔任北洋水師提督。丁汝昌是安徽廬江人，早年參加太平軍，後來投降清軍，加入了李鴻章的淮軍隊伍。

從這裡不難看出李鴻章在用人方面的弊端，丁汝昌雖然驍勇善戰，但他原本只是一名騎兵軍官，僅有過短暫的「水師」經歷，無法承擔起領導這樣一支新式海軍的重任。儘管如此，李鴻章對其仍然抱著觀望、考察的態度，對他委以重任。

由於丁汝昌對海軍事務並不熟悉，為了幫助北洋水師開展日常訓練，李鴻章聘請了不少外國軍官擔任顧問和教習，其中之一就是英國海軍中校琅威理（William Lang），北洋水師的日常訓練多由其主持。琅威理畢業於英國皇家海軍學校，又在英國海軍服役多年，經驗豐富，在擔任北洋水師總督察時，琅威理治軍嚴格，陣容嚴整，令行禁止，表現出了很強的職業操守和責任感。他在軍中日夜操練，「刻不自暇自逸，嘗在廁中猶命打旗傳令」，官兵們忌憚他的嚴厲，艦隊中流傳著「不怕丁軍門，就怕琅軍門」的說法，平時沒人敢請假，也沒人敢出差錯。在琅威理的嚴格要求和訓練下，北洋水師軍容頓為整肅，一時令各國刮目相看。丁汝昌本人也認為：「洋員之在水師最得實益者，琅總查為第一」。西元 1886 年，醇親王奕譞巡閱北洋，對琅威理的訓練頗為滿意，特授其二等第三寶星，並賞給提督銜。此後，李鴻章在電文中經常以「提督銜琅威理」或「丁琅兩提督」稱之。

西元 1890 年，北洋艦隊停泊在香港，3 月 6 日，丁汝昌離艦上岸，「定遠」艦管帶劉步蟾命令旗艦「定遠」降下五色提督旗，升起三色總兵旗，表明自己是艦上的最高長官。琅威理不服氣，質問劉步蟾：「丁提督離艦，我尚在，為何降下提督旗？」劉步蟾答：「按海軍慣例應當如此。」琅威理對此非常憤慨，致電李鴻章，要求明確自己在北洋水師的地位。

撤旗事件發生後的次日，李鴻章電告「鎮遠」管帶林泰曾：「琅威理昨電請示應升何旗，《章程》內未載，似可酌制四色長方旗，與海軍提督有別。」琅威理無法接受，憤然辭職，李鴻章隨即照准。就這樣，琅威理憤怒而又委屈地離開了他任職 8 年的北洋水師。

李鴻章為什麼會同意琅威理的辭呈？我們或許可以從他給駐英公使薛福成的電報中，看出一些端倪：「琅威理要請放實缺提督未允，即自辭退。

向不能受此要挾。」清廷對洋人歷來是不信任的，李鴻章雖然熱心洋務，追逐西方器物，但對洋人同樣充滿防範。一句話，李鴻章不會讓一名外國人掌握海軍的實權。

沒了琅威理的督導，北洋水師的訓練日益鬆弛，逐漸沒了章法。赫德曾說：「琅威理走後，中國人自己把海軍搞得一團糟。琅威理在中國的時候，中國人也沒有能好好利用他。」李鴻章卻不以為意，覺得「武人好色，乃其天性，但能貪慕功名，自然就我繩尺」，得過且過。

在大力發展海軍的同時，李鴻章也沒忘記對日本的警惕。西元 1886 年 7 月，李鴻章接到駐守在朝鮮的袁世凱的報告，說朝鮮有人謀劃聯俄防英，而俄國正在覬覦元山口外的永興灣。當時的朝鮮還是清政府的藩屬國，一旦落入別國，必將危及大清自身的安全，李鴻章於是決定派遣丁汝昌率「定遠」、「鎮遠」等六艦前往朝鮮的永興灣一帶巡防操演。

操演結束後，由於海上長途航行需要上油修理，而當時旅順軍港尚未完工，當時遠東最大的船塢是日本長崎的三菱造船所，李鴻章於是讓丁汝昌率鎮遠、定遠、威遠、濟遠四艦前往日本長崎進行檢修，並進行所謂的「親善訪問」，實則有「震懾嚇阻」之意。

8 月 1 日，北洋艦隊抵達長崎港，立刻在當地引發了轟動，不少長崎市民紛紛湧上碼頭圍觀。望著龍旗高揚的鉅艦，日本人內心受到了極大的震動，震驚、嫉妒、羨慕、恐懼混雜在一起，很不是滋味。日本海軍看了以後，那種感受可以說是「畏之如虎」。當時擔任海軍少將的伊東祐亨在參觀了定遠艦後承認：「如果現在和清國開戰，沒有勝利的可能，只要『定遠』和『鎮遠』兩艦就能把全部常備艦隊送到海底。」

8 月 13 日，在日本人的邀請之下，北洋水師上岸購物，有幾個水兵

們一上岸就直奔妓院，排了老半天的隊，卻發現有一些日本人不經排隊便直接入內。這下子水兵們與妓院老闆大打出手，並將聞訊趕來的日本警察打成重傷。當時《長崎快報》報導說：「有一群帶有醉意的水兵前往長崎一家妓館尋樂，因為發生糾紛，館主前往警察局報告。一日警至，已順利將糾紛平靜，但由於中國水兵不服，不久乃有 6 人前往派出所論理。非常激動，大吵大鬧，引起衝突。日警 1 人旋被刺傷，而肇事的水兵也被拘捕，其他水兵則皆逃逸。」

日本人在自己的國土上吃了虧，自然不肯罷休，15 日，北洋水兵再次上岸，被早有準備的日本警察和浪人圍住，雙方再次發生激烈衝突，混戰中，北洋水兵吃了大虧，死傷數十人。

事件發生後，北洋水師群情激奮，李鴻章也緊急召見了日本駐天津領事，強硬表態。然而，當時的清政府剛剛結束中法戰爭，財政困難，最終在各國的調停下，中日雙方簽訂協定，對各自的死傷者互給撫卹，日本賠付中國 52,500 元，中國賠付日本 15,500 元，長崎醫院的醫療救護費 2,700 元由日方支付，算是和平了結。

「長崎事件」原本只是一起國際間的衝突，然而它的意義卻是深遠的，與「定遠」艦的「親密接觸」，極大地刺激了日本官方和民眾的心理，大力發展海軍成為所有人的共識。在日本當局的挑動下，民間的反華、排華、仇華情緒被煽動起來，日本朝野的軍國主義思想也越來越濃厚，當時日本的一些小孩子也玩起了打「定遠」、「鎮遠」的遊戲。

「長崎事件」結束後不久，日本動員全國之力，大力建設海軍力量。為了籌措海軍經費，日本明治天皇頒布敕令：「立國之務在海防，一日不可緩」，捐出皇室費用 30 萬元作為海軍經費。他說：「朕以為在建國事務

中，加強海防是一日也不可放鬆之事。而從國庫歲入中，尚難以立即撥出鉅款供海防之用，故朕深感不安。茲決定從內庫中提取三十萬元，聊以資助，望諸大臣深明朕意。」在伊藤博文的演說下，日本各界紛紛捐款捐物，皇后變賣了部分首飾，連天皇老媽阿巴桑也捐出了她僅有的兩件首飾，為海軍建設盡一份力。不到三個月，海防捐款總額竟達 103 萬之多，按照日本學者井上清的說法：「在天皇制的最初十年中，軍事費恐怕要占全部經費的百分之八十以上。」

這之後，日本政府更是不顧財政困難，逐年發行鉅額公債。西元 1886 年，日本政府發行了 1,700 萬日元的海軍公債。西元 1893 年，明治天皇再次頒發詔書，允諾在未來六年中，每年捐出 30 萬元作為海軍經費，並令文武官員每年也要抽出十分之一的月薪上交國庫。他恨不得將「聖嶽」富士山變成鋼山、鐵山，把瀨戶內海的每一塊礁石都變成戰艦，以備海軍之用。甲午戰爭前夕，明治天皇更是節衣縮食，據說他甚至用餓肚子的方法，給他的文臣武將做表率作用：「帝國海軍一日不強，朕一日不再食矣！」當時有人去日本，帶回了日本天皇靠牙縫裡摳肉來供養海軍的傳聞，在京城裡居然被傳為笑談：「畢竟是東洋小夷，這麼做，也不怕讓人笑話！」

在累積經費的同時，日本開始了大規模的購艦、造艦過程。西元 1889 年至 1891 年間，日本訂購的三艘軍艦「嚴島」號、「松島」號、「橋立」號先後下水，之後又建造和購買了四艘新型軍艦：「千代田」號、「吉野」號、「秋津洲」號、「八重山」號。值得一提的是「吉野」號，此艦購自英國，排水量高達 4,150 噸，艦長 109.73 公尺，甚至超過了當時中國體形最大的「定遠」級鐵甲艦，艦上裝有最新式的 4 門 150 公釐口徑的速射炮、8 門 120 公釐口徑速射炮，軍艦的甲板寬度為 14.17 公尺，吃水 5.18 公尺，是當時世界上火力最猛、航速最快的巡洋艦。

到甲午戰爭爆發之前，日本基本上完成了海軍軍備計畫，擁有 31 艘軍艦、砲艦 17 艘，24 艘魚雷艇，總噸位數超過 6 萬噸的近代海軍。這支由天皇節衣縮食，帶領文武百官舉全國之力造就的海軍，不僅在總體噸位上略勝北洋艦隊，而且在艦隊的齊整配置程度和機動靈活的攻擊能力上，都遠遠優於北洋艦隊。

在日本全力追趕的同時，中國卻停滯不前。同樣是到歐洲考察，中國和日本代表的表現卻截然相反。德國「鐵血宰相」俾斯麥（Bismarck）曾分別接待過中國和日本兩個代表團，他指出，中國和日本的競爭，日本必勝，中國必敗。他說：「日本到歐洲來的人，討論各種學術，講究政治原理，謀回國做根本的改造；而中國人到歐洲來，只問某廠的船炮造得如何，價值如何，買回去就算了。

北洋海軍成軍後，大清帝國便停止了繼續外購戰艦的海軍經費。清廷雖然答應每年撥給 400 萬兩白銀作為海軍經費，但這筆錢卻無法足額到帳，常常被剋扣挪用。西元 1891 年，戶部突然決定：「南、北兩洋購買洋槍，砲艦，機器事，暫停兩年，所省銀子解部充餉。」北洋水師提督丁汝昌極力反對：「中國海軍實力遠遜於日本，添船換炮刻不容緩。」「濟遠」艦管帶方伯謙上書李鴻章說：「謂當速籌添戰艦，倭之敢輕我中國者，以我海軍戰艦無多，且皆舊式，不及其新式快船、快炮之利。倘我添行速率之船多艘，並各船上多添快炮，則彼自聞而震懾。」李鴻章也親自出馬，上奏道：「方蒙激勵之恩，忽有汰除之令，我恐怕這不是慎重海防，激勵士氣的做法吧！」上諭卻回道：「以餉力極拙，仍尊旨照議暫停。」

朝廷不肯撥款，李鴻章也束手無策，嘆息道：「凡事非財不行，而北洋三省財力最窘，無別可籌之款……適當茲經費支拙之地，徬徨無錯，展布何從？」

　　當時執掌戶部的是李鴻章的死對頭——帝師翁同龢。此人乃光緒時期的協辦大學士，軍機大臣，總理大臣，又是兩朝帝師，權勢可謂炙手可熱。兩人由於太平天國時期中的一樁恩怨，結下了不解之仇。翁同龢的哥哥翁同書做安徽巡撫，因失職被曾國藩上奏劾疏，捉刀之人正是李鴻章。

　　翁家本是名門望族，翁父翁心存也是帝師，照理說僅憑一紙彈劾恐怕難以辦到，但李鴻章可是個寫奏摺的高手，劾詞措詞激烈，使皇帝和太后也無法為之說情。其中說：「臣職分所在，理應糾參，不敢因翁同書之門第鼎盛，瞻顧遷就。」朝廷只好判了翁同書斬刑，翁父聽到後氣急身亡。李鴻章的老辣權謀之術，由此可見一斑。翁同龢因此懷恨在心，伺機報復，終於在軍費問題上攫到了李鴻章的七寸，處處與李鴻章作對。因此，翁同龢剋扣北洋海軍軍費的事實確實是存在的，只要是李鴻章找戶部要錢，戶部的回答永遠只有兩個字：「沒錢！」北洋海軍戰備物資奇缺，又怎能不敗？

　　對此，甲午戰爭開始後的西元 1894 年 10 月，戶部有一個「完美」的解釋：

　　「查光緒十七年（西元 1891 年）四月間，臣等因部庫空虛，海疆無事，奏明將南北洋購買槍炮船隻機器暫停二年，籍資彌補。前此既未嘗議停，後此亦未阻購辦。況自限滿，迄今業已一年有餘，新疆甘肅福建安徽湖南等省，皆有購辦大批外洋槍械之案。湖北則有添購外洋鏈鐵機爐之案，而北洋獨未購辦，是必該省船械足用，無待外求，非因部章為之限制，亦可知矣。」

　　是北洋不想買進口武器嗎？顯然不是！李鴻章有一幕僚名為周馥，他曾記載了這麼一件事：

一日，余（周馥）密告相國（李鴻章）曰：「北洋用海軍費已千條萬，只購此數艦，軍實不能再添。照外國海軍例，不成一隊也！偶一旦有事，安能與之敵？朝官皆書生出身，少見多怪，若請擴充海軍，必謂勞費無功，追至事窮力絀，必歸過北洋。當時有口難訴，不如趁此閒時，痛陳海軍宜擴充，經費不可省、時事不可料、各國交誼不可恃，請飭部樞通籌速辦。言之而行，此乃國家大計幸事也；萬一不行，我亦可站地步，否則人反謂我誤國事矣。」

　　然而，李鴻章何嘗不為北洋海軍的現狀擔憂？聽到屬下這番肺腑之言，李鴻章唯有長嘆：「此大政，須朝廷決行，我力止於此。今奏上，必交部議，仍不能行，奈何？」

　　西元 1894 年，中日之戰爆發後，翁同龢受命前往天津查問李鴻章的戰守布置，兩人之間曾有過如下見面情景：

　　同龢見鴻章，即詢北洋兵艦。鴻章怒目相視，半晌無一語。徐掉頭曰：「師傅總理度支，平時請款輒駁詰，臨時而問兵艦，兵艦果可恃乎？」同龢曰：「計臣以樽節為盡職，事誠患，何不復請？」鴻章曰：「政府疑我跋扈，臺諫參我貪婪，我再曉曉不已。今日尚有李鴻章乎？」同龢語塞。

　　當然，我們不能把責任全都歸到翁同龢的身上，因為當時清廷戶部確實是沒錢。在此，我們有必要來翻一翻清帝國的帳本。

　　清朝自入關以來，其財政收入主要為田賦、鹽課、常關、雜賦等四項，而自太平天國運動之後，清政府被迫發掘了兩項新的重要財源──海關稅和釐金（即商業稅）。即便如此，清廷的財政一直都是入不敷出的，南、北洋水師籌備階段，李鴻章就對沈葆楨訴苦：「戶部所撥海防額款，本為搪塞之計。各關四成，唯粵海、浙海可稍勻而為數無幾，其餘各

有緊餉。各省釐金，唯江西、浙江可稍勻撥，亦斷不能如數，其餘皆無指望。統計每年實解不過數十萬」。

長期以來，史學界流傳著這樣一種說法，認為慈禧太后修建頤和園挪用了海軍經費 3,000 萬兩，導致北洋海軍在甲午一戰中全軍覆沒。事實上，挪用海軍經費的事是一筆糊塗帳，很難算得清楚。西元 1885 年，清廷設立了「海軍衙門」，由醇親王奕譞為總理大臣，奕訢、李鴻章為會辦。雖然冠以「海軍」的名字，但海軍衙門的許可權極廣，不僅管理海軍建設，還負責礦務、鐵路、電報這些事務。醇親王負責的海軍衙門擔起了籌集修建頤和園的重任，這也許就是後世所謂，頤和園花費了海軍軍費的由來，然而實際情況是這筆鉅款的確與北洋海軍無關，挪用於頤和園工程的，是海軍衙門經費，而非北洋海防協餉。很顯然，北洋海軍軍費和海軍衙門經費不能混為一談。

修頤和園挪用北洋海軍經費的說法從哪裡來的呢？其實這個說法最早出自梁啟超的文章中：「群臣競奏請練海軍，備款 3,000 萬……頤和園工程大起，舉所籌之款，盡數以充土木之用。」眾所周知，戊戌變法失敗後，康有為和弟子梁啟超曾製造了許多謠言，編造了很多虛假的史實，梁啟超這種說法沒有任何數字考證，他的說法不可信。

也許有人會提出質疑：即便慈禧沒有挪用北洋海軍軍費，但修建頤和園是一項大工程，如果將這筆錢投入到海軍建設中，也許就不會失掉整場戰爭了。

這種說法同樣過於主觀臆斷。據保守估算，修建頤和園的費用至少在 1,000 萬兩白銀以上，這些資金預計可以購買 6 艘「定遠」號級別的鐵甲艦，僅憑多出來的這幾艘鐵甲艦，就一定能夠打贏日本嗎？在我看來未

必！戰爭是軍力的較量，同時也是國力的比拚，如果不從根本上改變清帝國的體制，真正走向近代化，大清帝國依然不是日本的對手，日後的日俄戰爭證明了一切。

西元 1884 年，朝鮮爆發「甲申政變」，日本支持「開化黨」，劫持國王，試圖驅逐駐朝清軍。袁世凱等人果斷出擊，帶領軍隊衝擊王宮，粉碎了日本的陰謀。事後，日本遣伊藤博文前來天津，與李鴻章進行交涉，這是李鴻章與伊藤初次見面。雙方經過多輪談判，簽訂了中日《天津條約》，約定日後朝鮮發生變亂等重大事件，中日兩國或一國要派兵，要先行文知會，事後要撤回不再留防。對於局勢，李鴻章還比較樂觀：「以後彼此照約撤兵，永息爭端。俾朝鮮整軍經武，徐為自固之謀，並無傷中、日兩國和好之誼，庶於全域性有裨也。」

而實際上，這份條約中李鴻章沒有強調清朝對朝鮮的宗主權，是一次外交上的重大失敗。從西元 1886 年到 1892 年，日本在朝鮮貿易的急速增長，這也從側面顯示出，清國對朝鮮的宗主國地位發生動搖，日本對朝鮮的滲透從此變得順理成章。

拋開條約不談，李鴻章對伊藤博文十分欣賞，在一份給朝廷的祕密奏摺中指出：「伊藤久歷歐美各洲，極力模仿，實有治國之才，專注通商睦鄰、富國強兵之政，不欲輕言戰事、吞併小邦。大約十年內外，日本富強，必有可觀。」

伊藤博文也向日本政府報告，有人擔心三年後中國必強，此事可不必慮，「中國以時文取文，以弓矢取武，所取非所用；稍為更變，則言官肆口參之。雖此時外面於水陸軍俱似整頓，以我看來，皆是空言。緣現當『法事』（即中法戰爭）甫定之後，似乎發奮有為，殊不知一二年後，則

又因循苟安，誠如西洋人形容中國所說又『睡覺』矣。倘若此時日本與中國作戰，是催其速強也。若平靜一二年，言官必多參更變之事，謀國者又不敢舉行矣。即中國執權大官，腹中經濟，只有前數千年之書，據為治國要典。此時只宜與之和好，中國速節冗費，多建鐵路，趕添海軍，發行紙幣，三五年後，中國官商皆可充裕，當時再看中國情形，唯現時則不可妄動。」

　　西元 1894 年 2 月，朝鮮爆發了「東學黨」起義，迅速蔓延全國。東學黨又稱東學道，創始人為崔濟愚，是一個帶有宗教色彩的民間組織，以對抗傳入朝鮮的西方文化，並致力於幫助窮困農民爭取權益，口號為「懲治貪官汙吏」和「斥倭斥洋」。6 月 1 日，東學黨占領了朝鮮重鎮全州，朝鮮國王只得向當時的宗主國清政府請求派兵援助。李鴻章在接到袁世凱的奏報後，令北洋水師提督丁汝昌派遣「濟遠」、「揚威」兩艘軍艦前往朝鮮，同時派直隸提督葉志超帶領 2,400 名清軍由海道赴朝，駐紮於牙山。依照中日《天津條約》中的要求，清政府就向朝鮮出兵一事照會日本政府。蓄謀已久的日本終於等來了這個機會，以保護使館為名陸續向朝鮮出兵。

　　在國內外各方政治軍事壓力下，6 月 10 日，東學黨人與朝鮮政府議和，起義軍退出全州城，朝鮮局勢已趨於平靜，然而日本卻毫無撤兵之意，並提出了共同改革朝鮮內政的要求，有意挑起中日雙方的紛爭。6 月 22 日，日本政府向清政府發出「第一次絕交書」，聲稱：「設若有與貴政府所見相違，我政府斷不能飭撤現駐朝鮮中國之兵也。」

　　李鴻章慣用的應付國際局勢的策略就是「以夷制夷」，看到朝鮮局勢日益嚴重，李鴻章寄希望於英國和俄國的外交干預，然而在國際社會的叢林法則中，沒有永遠的朋友，只有永恆的利益。俄國不願深度介入，在日本人的暗中拉攏下，英國也倒向了日本這一方，雙方簽訂了《日英通商航

海條約》，英國外交大臣金伯理勛爵曾說：「這個條約的性質，對日本來說，比打敗清國的大軍還遠為有利。」

就這樣，李鴻章寄希望於英俄調停的幻想破滅，即便如此，李鴻章依然堅持主和，他在給總理衙門的電報中解釋說：

「汪（鳳藻）、袁（世凱）皆請添撥重兵。鴻思倭兵分駐漢（城）、仁（川），已占先著。我分兵逼處，易生事；遠扎，則兵多少等耳。葉（志超）駐牙山，距漢（城）二百餘里，陸續添撥已二千五百，足可自固，兼滅賊。我再多調，倭亦必添調，將作何收場焉？今但備而未發，續看事勢再定。」

李鴻章認為，中日繼續向朝鮮派兵，只能導致局勢繼續惡化下去，不如看後面的形勢再說吧！

李鴻章不同意出兵，是因為身為甲午戰爭清朝軍隊的實際總管家，他比誰都清楚自家的家底，大清雖然號稱擁有「百萬大軍」，但在八旗和綠營的 69 萬人中，真正可以被清廷調上甲午陸戰戰場的，只有綠營「練軍」中的一小部分。八旗和綠營的主體都已經糜爛不堪使用，淮軍與綠營兵力分散，難以集結；北洋海軍平時疏於備戰，難與日本一戰。甲午戰爭前，日本可是做足了情報工作，根據日本的情報估算，清朝可用之軍僅 5 萬，這就是清朝陸軍中真正能呼叫對日作戰的全部家底！

7 月 4 日，李鴻章在奏摺中說：

「沿海陸軍，除膠州臺工經始未成外，山東威海衛則綏翚軍八營、護軍兩營；奉天大連灣則銘軍十營，旅順口則四川提臣宋慶毅軍八營，又親慶軍六營；山東煙臺則嵩武軍四營；直隸北塘口仁字兩營，大沽口炮隊六百七十名。臣前折所謂分布直隸、東、奉三省海口把守炮臺合計二萬人

者指此。其分駐天津青縣之盛軍馬步十六營，軍糧城之銘軍馬隊兩營，蘆臺之武毅兩營，皆填扎後路，以備畿輔游擊策應之師。

至綠營兵丁，疲弱已久，自前督臣曾國藩及臣創辦練軍較收實用。無如直隸地面遼闊，與東、奉、晉、豫接壤，北界多倫、圍場，皆盜賊出沒之區，經年扼要巡防，備多力分，斷難抽調遠役。

……現在倭兵備調者實有五萬，必須力足相持，至少亦須二三十營。若移緩就急，調出一營，即須添募一營，以補其缺，方免空虛無備，為敵所乘。」

日本人在朝鮮半島磨刀霍霍，朝堂之上卻還在為是否出兵一事爭吵不休。有人主戰，有人主和，單從這事來說，主戰的，並不一定是英雄，主和的，也並不一定是漢奸。李鴻章是深知中日爆發戰事的利害所在的，然而朝中「清流」可不管這些，他們「只講是非，不論利害」，紛紛慷慨陳詞，極力主戰。

主戰派們不知兵，但卻個個自認為胸中暗藏十萬兵，紙上談兵的想像力極為豐富。有人提出，不如派兵到日本本土，圍魏救趙，以解朝鮮之圍，以「10萬水師遊弋於各個海口，作為疑兵。又分5萬人到琉球，伺隙而攻，相機而進」，使日軍「首尾不能相顧，然後勝算可以獨操」。都察院吏科給事中褚成博認為日本「島夷小丑，外強中乾」，「我中華講求海防已三十年，創設海軍亦七八年」，北洋海陸軍「技藝純熟，行陣齊整，各海口炮臺輪船塢一律堅固」，面對「區區一日本」，應「決意主戰，大加驅剿」。

禮部侍郎說，「如清國一戰掃平日本，則可因此重新整理格局，振奮精神，以圖自強，從此昂首邁向強國之路」；編修曾廣鈞也認為，「中國可趁此機會，剿滅日本，建立奇功。」甚至有人建議徵發東南民風剽悍之地

的「凶悍徒卒」，以高官厚祿賞賜之，命令他們從福建、廣東一帶渡海，到日本橫濱上岸，或者繞道東北，由本州島東北部的新瀉登陸，分幾路騷擾。但得數萬人登岸，直指東京，彼即「全域性震動」。

給李鴻章上點眼藥，哪能少得了戶部尚書翁同龢？他的得意門生王伯恭在《蜷廬隨筆》記載了這麼一件事：

甲午戰前，王伯恭勸翁同龢不要主戰，翁同龢說：「李鴻章治軍幾十年，掃平了多少壞人呀！現在北洋有海軍陸軍，正如火如荼，難道連一仗都打不了嗎？」

王伯恭說：「知己知彼，才能百戰百勝。現在已經知道自己不如人，怎麼可能勝利呢？」

翁同龢說：「我正想讓他李鴻章到戰場上試一試，看他到底是騾子是馬，將來就有整他的餘地了！」

在主戰派們的鼓譟下，年輕氣盛的光緒皇帝也躍躍欲試，傾向於主戰，慈禧太后隨後也發下諭旨，嚴屬斥責李鴻章猶豫不定：

「現在倭韓情事已將決裂，如勢不可挽，朝廷一意主戰。李鴻章身膺重寄，熟諳兵事，斷不可意存畏葸‧著懍遵前旨，將布置進兵一切事宜迅籌復奏。若顧慮不前，徒事延宕，馴致貽誤事機，定唯該大臣是問！」

在一片狂躁的開戰聲中，李鴻章的聲音被淹沒了。

史學家唐德剛曾說，道光、咸豐和光緒祖孫三人分別應對兩次鴉片戰爭和甲午戰爭時，其心態如出一轍：「開戰之初，三位萬歲爺總司令都意氣風發，堅決主戰。臣民有畏縮主和者，簡直是殺無赦。可是迨戰爭爆發，洋兵把清兵打得一敗塗地，萬歲爺又驚惶失措，抱怨當初主戰者欺君罔上，誤國誤民，要他們提頭來見！」

所謂當局者迷，旁觀者清，當時的大清海關總稅務司赫德向英國政府報告清國政情時說：「現在中國除了千分之一的極少數人以外，其餘 999 人都相信大中國可以打垮小日本。」

在滿朝文武的口誅筆伐中，李鴻章只得派遣南北兩路大軍入朝增援，北路是由陸路入朝的盛軍、毅軍、奉軍等四路大軍，總兵力一萬三千多人，堪稱清軍精銳，南路部隊由「高升」號等運輸船運送至牙山，主要是為了接應、援助駐紮在那裡的葉志超、聶士成部。在將「愛仁」與「飛鯨」安全護送到朝鮮牙山後，「威遠」號先期返回，「廣乙」、「威遠」兩艦隨後返回準備去接第三艘運兵船「高升」號，不料在黃海的豐島海面與日本的三艘軍艦相遇。

這三艘軍艦分別為「吉野」、「浪速」和「秋津洲」號，火力及航速遠超老舊的「濟遠」和「廣乙」，剛一接戰，兩艦就被打散，「廣乙」受重傷，在煙霧的掩護下退出戰鬥，在朝鮮西海岸附近擱淺，為防止落入日本人之手，管帶林國祥下令縱火燒毀了軍艦。「廣乙」艦離開後，「濟遠」艦以一敵三，更是支撐不住，管帶方伯謙見勢不妙，慌忙向西撤退。日本三艦哪肯罷休？在後面緊追不捨。追逐途中，前方又駛來兩艘船，正是第三艘運兵船「高升」號和運輸艦「操江」號，日本三艦於是分開追擊。

「高升」號原本是英國商船，被李鴻章拿來租用，上面載有清軍 1,116 人。日艦在逼停「高升」號後，強行上船檢查，「高升」號船長高惠悌拿出證照表明這是英國商船，日艦無權檢查，「浪速」號艦長東鄉平八郎認為，高升號違反了日本政府向清國政府發出的最後通牒期限，宣布「高升」號被俘。高升號船長則表示：本船出港於 7 月 25 日之前，不在日本政府通牒期限之內，有權返回大沽港。與此同時，「高升」號上的清軍拒絕投降，紛紛拿起槍械與日艦對峙。兩艦相距 300 米，用旗語對話達四小時之久，

沒有任何進展。

「浪速」號於是向「高升」號開炮，船體下沉，清軍水兵紛紛落水逃難，日艦非但不營救落水者，還向已經失去戰鬥力的清兵射擊，除 245 人被路過的其他中立國船隻施救外，其餘 871 名清軍將士全部壯烈殉國。

除了「高升」號被擊沉外，「操江」號很快也被日艦追上俘虜，「濟遠」艦艦長方伯謙下令掛白旗臨陣脫逃，並用尾炮擊傷「吉野」艦，僥倖逃回旅順。

豐島海戰爆發後，中日雙方同時宣戰，光緒帝釋出宣戰詔書，以宗主國的身分說：

「朝鮮為我大清藩屬二百餘年，歲修職貢，為中外所共知。乃倭人無故派兵，突入漢城，嗣又增兵萬人，迫令朝鮮更改國政，種種要挾，難以理喻。各國公論皆以日本師出無名，不合情理，勸令撤兵，和平商辦，乃竟悍然不顧，反更陸續添兵……該國不遵條約，不守公法，任意鴟張，專行詭計，釁自彼開，公理昭然，用特布告天下，俾曉然於朝廷辦理此事實已仁至義盡，而倭人渝盟肇釁，無理已極，勢難再予姑容。」

明治天皇睦仁則從近代國家建構視角說道：

「朕此對清國宣戰，百僚有司，宜體朕意。海陸對清交戰，努力以達國家之目的。苟不違反國際公法，即宜各本權能，盡一切手段，必期萬無遺漏……詎料清國之於朝鮮事件，對我出於殊違鄰交有失信義之舉……於其內亂，藉口於拯救屬邦，而出兵於朝鮮……清國之計，唯在使朝鮮治安之基無所歸。查朝鮮因帝國率先使之與獨立國為伍，而獲得之地位，與為此表示之條約，均置諸不顧，以損害帝國之權力利益，使東洋平和永無保障。就其所為而熟揣之，其計謀所在，實可謂自始即犧牲平和以遂其非

望。事既至此，朕雖始終以平和相始終，以宣揚帝國之光榮於中外，亦不得不公然宣戰……」

就在豐島海戰爆發同日，日軍從漢城派出大島混成旅團 4,000 餘人向南往牙山出發。李鴻章當初派出「高升」號等運輸船就是為了接應、援助駐紮在那裡的葉志超、聶士成部，如今豐島海戰失敗，援軍已無可能，且牙山不易防守，清軍移師到了東面的成歡驛，太原鎮總兵聶士成帶著武毅軍約 2,000 人駐防成歡，直隸總督葉志超率 1,000 多人駐紮聶軍以北的天安。然而，日軍在火力和人數上占了優勢，清軍很快就潰敗了下來，狼狽行軍一個多月，穿越大半個朝鮮半島退到了平壤。

葉志超從牙山潰退平壤後，卻在給朝廷的戰報中謊報戰功，將千里潰逃描寫成屢戰屢勝：「廿三葉軍與倭開仗，倭兵三千死一千餘，我兵傷亡百餘。倭兵已往北退。聞葉軍要往水原府。」

當時的平壤有左寶貴、馬玉昆、衛汝貴、豐升阿等四路大軍駐守，共 32 營 13,500 人，加上從成歡退下來的人數，總兵力約有 15,000 餘人。日軍則集結了 16,000 餘人，於 9 月 15 日開始進攻，經過一整日激戰，馬玉昆在船橋裡擊退日軍大島義昌部。

城北戰場，日軍投入了七千餘人，以炮火猛轟平壤北邊的策略要地牡丹臺和玄武門，守軍將領左寶貴激勵官兵「進則定有異常之賞，退則加以不測之罰，我身當前，爾等繼之」，最終戰死，血染征袍。

城西南戰場，野津道貫率領的第五師團本隊向清軍堡壘衝鋒，幾次都未能得手。野津道貫忿忿地說：「我今率兵於千里之外與敵作戰，蕞爾此城，竟不能陷之，有何面目歸謁我天皇陛下？我意已決，明日之戰，舉全軍以進逼城下，冒敵彈，攀胸牆。勝敗在此一舉！我軍幸得陷城，我願足

矣；如若不幸敗績，平壤城下即我葬身之處！」

中日雙方激烈交鋒多日，互有勝負，平壤保衛戰進入異常艱難時刻。清軍彈藥及糧食尚足以守城1個月，而日軍糧食彈藥即將告罄，冒雨露宿，處境極為困難。如果清軍堅持下去，尚有轉圜的時機，然而此時的清軍主帥葉志超早已喪失了鬥志，他對部眾說：「北門咽喉既失，彈藥不齊，轉運不通，軍心驚懼，若敵兵連夜攻擊，何以禦之？不若暫棄平壤，令彼驕心，養我銳志，再圖大舉，一氣成功也！」

就這樣，葉志超以統帥身分下令棄城逃走，由於命令不通，指揮不利，清軍在突圍途中遭到日軍埋伏，據親歷此役的人回憶，當時「陰雲密布，大雨傾盆。兵勇冒雨西行，恍似驚弓之鳥，不問路徑，結隊直衝。而敵兵忽聞人馬奔騰，疑為劫寨，各施槍炮，攔路截殺。各山口把守嚴密，勢如地網天羅，數次橫衝，無隙可入。且前軍遇敵擊，只好回頭向後；而後兵平壤戰後被日軍俘虜的清兵欲逃身命，直顧奔前。進退往來，頗形擁擠。黑夜昏暗，南北不分。如是彼來兵不問前面是敵人抑是己軍，放槍持刀，混亂相殺，深可憐憫。前行士卒，既遭敵槍，又中己炮，自相踐踏，冤屈誰知？當此之時，尋父覓子，呼兄喚弟，鬼哭神號，震動田野。」

葉志超從平壤逃脫後，因謊報軍情被查辦。就在平壤之戰後的第三天，9月17日，中日雙方又在大東溝爆發了大規模海戰。開戰時，北洋艦隊擁有大小艦艇10艘，日本聯合艦隊由海軍中將伊東祐亨率領，擁有12艘軍艦。當天上午，日本聯合艦隊司令伊東祐亨從望遠鏡中看到中國軍艦上「頭上盤著髮辮，兩臂赤裸而呈淺黑色的壯士，一夥一夥地佇立在大砲旁，正準備著這場你死我活的決戰」，他下達了第一個命令：「吃飯！」看到北洋艦隊陣勢嚴整，伊東祐亨擔心日本官兵臨陣畏縮，還特別下令：「隨意吸菸，以安定心神。」

　　日本艦隊排成縱隊向北洋艦隊高速靠近，北洋艦隊排出「雁形陣」隊形迎戰。12時50分，雙方艦隊相距5,300公尺，北洋水師旗艦定遠艦首先開炮，3分鐘後，日方還擊。日艦裝有大量的速射炮，火力凶猛，交戰初始，丁汝昌即受傷，北洋艦隊失去指揮，其部下定遠管帶劉步蟾毅然「代為督戰，指揮進退」。連親身參加海戰的定遠副管駕英國人泰萊也承認：「眾士兵均獰屬振奮，毫無恐懼之態。當予巡視時，一兵負重傷，同侶囑其入內修養；及予重至此炮座，見彼雖已殘廢，仍裹創工作如常。」

　　北洋艦隊的火炮是老式後膛炮，射擊時操作繁瑣，射速極慢，日本艦隊卻已用上新式速射炮，這種火炮採用駐退復進機，已具備現代火炮雛形。北洋艦隊火炮從5分鐘一發至每分鐘一發不等，日方火炮則高達每分鐘6至10發，北洋海軍的砲彈主要為開花彈和實心彈，前者彈頭中填充火藥或炸藥，擊中目標後會發生爆炸；實心彈的彈頭內，則很少裝藥或不裝藥，而是填充泥土、沙石，這種實心彈擊中目標不會爆炸，只能借重力擊穿敵艦引起進水。所以在砲彈中填沙子，是當時的國際慣例，跟清政府的腐敗無能關係不大。

　　下午三時許，北洋艦隊旗艦「定遠」不幸艦首中彈，燃起大火，煙霧籠罩，危急之時，鄧世昌指揮「致遠」為掩護「定遠」衝到前面，被日艦包圍，艦體嚴重傾斜，最終沉沒，鄧世昌不幸落水。寫到這裡，想必大家都熟悉了，鄧世昌誓與軍艦共存亡，不顧愛犬的相救，毅然按犬首入水，一同沉沒在黃海中。

　　很不幸，這段記載是根據需要被包裝出來的。

　　關於這段紀錄有很多種說法，其中最可靠的當屬北洋艦隊中美籍軍官馬吉芬（McGiffin），當時是「鎮遠」號僱員，他回憶道：

艦內倖存者只有七名海軍士兵，他們依靠艦橋上的救生圈，被海潮衝向岸邊，被一隻帆船救出。他們所說各不相同，難以置信。但唯有一點說法一致，據說鄧艦長平時飼養一頭大狗，性極凶猛，常常不聽主人之命。致遠沉沒後，不會游泳的鄧艦長抓住一塊船槳木板，藉以逃生。不幸狂犬游來，將其攀倒，手與槳脫離，慘遭溺死。狂犬亦為主人而殉死。想來義犬救主之說，自古以來屢有所聞，但為犬捨命者恐鄧艦長首創先例，實乃不幸之人。

這是最接近真相的歷史，長期以來卻不被人關注，人們寧願相信一個義犬救主的感人故事，也不願意相信愛犬幫了倒忙令其溺斃。究其原因，是因為朝廷需要塑造一個忠君報國的英雄形象，而民眾也更願意相信忠僕救主的故事。

浮名皆拜他人賜，說破英雄驚煞人！

致遠沉沒後，濟遠、廣甲臨陣脫逃，經遠等艦也因起火陸續撤離，隨後，定遠艦一發砲彈命中日方旗艦松島，將左舷炮架全部擊毀，引起甲板上彈藥爆炸，一側火炮全部損壞。經過 5 個小時的海上激戰，日本聯合艦隊主動撤出戰場，無一沉沒，大清則痛失 5 艘巡洋艦，定遠等 4 艦重傷，由此失去制海權，中日歷史的走向也徹底被改變。

暮色蒼茫的海面上，海風吹過，盡是刺鼻的硝煙和死亡的氣息。

黃海海戰失利後，李鴻章在朝堂之上迅速成為眾矢之的，被拔去三眼花翎，褫去黃馬褂，以示薄懲。日方則攜勝利之威，橫渡鴨綠江，分路向遼東半島的縱深地發動攻勢。與此同時，日軍在遼東半島東側的花園口登陸，一路過金州，向旅順進逼。在日軍猛烈的炮火下，僅僅過了一天，號稱「東亞第一要塞」的旅順即陷入日軍手中。日軍在攻陷了旅順要塞後，實施了慘無人道的大屠殺，短短 4 天，2 萬多無辜中國平民死於日軍屠刀

之下。英國牛津大學國際法學教授胡蘭德在《中日戰爭之國際公法》中曾憤怒地譴責道：「日本是披著文明的外衣，實際是長著野蠻筋骨的怪獸！日本於今摘下了文明的假面具，暴露了野蠻的真面目！」

威海衛之戰是保衛北洋海軍基地的防禦戰，也是北洋艦隊對日本的最後一戰。一直以來，在提及威海衛保衛戰的時候，眾人紛紛批評李鴻章的「避戰保船」策略，而事實上，李鴻章並未避戰，一再命令北洋水師主動出擊，避戰者是提督丁汝昌。

丁汝昌之所以避免出海作戰，不是懦弱，是實在沒有本錢單挑日本聯合艦隊了。黃海海戰之後，北洋艦隊元氣大傷，鎮遠、定遠各傷千餘處，丁汝昌在給盛宣懷的一封信中說：「查此四艦，固在日夜趕修，但靖、濟兩艘備炮鋼底鋼圈皆已破損，無能複用，平遠請領之炸彈迄未接到，廣丙速射砲彈現在只有六十發。箝制敵軍，本為吾儕素責，倘遭遇敵隊，速力難及，不唯奪我士氣，抑且增彼聲威，殊非計之得也。軍器不完不備，豈可濫事交綏哉？我海軍力原較敵方單薄，鹿島（黃海）之役復失四艦、廢一艦，現在勉強差堪戰鬥者，僅定、鎮、濟、靖、來、平六艘而已。平遠速力遲鈍，修理工程非至十月中旬不能完竣，各艦炮身多被破損，軍器彈藥何時可到尚不能預知，心中焦灼之至。苟以補充不足，再失一、二艦，不其更損國威耶。」

北洋艦隊受傷戰艦始終沒能修復，更糟糕的是全艦官兵軍心潰散。日軍大舉正面強攻威海灣之時，清軍魚雷艇隊出逃，大批海軍官兵齊聚海軍公所門前，哀求丁汝昌給條生路，「雷艇既逃，軍心更亂，紛紛直向丁統領求生路。統領恐軍心有變，只得溫言慰之，但告各軍糧草已絕，砲彈垂盡，進無以戰，退無以守。」

寒夜中，孤燈下，丁汝昌在交待完日常事務後，攤開了日方送來的勸降書：

夫大廈之將傾，固非一木所能支，苟見勢不可為，時機不利，即以全軍船艦，權降於敵，而以國家興廢之大端觀之，誠以微微小節，不足拘泥。僕於是乎以聲震宇內日本武士的名譽，請閣下暫遊日本，以待他日貴國中興之際，切願真正需要閣下報國時節到來，請閣下聽納友人誠實之一言。

閉上眼，丁汝昌心中五味雜陳。伊東祐亨的這份勸降信一針見血指出了清帝國的弊端，十九世紀是個弱肉強食適者生存的時代，古老的中華大地卻還處在一片渾渾噩噩之中，墨守成規，以八股取士；其後清朝與日本先後邁出了近代化的第一步，然而清帝國把洋務當作衣服穿，日本卻把它當作飯來吃，其結果高下立見。

作為一名傳統軍人，丁汝昌的人生字典裡沒有「投降」二字，有的只是「艦在人在，艦毀人亡」的決然和勇氣。躊躇良久，丁汝昌拿出一包鴉片，合著酒吞了下去。

西元 1895 年 2 月 12 日，北洋海軍提督丁汝昌殉國，時年 59 歲。

磅礴大雨中，載著丁汝昌、劉步蟾等人靈柩的「康濟」艦汽笛長鳴，飄著孤獨的龍旗離開了劉公島。

千古艱難唯一死！丁汝昌之死堪稱甲午戰爭史上最為悲壯蒼涼的一幕。

朝廷的旨意很快就下來了，丁汝昌有罪，將丁汝昌的棺材塗以黑漆，用三道銅箍箍住，送回安徽老家，不許下葬，擱在村口臨時搭建的茅草房中。荒草萋萋幾度秋，這一放，就是十五年！直到 1910 年，經海軍大臣

貝勒載洵及薩鎮冰等人力爭，清廷才以「力竭捐軀，情節可憐」為丁汝昌平反昭雪。一個為國家為民族為尊嚴戰至最後一刻，最後以身殉國的民族英雄，最終卻換來這樣一個結果，可悲！可嘆！可恨！

經此一戰，北洋海軍全軍覆沒，李鴻章再一次被士論釘上道德恥辱柱，非議辱罵之聲不絕於耳。然而，眼下這個爛攤子，總要有人去收拾的，重擔自然而然又落到了李鴻章的身上。李鴻章不願單獨承擔議和的罵名，要求翁同龢一同前往日本，但翁同龢卻一口回絕：「若余曾辦過洋務，此行必不辭。今以生手辦重事，胡可哉？」回覆可謂冠冕堂皇。

西元 1895 年 3 月，迎著瀟瀟暮雨，李鴻章受命前往日本馬關談判。李鴻章早就預感到了此行的艱難，一路上愁怨滿腹，寫下了一首詩：

> 晚傾波濤離海岸，
>
> 天風浩蕩白鷗閒。
>
> 舟人哪知傷心處，
>
> 遙指前程是馬關。

抵達馬關後的第二天，李鴻章和日本首相伊藤博文在春帆樓見面。日本《朝日新聞》這樣寫道：「李鴻章從門司港乘轎子來到春帆樓，其後跟隨了一眾隨從，還有日方給他派出的憲兵護衛。下轎後的李鴻章，戴著一頂圓帽，身穿深藍色上衣，淺茶色下衣，白色鬍鬚非常顯眼。」

簡單寒暄過後，李鴻章道：「你我東亞兩國，最為鄰近，同文同種，今暫時相爭，總以永好為事。如尋仇不已，則有害於華者，也未必於有益貴國也。試觀歐洲各國，練兵雖強，不輕起釁，我中東既在同洲，亦當效法歐洲。如我兩國使臣彼此深知此意，應力維亞洲大局，永結和好，庶我亞洲黃種之民，不為歐洲白種之民所侵蝕。」

伊藤博文回應道：「中堂之論，甚愜我心。十年前我在津時，已與中堂談及，何至今一無變更，本大臣深為抱歉。」

李鴻章嘆道：「中國之事，囿於習俗，未能如願以償。今轉瞬十年，依然如故，本大臣自慚心有餘力不足。貴國兵將，悉照西法訓練，甚精；各項政治，日新月盛。此次本大臣進京與士大夫談論，也深知中國必須改變方能自立。」

第一天談判雙方還算客氣，第二次談判時，北洋海軍雖然覆沒，但遼東戰場戰爭還在繼續，李鴻章提出了停戰請求，伊藤博文則提出了包括占領天津等地在內的四項苛刻條件，李鴻章據理力爭，二人之間曾有如下對話：

李鴻章：日軍並未到達大沽、天津、山海關，為何條款規定占據此三地？

伊藤博文：議和停戰乃中方要求，為展現誠意，日軍需占領三地作為抵押。

李鴻章：駐紮此三處的中國士兵很多，日軍占據後他們到哪裡去？

伊藤博文：隨便去哪裡，只須劃定兩軍界限即可。

李鴻章：天津的官員怎麼辦？

伊藤博文：這個問題以後再談。此議案你能照辦嗎？

李鴻章：這個問題關係重大，不能不談。天津的通商口岸，日本也要占領嗎？

伊藤博文：可暫時歸日本管理。

李鴻章：三地均為險要之所，如停戰期滿議和不成，日本先行占據，豈不是反客為主？

伊藤博文：停戰期滿，合約簽訂，日軍馬上撤離。

李鴻章：中日兩國一衣帶水，貴國所定條款未免欺人太甚，是否還有其他解決辦法？

伊藤博文：別的辦法我們還沒想到。現在兩國相爭，中國忽然要求停戰，對日軍士氣大有妨礙，所以要先占據險要之地作為抵押，才不會吃虧。

李鴻章強壓心頭怒火，回應道：我之來此，實係誠心講和，中國家亦同此心。乃甫議停戰，貴國先要踞有三處險要之地。我為直隸總督，三處皆係直隸所轄，如此於我臉面有關。試問伊藤大人，設身處地，將何以為情？我兩人忠心為國，亦須籌顧大局，中國素未準備與外國交爭，所招新兵，未經訓練，今既到如此地步，中日係切近鄰邦，豈能長此相爭！久後必須和好。但欲和好，須為中國預留體面地步。否則中國上下傷心，即和亦難持久。如天津山海關係北京門戶，請貴國之兵，不必往攻此處，否則京師震動，中國難堪，本大臣亦難以為情。

第三輪談判中，日方不經意間提及了臺灣，引起了李鴻章的警覺，李鴻章表示如日本侵占臺灣，英國將會干涉。伊藤博文微笑道：「豈止臺灣而已！不論貴國版圖內之何地，我倘欲割取之，何國能出面拒絕？」

第三輪談判結束後，李鴻章在隨員陪同簇擁下返回住處，不料在返回途中，一名日本憤青舉槍朝李鴻章開了一槍，李鴻章被擊中左頰骨，血流不止。

消息傳出後，國際輿論一片譁然，紛紛指責日本而同情中國。日方極為被動，伊藤博文得到消息後勃然大怒，咆哮道：「寧將自己槍擊，也不應加害中國使臣！」日方害怕國際社會趁機干涉，只得暫時無條件停戰，但停戰範圍不包括臺灣、澎湖。日本天皇派出御醫前往檢視，醫生要為他取出子彈，李鴻章拒絕了：「國步艱難，和局之成，刻不容緩，予焉能延

宕以誤國乎？寧死無刺割。」次日，李鴻章見血滿袍服，又說道：「此血所以報國也。」

此後，日本拿出了和約底稿，限期李鴻章三日內答覆：

一、中國認明朝鮮國確為完全無缺之獨立自主。

二、中國將盛京省南部地方、臺灣全島及澎湖列島永遠讓與日本國。

三、中國賠償日本軍費庫平銀三萬萬兩。

四、中國再開順天府、沙市、湘潭、重慶、梧州、蘇州、杭州七處為通商口岸，日本國臣民在各口岸可以自由通商設廠。

李鴻章無法接受，一面向朝廷彙報此事，一面繼續向伊藤博文苦苦哀求，但伊藤博文始終不鬆口。翻開塵封的歷史檔案，到處都是這樣的談判記錄：

伊藤博文：中堂見我此次節略，但有允不允兩句話而已。

李鴻章：難道不准分辯？

伊藤博文：只管辯論，但不能減少。

李鴻章：總請再減。

伊藤博文：無可減矣。

李鴻章：不許我駁否？

伊藤博文：駁只管駁，但我如意不能稍改。貴大臣固願速定和約，我亦如此。廣島有六十餘隻運船停泊，計有二萬墩運載，今日已有數船出口，兵糧齊備，所以不即運出者，以有停戰之約故耳。

李鴻章：賠款還請再減五千萬，臺灣不能相讓。

伊藤博文：如此，當即遣兵至臺灣。

……

李鴻章：無論如何，總請再讓數千萬，不必如此口緊。

伊藤博文：屢次說明，萬萬不能再讓。

李鴻章：又要賠錢，又要割地，雙管齊下，出手太狠，使我太過不去。

伊藤博文：此戰後之約，非如平常交涉。

李鴻章：講和即當彼此相讓，爾辦事太狠。

伊藤博文：此非關辦事之才，戰後之效，不得不爾。

伊藤博文：換約後一月內兩國各派大員辦理臺灣交接。

李鴻章：一月之限過促，總署與我遠隔臺灣，不能深知情形。最好中國派臺灣巡撫與日本大員即在臺灣議明交接章程，其時換約後兩國和好，何事不可互商？

伊藤博文：一月足矣。

李鴻章：頭緒紛繁，兩月方寬，辦事較妥，貴國何必急急，臺灣已是口中之物。

伊藤博文：尚未下嚥，飢甚！

李鴻章：兩萬萬足可療飢，換約後尚須請旨派員，一月之期甚促。

伊藤博文：「可寫一月內，奉旨派員云云。」

春帆樓裡，身為戰敗國代表的李鴻章苦苦哀求，受盡了日方的羞辱，他已經顧不得什麼臉面了，然而強勢的伊藤博文卻不肯做絲毫退讓，甚至一再以戰爭相威脅。經歷了五個多小時的談判，中日雙方終於簽訂了《馬關條約》。

走出春帆樓，李鴻章回天乏力，長嘆一聲，我不入地獄，誰入地獄？

這「漢奸」的千古罵名，自己怕是這輩子也洗不乾淨了！正如他自己所說，「七十老翁，蒙漢奸之惡名，幾有求生不得，求死不能之勢。」

甲午一戰，淮軍和北洋海軍一敗塗地，回到北京後，李鴻章從權力的巔峰跌落下來，住進了賢良寺中。一身承當了戰爭與議和兩種責任的李鴻章頓時淪為千夫所指的「漢奸」，理所當然地成了眾怒所歸和眾惡所歸的淵藪。翁同龢等人達到了檢驗北洋海軍成色的目的，但整個大清帝國卻已是處在風雨飄搖之中。我們不禁要問，在這場關乎國運的大對決中，清王朝為何一敗塗地？

我們不妨先來聽聽當事人李鴻章的解釋：

十年以來，文恬武嬉，釀成此變，平日講求武備，輒以鋪張靡費為由，購械購船，懸為屬禁。一旦有事，明知兵力不敵，而淆於群哄，輕於一擲，遂一發而不可復收。戰屆而後言和，且值都城危機，事機萬緊，更非尋常可比。兵事甫解，謗書又騰，知我罪我付之千載，固非口舌所分析矣。

年輕衝動的光緒皇帝毫無治國才能，在其狀元老師翁同龢的慫恿下，輕於一擲，逼著李鴻章開戰，戰敗後卻毫無方寸，只得請慈禧太后做主；朝中帝黨清流不懂戰卻好戰，一個個如同打了雞血般爭當「鍵盤俠」，喊打喊殺，為攻訐北洋集團而不惜誇大事實甚至造謠中傷。在強大的愛國聲浪中，任何冷靜的主張都會被斥之為賣國，為全社會所不齒，於是一場悲劇便在所難免。

甲午戰敗以後，李鴻章傷感地反省：

「我辦了一輩子的事，練兵也，海軍也，都是紙糊的老虎，何嘗能實在放手辦理，不過勉強塗飾，虛有其表，不揭破尤可敷衍一時。如一間破

屋，由裱糊匠東補西貼，居然成一間淨室，明知為紙片糊裱，然究竟不定裡面是何等材料。即有小小風雨，打成幾個窟窿，隨時補葺，亦可支吾應付。乃必欲爽手扯破，又未預備何種修葺材料，何種改造方式，自然真相破露，不可收拾，但裱糊匠又何術能負其責？」

李鴻章的這席話，可謂「一語中的」，大清「猶如老屋廢廈加以粉飾」，滔滔之勢，豈能禁遏、豈能不漏？

趙樸初先生在一組〈讀史〉為題的詩中，有一首詩這樣寫道：「昔年甲午戰，唯有直隸當。一省抗一國，寡弱敵眾強。諸藩壁上觀，獨罪李鴻章。」

梁啟超也在《李鴻章傳》中奮筆疾書道：「西報有論者曰：日本非與中國戰，實與李鴻章一人戰耳，其言雖稍過，然亦近之。只見各省大吏徒知畫疆自守，視此事若專為直隸、滿洲（東北）之私事矣。其有籌一策、出一旅以救難者乎？即有之，亦空言而已，乃至最可笑者，劉公島之役，當事者致書日軍，求放還廣東一船，謂此船係屬廣東，此戰與廣東無關。各國聞之莫不笑之，而不知此語實代表各省疆臣之思想也。若是乎，日本果真與李鴻章一人戰也，以一人戰一國，合肥（李鴻章合肥人），雖敗亦豪哉！」

在前線將士為國賣命的時候，清政府官員卻在等著看北洋水師出笑話，甚至一副事不關己高高掛起的態度，李鴻章「以一人敵一國」，試問這樣的國家焉能不敗？

清軍到底敗在了哪裡？當時的人和現在的人對此展開了深入細緻的討論，我們儘可以從武器裝備、官兵素質、策略後勤等方面給出解釋，諸如「清政府腐敗無能」、「李鴻章賣國避戰」、「北洋海軍軍紀敗壞」、「日本間

諜猖獗」、「慈禧挪用海軍軍費導致戰敗」等等不一而足，然而這樣的答案總是不能令我們完全滿意；也有人將一切罪責全部歸咎於清政府腐朽的體制。我們不能說這個解釋不對，但將體制視為一切罪惡的根源，似乎是解氣了，總覺得過於蒼白。

我們都知道，甲午一役是對洋務運動的一次考驗，顯然，這次考驗很不合格。在我看來，甲午戰敗，其根源在於當時的清政府沒有完成現代化的轉型過程。甲午戰爭中，中國還處於「國不知有民，民不知有國」的古代狀態，從上到下都沒有國家觀念，國人沒有獨立的國家認同感和忠誠感，清政府社會動員與國家動員皆捉襟見肘。清政府不認為甲午戰爭是舉國之戰，更荒唐可悲的是，當北洋水師的艦船被圍在威海衛港中瀕臨滅亡時，落入日本海軍包圍圈的魚雷巡洋艦「廣丙號」竟然向日方提出，本艦屬於廣東水師，北上黃海係拉練而非參戰，所以日方「應予放行」，遭到日本人的驚愕和恥笑：恍若「不是與支那進行戰爭，而是與直隸省進行戰爭。」梁啟超在一篇名為〈中國積弱溯源論〉的文章中說：「是故吾國民之大患，在於不知國家為何物。」

國民精神的缺乏與認同，才是導致甲午海戰一敗塗地的根本原因！

洋務運動開啟了中國近代化的先河，但這種改革實際上是一種低層次的現代化改革，洋務派積極推動的這場變革是一次「非常膚淺的現代化嘗試」。改革是一個系統性的工程，是一場新的利益重組，李鴻章等人一味追求器物層面的革新，試圖透過區域性經濟層面的改革來化解社會矛盾，輕制度與思想，顯然是走偏了方向。面對歐美西方國家的強勢崛起，李鴻章知其然而不知其所以然，西元 1876 年，李鴻章在會見日本駐清公使森有禮時說：「閣下讚賞模仿歐風，廢棄舊來服制，猶如將自國的獨立委身於歐洲的制度，豈不是遭人唾棄，羞恥之事？」「中國決然不會進行如此

變革，只是不得不在武器、鐵道、電信等機械方面，積極吸收西洋的東西，因為這些東西正是那些國家最優秀之處。」

　　福澤諭吉說，一個民族要崛起，要改變三個方面：第一是人心的改變；第二是政治制度的改變；第三是器物的改變。這個順序絕不能顛倒。如果顛倒，表面上看是走捷徑，其實是走不通的。日本就是按照福澤諭吉這個順序走的，而清朝則反著走。結果一個成功了，一個失敗了。

　　甲午戰爭對清朝社會最大的衝擊，是擊破了晚清「天朝上國」迷夢，梁啟超對此曾有過入木三分的評論：「吾國四千年大夢之喚醒，實自甲午戰敗割臺灣、償二百兆始。」巨大的創痛，讓國人開始重新認識自己、認識世界，士大夫骨子裡的擔當意識被激發出來，踏上了救亡與變革的道路。

　　百川東去，歷史總是在變革中迸發前行的力量，晚清這艘破爛不堪在海上飄搖的艦船，又將駛向何方？

第六章
戊戌變法：知識分子的救國幻想

　　幾百年積下的毛病，尤其要慢慢來治。康梁書生氣太濃，做事太過強硬，不懂得妥協，短短百日就想把幾千年的制度翻過來，希望畢其功於一役，這又怎麼可能做得到？頭顱滾動，漫天血雨中，知識分子的救國幻想也由此幻滅。

甲午一戰，刺痛了中國人因循守舊和麻木已久的神經，一向以「天朝上國」自居的泱泱大國竟然敗於日本這個「蕞爾小邦」，實實在在地震撼了當時的社會各階層，每一個關心中國命運的人士心頭幾乎都籠罩著一種憂憤、恥辱和無奈的感覺。各地民眾及官僚階層生出一種前所未有的危機感，在這種情況下，「談論新法成為一極時髦之妝」。

李鴻章赴日本馬關簽訂和約之時，北京城聚集著大批各省舉人，剛剛參加完對他們而言至關重要的會試，正在等待發榜。4月初，《馬關條約》即將簽訂的訊息傳到京城後，在京城應試的舉人猶如炸開了鍋，個個群情激奮，大批知識分子奔走呼號，呼籲朝廷拒絕簽約，遷都再戰，朝廷之上反對議和的聲音也不絕於耳。臺灣籍舉人羅秀惠在得知臺灣即將割讓給日本的消息後，在都察院外捶胸頓足，嚎啕大哭一整天，觀者無不落淚。

在這批熱血澎湃的學子中間，有兩個廣東籍的考生尤為活躍，他們就是康有為和弟子梁啟超。

康有為在得知簽約消息後，立即派了弟子梁啟超去鼓動各省舉人，梁啟超先是聯合了廣東舉人麥孟華、張壽波等一百多人準備上陳，隨後湖南舉人也不甘落後，積極加入了他們的隊伍，兩省舉人同時向朝廷聯名上書，並提出「拒和、遷都、再戰」三點要求。他在一封上書中無比激憤地寫道：「與日本議和，有割奉天沿邊及臺灣一省，補兵餉二萬萬兩，及通商蘇、杭，聽機器洋貨流行內地，免其釐稅等款，此外尚有繳械、獻俘、遷民之說。……竊以為棄臺民之事小，散天下民之事大，割地之事小，亡國之事大，社稷安危，在此一舉！」

僅靠這些底層的讀書人是無法成事的，與此同時，康有為又和梁啟超分頭去鼓動遊說朝中官員，希望能向朝廷上書阻止議和。短短幾天之內，各地舉人的公呈猶如雪片般飛到都察院，讓一向清閒慣了的都察院大老爺

們驚詫莫名。

眼看各省舉人們被鼓動起來，康有為認為士氣可用，於是在 4 月 22 日聯合在京會試的十八省舉人共一千三百多人在松筠庵召開會議，用了一天兩夜時間起草了一份一萬八千字的「上今上皇帝書」，並提出以下四點要求：

一、下詔鼓天下之氣。

二、遷都定天下之本。

三、練兵強天下之韋。

四、變法成天下之治。

這份萬言書寫完後，由梁啟超、麥孟華連日抄寫，很快就傳遍了京城，十八省舉人群起相應，一千二百多人署名。5 月 2 日，在康有為、梁啟超的帶領下，十八省舉人與京城市民，帶著這份聯名上書齊集都察院，懇請都察院的大人們代為轉遞給皇帝。按規定，舉人是不能直接給朝廷上書的，只能由都察院代為轉遞。

再說那些都察院的大人們收到舉子們的上書後，卻以皇上已在和約上用璽，事情無法挽回為由，拒絕接受舉子們的上書。

這就是我們中學歷史課本上的「公車上書」，被不少歷史學家稱為繼十二世紀宋朝太學生發動的知識青年救亡運動以來，絕無僅有的第二次學潮，維新派由此登上政治舞臺。

這是我們一貫以來所接受的歷史常識。

看起來，的確是氣壯山河。然而，由於我們多年來文科教育的失敗，越是常識性的東西，越是經不住考證和推敲。

　　以上「公車上書」的描述來源於康有為所撰的《康南海自編年譜》，長期以來被視為關於「公車上書」事件最權威的表述。事實上，這番自述漏洞百出，其實是康有為蓄意編造的，歷史上根本就沒有康有為所描述的這次「公車上書」事件。

　　疑點一：都察院真的拒收舉人們的上書了嗎？

　　自 4 月 30 日起，都察院每天都在為各省舉人們轉遞各種上書，我們就以康有為所稱不收其上書的 5 月 2 日這一天來看，都察院就代奏了官員舉人的上書共計 15 件；5 月 3 日，即康有為稱都察院不收上書的第二日，都察院代奏了 10 件條陳。這樣的轉奏直到 5 月 8 日才結束，康有為說 5 月 2 日都察院以議和條約已用璽，再上書於事無補為由拒絕接受和代遞自己的上書，顯然是不成立的。

　　疑點二：皇帝在馬關條約上用璽是在 5 月 2 日嗎？

　　這個問題不難考證，翻閱史料不難發現，光緒皇帝在《馬關條約》上蓋上玉璽的日子是 5 月 3 日，康有為所說的 5 月 2 日都察院以「既已用寶，無法挽回」為由拒收上書，不知從何說起？

　　疑點三：都察院有可能拒收康有為等舉人的上書嗎？

　　當時最早反對議和簽約的不是雲集京師的各省舉人，而是朝中官員。翰林院、總理衙門、國子監、內閣、吏部官員皆有大規模的聯名上書，簽名者達六百多人次。據姜鳴先生的統計，京官中，反對簽約的宗室貴冑及二品以上大員有十餘人；二品以下有奏事權的官員有 57 人次；沒有奏事權的低階官員達 575 人次之多。顯然，朝中各級握有實權的官員才是反對議和的最有影響的主體。都察院作為朝廷的監察系統，門下盡是筆桿犀利的科道言官，他們在此次拒和上奏上書的行動中也不甘落後，當日實際主

持都察院的三位堂官，裕德、沈恩嘉和壽昌，都上奏反對和約，主張再戰；洪良品、余聯沅、褚成博、王鵬運、丁立瀛、龐鴻書、劉心源、高燮曾等 20 餘名都察院御史都曾上奏力諫。可以說，在這波上書熱潮中，都察院真正造成了領頭羊的作用，又怎麼可能拒絕與自己政治主張相近的舉人們要求拒和的上書？

孔祥吉先生於 1988 年發表《康有為變法奏議研究》中，引用了中國第一歷史檔案館所藏檔案，證明了當時並無阻礙上書的政治背景，官員舉子上書的途徑十分通暢。康有為稱 5 月初 2 日都察院不收上書的說法，只能是謊言。

事情的真相是，在《馬關條約》簽訂的那幾天裡，數百名官員及士大夫向皇帝上了書，唯獨卻沒有康有為的那封的「萬言書」！

不僅如此，康有為還虛構了一大群阻礙自己上書的反對派，譬如他在自撰的《我史》中就黑了大學士孫毓汶一把：

此前舉人們聯名上奏，當權的孫毓汶就已經頗為嫉恨，如今像這麼大規模的千餘人的行動更有從來沒有過的。翰林院編修黃曾源是孫毓汶的心腹，舉人們在初六、初七大舉集會，初七傍晚，黃曾源前往各省會館，阻撓此舉，捏造傳言肆意恐嚇，不少舉人都被他唬住了。初八日，街上已到處貼滿大字報，對舉人們的誣衊攻擊無所不至，許多人開始退縮，甚至請求撤銷之前的簽名。

孫毓汶確實是主和派，但要說孫毓汶恐嚇士子們，阻攔上書卻是無中生有。因為當時反對議和已經形成了聲勢浩大的運動，絕非孫毓汶一人所能阻攔。

此後，康有為在上海出版了《公車上書記》一書，時間越往後，他對

戊戌變法的誇大越嚴重，譬如他自己就吹噓說：「東事戰敗，聯十八省舉人三千人上書，次日美使田貝索稿，為人傳抄，刻遍天下，題曰《公車上書記》。」

歷史的真相到底如何呢？西元 1895 夏，有一署名為「滬上哀時老人未還氏」出版了《公車上書記序》，為我們道明所謂「公車上書」的真相：

> 各公車再聯十八生活上同上一書，廣東舉人康長素（康有為）……主其事，草疏萬八千餘字，集公千三百餘人……文既脫稿，乃在宣武門松筠庵之諫草堂傳觀會議……和款本定於四月十四日在煙臺換約，故公呈亦擬定於初十日在察院投遞，而七、八、九三日為會議之期。乃一時訂和之使、主和之臣恐人心洶湧，於初八日（5 月 2 日）請將和款蓋用御寶，發使齎行。是日……松筠庵座中議事尚數十百人，鹹未用寶之舉，但覺氣象愁慘……是夕議者既歸散，則聞局已大定，不復可救，於是群議渙散……概各省坐是取回知單者又數百人，而初九日松筠庵之足音已蛩然矣，議遂中寢，惜哉惜哉！

也就是說：這些舉人們原本是要準備上書的，結果書也寫好了，還沒遞上去就聽說「大局已定，不復可救」，於是大家只好「群議渙散」，所謂「議遂中寢」，意思就是根本沒有去都察院上書！所謂的「公車上書」並沒有真正發生，康有為等人頂多只能稱作「公車集會」或者「公車擬上書」而已。

需要補充說明的是，舉人們放棄上書，不單單是因為皇帝已經在合約上蓋了印章，還有一個關鍵原因是：會試發榜，考試成績出來了，眾人都忙著去看榜了。對於皓首窮經的書生們來說，沒有什麼比這個更重要的了，在這一刻，家國大事早拋到九霄雲外去了。考中的自然是喜笑顏開，落榜的收拾鋪蓋，打道回府，要麼下次再來，要麼早早另尋出路去了。

在這次會試中，康有為實現了自己多年來為之奮鬥的理想，第五名，高中進士，隨後被授予工部主事，正式成為了中央部委的公務員。

隨著《馬關條約》的正式簽訂，士人們對於上書的熱情漸漸散去，唯有考上公務員的康有為沒有忘記自己最初的理想，就在他龍門一躍成為新科進士的 5 月，康有為第三次透過都察院上書光緒皇帝，闡述自己的變革思想。

在此，我們有必要回顧一下康有為此前的人生履歷。

康有為字廣廈，號長素，廣東南海人，故又名「南海先生」。康有為的先祖是廣東名族，高祖康輝曾任廣西布政使，曾祖康健昌曾任福建按察使，祖父康贊修做過廣州府的教育官員，同時也是一位知名的儒家學者，父親也做過江西的知縣。

出身於這樣一個詩書官宦之家，康有為從小就接受了儒家傳統文化的薰陶，從小好學敏銳，博聞強記。從他那摻滿水分的《自編年譜》中，我們可以看到康有為的一些自我評價：

四歲時能誦讀唐詩數百首；六歲時跟從簡鳳儀讀《大學》、《中庸》、《論語》和朱熹所注《孝經》，老師曾出「柳成絮」為題，康有為應聲而答「魚化龍」，獲得祖輩「此子非池中物」的稱讚；十一歲時父親去世，跟隨祖父接受嚴格的封建正統教育，攻讀經史，「頻閱邸報，覽知朝事，知曾文正、駱文忠、左文襄之業，而慷慨有遠志矣」。十二歲觀看龍舟競賽，即席寫出一首 40 句的長詩，從而獲得「神童」的讚譽，被鄉里人稱為「聖人為」。據康有為自述，當時的他「相當狂妄，動輒以古人自擬。做某事往往自況張軾；撰某文又往往自況蘇東坡；突然生出某個念頭，則自以為是六祖慧能大師、邱處機道長。與同州諸生交往，大有霸視之氣。」

　　如果只看康有為的這份自述，其儼然就是一個「天才少年」，然而就是這位「天才少年」卻在科舉的路上蹉跎許久。為了考秀才，康有為一共考了三次，十六歲才得到秀才頭銜；考舉人更是艱難，共考了七次，耗費了二十年的光陰。

　　西元 1876 年，19 歲的康有為第一次參加鄉試，卻名落松山。祖父康贊修覺得不能再讓康有為放任自流，於是將他送進了摯友朱次琦的禮山草堂。

　　朱次琦是嶺南大儒，世稱九江先生。朱次琦教學重四行五學，主張「掃去漢、宋之門戶，而歸宗於孔子」。狂妄自大的康有為一向眼高於頂，目中無人，卻深深折服於朱次琦的學問。然而，以康有為的孤傲性格，注定無法與老師及同學和平共處，三年後和老師朱次琦分道揚鑣。康有為後來這樣解釋離開的原因：整日埋頭於故紙堆中，汩滅了自己清明的靈性，漸漸厭惡學習。每日裡想到，戴東原這些考據家們寫了那麼多書，究竟有些什麼用呢？所以輟學回家。

　　康是一個「天命觀」極強的人，他曾在一首詩中提到了自己出生時的異兆：「大火赤流星，子夜吾生始。」60 歲那年他寫詩自承：「吾生信天命，自得大無畏。」康有為堅信自己依附著某種神祕而偉大的天意，內心深處不免以聖人自我期許。在回顧自己早年心境時，他曾如此坦承寫道：「我年輕的時候希望自成一派，立足於孔子之外，於是每日裡閱讀孔子的著作，吹毛求疵，對其進行攻擊。」

　　想要立足於孔子之外的康有為，遁入了家鄉西樵山的寺觀之中，參禪悟道，「靜坐時，忽見天地萬物皆我一體，大放光明，自以為聖人」。

　　西元 1879 年，康有為第一次到香港，當時香港已由英國人統治已達

半個世紀之久。看到城市中高樓大廈鱗次櫛比，道路寬敞整潔，人來人往井然有序，康有為的內心受到了極大的震撼，「覽西人宮室之瑰麗，道路之整潔，巡捕之嚴密，乃始知西人治國有法度，不得以古舊之夷狄視之。」此後他開始注意閱讀和收集《海國圖志》、《瀛寰志略》等西學之書。

西元 1882 年，康有為北上參加考試，回程路過上海，看到上海灘的繁華，愈發覺得「西人治術之有本」，並在上海江南製造總局翻譯館購買了大量的西學新書。據統計，當時上海江南製造局所譯西學書籍，三十年間才賣出一萬兩千本，其中康有為一人就買了三千本，成為該局的頭號大顧客。透過廣泛閱讀西學書籍、報紙及遊記，康有為開始潛心考察西方的政治、經濟、歷史、文化。梁啟超曾在《康南海先生傳》說，康有為「及道香港，見西人殖民政治之完整，屬地如此，本國之更進可知，因思其所以致此者，必有道德學問以為之本原，乃悉購江南製造局及所譯出各書，盡讀之」。

在接觸西方文化之前，康有為研修儒學，參悟佛道，頗為自負，而在接觸西學之後，康有為更覺眼界大開，他將自身的使命自述為：

「其來世也，專為而已，故不居天堂而故入地獄，不投淨土而故來濁世，不為帝王而故為士人，不肯自潔，不肯獨樂，不願自尊，而以與眾生親。為易於救援，故日日以救世為心，刻刻以救世為事，捨身命而為之。以諸天不能盡也，無小無大，就是所生之地，所遇之人，所親之眾，而悲哀振救之，日號於眾，望眾從之，以是為道術，以是為行己。」

西元 1888 年，康有為北上參加順天府鄉試，再次榜上無名，帶給自己不小的打擊。因為就在前一年，康有為自認為學術已然大成，「我的學問在三十歲（西元 1887 年）的時候已經大成，此後不再有進步，也不必再

有進步。」康有為在一封給好友沈曾植的書信裡也曾說到：「到乙酉年（西元 1885 年）的時候，我的學問已經大成，從此不再有進步。」

狂妄自負的康有為無法接受這個事實，他在《自編年譜》裡這樣自我安慰：

順天府鄉試本已名列第三，因我的文章瑰麗雄偉，考官大多能夠分辨。侍郎孫詒經說：「這份卷子當是康某人的。」主考官大學士徐桐記恨我此前寫給他的那封信，遂說：「如此狂生，不能讓他考中。」將我抑置副榜。考官王錫蕃替我爭辯，徐桐更怒，再將我抑置謄錄第一。

康有為的指責罔顧了一個基本的事實，西元 1888 年順天府鄉試的主考官不是徐桐，而是戶部的滿漢兩位尚書福錕和翁同龢。

科舉落第後，康有為寫了一篇洋洋五千餘字的《上清帝第一書》，節選部分如下：

夫法者，皆祖宗之舊，敢輕言變者，非愚則妄，然今天下法弊極矣。六官萬務所集也，卿貳多而無所責成，司員繁而不分委任，每日到堂，拱立畫諾，文書數尺，高可隱身，有薪炭數斤之微，銀錢分釐之瑣，遍行數部者，卿貳既非專官，又多兼差，未能視其事由，勞苦已甚，況欲整頓哉？故雖賢智，亦皆束手，以為周公為今塚宰，孔子為今司寇，亦無能為，法弊至此，求治得乎？

州縣下民所待治也，兵、刑、賦、稅、教、養合責於一人，一盜佚、一獄誤、一錢用而被議矣，責之如是其重，而又選之極輕，以萬餘金而賣實缺焉。祿之極薄，以數百金而責養廉矣。其下既無周人虞、衡、牧、稻之官，又無漢人三老、嗇夫之化，而求其教養吾民，何可得哉？以故外省奉行文書，皆欺飾以免罪；京朝委成胥吏，率借例以行奸。他若吏部以選賢才也，仍用籤除；武舉以為將帥也，乃試弓石；翰林以儲公卿也，猶講

詩字;其他紊於法意,而迂於治道,舛亂觭決,難遍以疏舉。是以皇太后、皇上雖有求治之心,而無致治之效也。

今論治者,皆知其弊,然以為祖宗之法,莫之敢言變,豈不誠恭順哉?然未深思國家治敗之故也。今之法例,雖云承列聖之舊,實皆六朝、唐、宋、元、明之弊政也。我先帝撫有天下,不用滿洲之法典,而採前明之遺制,不過因其俗而已,然則世祖章皇帝已變太祖、太宗之法矣。夫治國之有法,猶治病之有方也,病變則方亦變。若病既變而仍用舊方,可以增疾。時既變而仍用舊法,可以危國。董子曰:「為政不和,解而更張之,乃可以理。」《呂覽》曰:「治國無法則亂,守而弗變則悖。」《易》曰:「窮則變,變則通。」設今世祖章皇帝既定燕京,仍用八貝勒舊法,分領天下,則我朝豈能一統久安至今日乎?故當今世而主守舊法者,不獨不通古今之治法,亦失列聖治世之意也。

今之時局,前朝所有也,則宜仍之,若知為前朝所無有,則宜易新法以治之。夫治平世,與治敵國並立之世固異矣。昔漢臣魏相專主奉行故事,宋臣李沆謂凡人士上利害,一切不行,此宜於治平之世也。若孫叔敖改紀,管仲制國,蘇綽立法,此宜於敵國並立之世也。今但變六朝、唐、宋、元、明之弊政,而採周、漢之法意,即深得列聖之治術者也。皇太后、皇上知舊法之害,即知變法之利,於是酌古今之宜,求事理之實,變通盡利,裁製厥中,如欲採聞之,則農夫耕而君子食焉,臣愚願盡言於後也。尤望妙選仁賢,及深通治術之士,與論治道,講求變法之宜而次第行之,精神一變,歲月之間,紀綱已振,十年之內,富強可致,至二十年,久道化成,以恢屬地而雪仇恥不難矣。

日本崎嶇小島,近者君臣變法興治,十餘年間,百廢俱舉,南滅琉球,北闢蝦夷,歐洲大國,睨而莫敢伺,況以中國地方之大,物產之盛,人民之眾,二帝、三王所傳,禮治之美,列聖所締構,人心之固,加以皇

太后、皇上仁明之德，何弱不振哉？臣謂變法則治可立待也。

今天下非不稍變舊法也，洋差、商局、學堂之設，開礦公司之事，電線、機器、輪船、鐵艦之用，不睹其利，反以蔽奸。夫泰西行之而富強，中國行之而奸蠹，何哉？上體太尊而下情不達故也。君上之尊宜矣，然自督、撫、司、道、守、令乃下至民，如門堂十重，重重隔絕，浮圖百級，級級難通。夫太尊則易蔽，易蔽則奸生，故辦事不考核，以粉飾為工，疾苦不上聞，以摧抑為理。至於奸蠹叢生，則雖良法美意，反成巨害，不如不變之為愈矣。

今上下否塞極矣。譬患咽喉，飲食不下導，氣血不上達，則身命可危，知其害而反之，在通之而已。古者君臣有坐論之禮，《大學》之美文王曰：「與國人交」，《詩》曰：「呦呦鹿鳴，食野之蘋，我有嘉賓，鼓瑟吹笙。」言懇誠發乎中禮，群臣若嘉賓，故群臣盡心，下情既親，無不上達，則奸消弊縮，雖欲不治，何可得哉？通之之道，在霽威嚴之尊，去堂陛之隔，使臣下人人得盡其言於前，天下人人得獻其才於上。周有土訓、誦訓之官，掌道地圖、地慝、方志、方慝，漢有光祿大夫、太中大夫、議郎，專主言議：今若增設訓議之官，召置天下耆賢，以抒下情，則皇太后、皇上高坐法宮之中，遠洞萬里之外，何奸不照，何法不立哉？以皇太后、皇上明目達聰，宜通下情久矣。然今猶壅喑底滯者，得無左右皆宦官宮妾，壅塞聰明，而無學士大夫與論治耶？即有其人，亦皆讒餡面諛之人，而非骨鯁直亮之士耶？不然，以聖德之茂，何未能日緝熙於光明也？

古者師傅以傳德義，史官以記言動，侍御、僕從罔非正人，繩愆糾謬，格其非心，所以養之深而培之密者如此。故君德易成。暨於漢制，君臣猶親，袁盎、汲黯入內燕見，而唾壺、虎子、執戟皆妙選良士，如東方朔、孔光、揚雄為之，猶有古義也。明年皇上大婚禮成，親裁庶政，春秋鼎盛，宜慎聲色之防；聖德日新，宜慎近習之選。所謂慎者，辨忠佞而已。

伊尹曰：「有言逆於心，必求諸道；有言遜於志，必求諸非道。」故承顏順意者，佞臣也，弼違責難者，忠臣也；逢上以土木聲色者，佞臣也，格君以側身修行者，忠臣也；欺上以承平無事者，佞臣也，告上以災危可憂者，忠臣也。《書》稱：「毋以側媚，其唯吉士」。孔子稱去讒賤貨，所以修身。伏願皇太后、皇上熟辨之，去讒慝而近忠良，妙選魁壘端方通知古今之士，日侍左右，兼預燕內以資啟沃，則德不期修而自修矣。皇上正一身以正百官，正百官以正萬民，士節自奮，風俗自美，餘事何足為哉！

臣伏唯念祖宗辛苦經營，休養生息，有此天下，置之安危，在今日矣。今不築金湯之，而築丹艧之宮，不遊勳華之世，而遊藪囿之內，臣竊為皇太后、皇上惜之。故從臣之言，及今亟圖，猶為可治，律朝廷益尊，宗社益固，令德神功，播聞後嗣。否則恐數年後，四夷逼於外，亂民作於內，於時乃欲為治，豈能待我十年教訓乎？恐無及也。今皇太后、皇上即不自為計，獨不為天下計乎？即不為天下計，獨不為列祖、列宗計乎？即幸而天命眷顧，僅能圖存，設令敵人割我尺土寸地，皇太后、皇上何以對列祖、列宗乎？《易》曰：「其亡其亡，繫於苞桑。」《孟子》曰：「盤樂怠敖，是自求禍。」伏願皇太后、皇上念列聖付託之重，答天心警示之勤，無忘庚中之變，震悼祖陵之災，特下明詔，引咎罪己，誓戒群下，恐懼修省，求言圖治，則宗廟幸甚，天下幸甚。臣草野愚賤，罔識忌諱，竭露愚誠，干冒宸嚴，不勝戰慄惶悚之至。伏唯皇太后、皇上聖鑑，謹察。

光緒十四年十一月初八日。

這份上書氣勢恢宏，言辭犀利，康有為在分析朝廷面臨的外患與內憂後，提出三點具體措施：變成法、通下情、慎左右。當時的康有為只是監生，不能直接給皇帝上書，須由國子監長官代遞，而當時的國子監最高長官翁同龢在接到這份上書後，看到奏章言語太過訐直，於事無益，只會徒

生釁端，拒絕代為轉遞。

西元 1889 年 9 月，滿懷憤懑的康有為在離開北京城時，寫下了一首
〈出都詩〉：

> 落魄空為梁甫吟，英雄窮暮感黃金。
>
> 長安乞食誰人識，只需朱公知季心。
>
> 海水夜嘯黑風獵，杜鵑啼血秋山裂。
>
> 虎豹猙獰守九關，帝閽沈沈叫不得。

就在這一年，康有為回到了廣州。離京之前，康有為在給好友沈曾植
的書信中談到了自己以後的打算：「我無土地，無人民，無統緒，無事權，
為之奈何？或者其託於教乎？」

回到廣州後的康有為準備自立門戶，收徒講學。然而，當時開館授徒
的多是進士、翰林或學術大家，最差也得是個舉人。康有為只是一個監
生，自然受到了冷落。吳敬軒在《康聖人的故事》中有一段描述：

> 「聖人初居廣州，只是一個監生，名不出里巷。一日忽發奇想，貼廣
> 告『教館』，見者嗤之以鼻，有人以淡墨書其旁曰：『監生亦居然出而教館
> 乎？』懸貼半月，不見一個學生光顧，聖人雖氣，亦無之如何。」

一個偶然的機會，康有為替教館先生石星巢代了一堂課，在講臺上
「逞其海涵地負之才，懸河不竭之口，旁徵博引，獨出新解」，讓學生們大
開眼界，高材生陳千秋慕名拜訪了康有為。一番交談後，陳千秋為康有為
廣博的見聞和新奇的思想所折服，又引介了同門師弟梁啟超來見。

梁啟超是廣東新會人，少年時代即以神童聞名於鄉里，在當地頗具名
聲。更關鍵的是，當時的梁啟超已經考取了舉人，而康有為不過是個秀

才，在「學歷」上比梁啟超還低一級。經不住陳千秋的一番吹捧和慫恿，年僅 18 歲的梁啟超決定和這個 33 歲潦倒科場多年的老監生見一面。

然而，令梁啟超沒想到的是：初次見面，康有為即「以大海潮音，作獅子吼」（佛教用來形容佛祖說法時的詞語），將梁啟超精通的訓詁辭章等傳統舊學一律斥為無用，並表示這些不過是科舉考試的敲門磚而已，根本算不上什麼學問。少年梁啟超的信心頓時崩潰了，他後來這樣描述此次交談的感受：

「余以少年科第，且於時流所推重之訓詁詞章學，頗有所知，輒沾沾自喜。先生乃以大海潮音，作獅子吼，取其所挾持之數百年無用舊學更端駁詰，悉舉而摧陷廓清之，自辰入見，及戌始退，冷水澆背，當頭一棒，一量盡失其故壘，惘惘然不知所從事，且驚，且喜，且怨，且艾，且疑，且懼，與通甫聯床，竟夕不能寐。明日再謁，請為學方針。先生乃教以陸王心學，而並及史學西學之梗概。自是決然捨去舊學，自退出學海堂，而間日請業南海之門，生平知有學自茲始。」

「冷水澆背，當頭一棒」，可以看得出這次談話確實對梁啟超有醍醐灌頂之效，康有為突破傳統的思想為他開啟了一扇門，讓他看到了更廣闊的世界，聽到了更廣博的見聞，這一切對於年少的梁啟超是如此新鮮，以至於他第一次見識到什麼是真正的大學問。

坦白來說，康有為對於西學的認知還不夠深入，因為他只能從非常有限的圖書和報紙上了解西方文明，但他非常善於思考，常常能夠舉一反三，從一個新的視角去觀察和思考問題，建立自己的學術體系，這對當時的士大夫來說已經屬於超前了。

經過一番深入思考後，梁啟超決定正式拜康有為為師，並將其視為進

入學問殿堂的起點。就這樣，康有為與梁啟超也成了中國近代史上有名的一對師徒，正所謂「秀才老師，舉人學生」，梁啟超後來曾說：「啟超之學，實無一字不出於南海。」

隨後，康有為開設了自己的學堂，取名長興書院。弟子陳千秋建議取梁鼎芬贈詩中「萬木森森一草堂」一句，易名為「萬木草堂」，意在：「將傾之大廈，必須有萬木扶持，而非一木所能勝任，故欲集天下英才而教之，冀其學成，群策群力，以救中國，以表達康之政治抱負。」康有為欣然同意，將其改名為萬木草堂。

如前文所言，康有為一開始對孔子並不感冒，但在萬木草堂成立後，康有為迅速轉變為孔夫子最忠實的支持者。我們都知道，素王是對孔子的尊稱，康有為本人則自號「長素」，意為長於素王也，其內心深處的「聖人」意識再一次顯現無遺。不僅如此，他還為他的學生起了各種別稱：

陳千秋號「超回」—— 超越顏回。

梁啟超號「軼賜」——「軼」，超車，「賜」，指孔子弟子端木賜。

麥孟華號「駕孟」—— 凌駕於孟子之上。

曹泰號「越伋」—— 超越孔伋（孔子之孫，孟子之師）。

韓文舉號「乘參」—— 唐德剛戲稱「把曾參當馬騎也」。

在開設草堂培植「康黨」骨幹力量的同時，康有為也在積極建構自己關於變法圖強的理論體系，並在不久後寫出了影響巨大的《新學偽經考》和《孔子改制考》，由此也捲入了與另一位經學大師廖平的學術糾紛中。

廖平曾是張之洞的幕僚，曾師從經學大師王闓運。康有為曾得到過廖平的一篇〈闢劉篇〉手稿，對其讚賞不已。西元 1889 年冬，廖平到廣州謁見張之洞，康有為專程前往拜訪，廖平拿出新作〈知聖篇〉贈予康有為。

康有為看完後，對其中的一些觀點並不認同，寫了萬言信駁斥廖平「好名鶩外，輕變前說」，並勸廖平應「急當焚毀」。廖平隨後回訪康有為，「兩心相協，談論移晷」，談的很是融洽。

〈知聖篇〉與〈闢劉篇〉的觀點相互交融，算的上是姐妹篇，一個是打擊古文經學，一個是推崇今文經學，其中所述乃是中國跨兩千年的一樁公案：今文經學與古文經學之爭。康有為早期尊崇古文經，但在讀了廖平的兩篇著作後，逐步接受了以公羊學為代表的今文經學。

一年後，康有為在其弟子梁啟超、陳千秋的協助下，完成了三十萬言的《新學偽經考》，並在七年後，又出版了《孔子改制考》，將孔子描述為「改制」的先鋒。由於康有為的這兩部書與廖平的〈闢劉篇〉、〈知聖篇〉的不少觀點有相似之處，後世不少人指責康有為剽竊廖平的成果。關於這段公案，學術界至今尚有爭議，但康有為在寫《新學偽經考》與《孔子改制考》時，深受廖平的影響乃至啟發卻是不爭的事實。

康有為的弟子梁啟超就曾明確指出，康有為的一系列著作是深受廖平的影響：「有為早年，酷好周禮，嘗貫穴之著《政學通議》。後見廖平所著書，乃盡棄其舊說。……然有為之思想，受其影響，不可誣也。」(《清代學術概論》)，又說：「康先生之治《公羊》，治今文也，其淵頗出自井研(廖平)，不可誣也。」(《中國學術思想變遷之大勢》)

《新學偽經考》和《孔子改制考》一經出版，石破天驚，引起全國轟動，梁啟超在《清代學術概論》中評價康有為的《新學偽經考》是「思想界之一大颶風也」，《孔子改制考》猶如「其火山大噴火也，其大地震也」。在這兩本書中，康有為試圖用西學的觀點重新註釋傳統儒學，引發了多方責難，反對者多，贊同者少，張之洞、葉德輝、黃遵憲、嚴復等人都持反對意見。

之所以有這麼多反對的聲音，實在是康有為的這兩部著作確實離經叛道得離譜，他論證了今文經為孔子真傳，而古文經為劉歆偽造，後世兩千餘年皆新莽之學，將儒家士大夫崇奉的古文經說成是偽造的，這如何能為士大夫所接受？另一方面，康有為的論證過程也是邏輯混亂、錯訛百出，連弟子梁啟超也看不過去，說老師罔顧客觀事實，太過武斷。帝師翁同龢在看過後這樣寫道：「看康長素《新學偽經考》，以為劉歆古文，無一不偽，竄亂六經，而鄭康成以下皆為所惑云云。真說經家一野狐也，驚詫不已。」

蕭公權曾如此評價康有為：

康氏對經書的處理並不客觀，但是這並不使他的努力毫無價值。因不客觀，雖是史家所忌，並不影響一個哲學家的成就，康氏從未以史家自居，他從公羊學的傳統，對事實並不重視，而認為追尋真理乃是最正當的學術目的。因此，批評康氏漠視或曲解證據，不過是顯示他並未給孔子學說以正確的說明，但並不減少他「武斷」解釋的理論意義，因為我們不以「客觀」為標準來估量它，而是從歷史環境的邏輯來衡量。

不僅如此，康有為還宣揚「孔教救國論」，他建議改造儒教為孔教，把儒家按照西方宗教的樣式組織起來，將孔子打扮成像耶穌一樣的神，使孔教成為像「耶穌教」那樣的現代宗教。

為什麼選中孔子？

康有為在〈孔教會序〉中說：「中國立國數千年，禮義綱紀，互為得失，皆奉孔子之經。」

為了達到這個目的，康有為在各地設立孔教會，將孔子塑造為供在神壇上的教主，「孔子為教主，為神明聖王，配天地，育萬物，無人、無

事、無義不範圍於孔子大道中，乃所以為生民未有之大成至聖也。」

康有為還對皇帝解釋說：「中國本來有一個現成的教主，那就是孔丘。西方各宗教的教主，都是靠迷信起家，而成為教主的；孔丘不以迷信起家，只靠他所作的六經，以得到人們的信仰，這才是真正的教主。」他認為，人類世界的文化日益進步，靠迷信起家的教主已逐漸不適宜為文明世界的教主了；只有不以迷信起家的孔丘，才真正是文明世界的教主。言外之意，是說，以孔丘為教主的宗教，不但適合於中國，而且適合於全球的文明世界。（馮友蘭《中國哲學史新編》）

唐德剛在《晚清七十年》中不無惋惜的說：「康有為不自量力，引學術入政治，也就從『迂儒』逐漸蛻變成『學閥官僚』，這把支持他變法改制最熱心、最有力的張之洞、翁同龢等都擯之門外。以他這個小官，來獨力抵抗那紅頂如雲的頑固派，那就是螳臂當車了……康有為當年犯了他那教條主義的絕大錯誤。」

回過頭來，我們再來看看康有為在成為新科進士之後的舉動。即便已經成了國家公務員，康有為依然沒有直接給皇帝上書的權力，而且隨著會試的結束，各地舉人們各自散去。屢次上書被拒後，康有為深切體會到變法環境的艱難。為了提倡新學、開通風氣，康有為在弟子梁啟超、孟麥華等人的協助下決定創辦《萬國公報》，以開通知識、更新風氣。

《萬國公報》創立之初，經費和裝置均無著落，康有為每日自掏腰包出白銀二兩維持；沒有印刷機器，他們就在《京報》館託用了一幅舊的粗木板雕印；沒有發行管道，他們就和當時的京報捆綁免費派送。一月之後，每日發出的《萬國公報》最高印量已達三千張，康有為在《自編年譜》中說：「報開兩月，輿論漸明，初則駭之，繼亦漸知新法之益。」

辦報之餘，康有為認為，「凡講學莫要於合群，蓋以得知識交換之功，而養國體親愛之習。自近世嚴禁結社，而士氣大衰，國之日屝，病源在此」。於是，他在京師的官僚士大夫群體中，組織成立了一個社會團體，名曰強學會，梁啟超等人「日攘臂奮舌，與士大夫痛陳中國危亡朝不及夕之故」。為了籌集資金，康有為在京城士大夫中間到處遊說，頻頻發起「遊宴」活動。在他看來，「變法本原，非自京師始，非自王公大臣始不可」。

經過兩個月的宣傳鼓吹，京城的官僚士大夫階層逐漸認同了康有為組織團體、設立學會的一系列行為，不少朝中高官如帝師翁同龢及孫家鼐等開始暗中支持這些活動，紛紛為強學會籌資，戶部尚書翁同龢答應每年從戶部撥款資助，直隸總督兼北洋大臣王文韶、署兩江總督張之洞及劉坤一也各捐五千金，袁世凱一次就認捐了五百元，經費問題逐漸得到解決。李鴻章也深受感染，主動認捐兩千金，卻遭到了強學會主事諸公的拒絕，弄得李鴻章很沒面子，他在奉命出使俄國前揚言說：「若輩與我過不去，等我回來，看他們尚做得成官嗎？」

儘管李鴻章因強學會的拒絕而含怒在心，但他對這個學會一開始還有抱有一線希望的，然而當他參加完一次強學會公餞後，無比失望地對駐俄公使許景澄說：「欲變法自強，無人、無財、無主持者，奈何！」作為中國維新變革的第一人，李鴻章有四十餘年的洋務經驗，看問題自然比康有為這些知識分子更透澈。很快，這位洞察世情的老臣對強學會的判斷將一一得到應驗。

強學會每十日集會一次，大家聚在一起輪流演講，宣傳維新思想，聽取有關時事的演說。在康有為等人鼓吹活動下，強學會獲得了迅速發展，政治影響越來越大。康有為的一些激烈言辭也招致了大學士徐桐、監察御

史褚成博等人的彈劾，逼得他不得不南下避避風頭，此後強學會內部矛盾逐漸激化，李鴻章的兒女親家、監察御史楊崇伊隨後上摺彈劾強學會「私立會黨，將開處士橫議之風」、「植黨營私」，請求清廷給予查封。就這樣，風光一時的強學會早早謝幕了。

經過打擊之後，康有為深感變法的條件還不成熟，於是繼續回到萬木草堂開始了講學的生活。

轉眼就到了西元 1897 年，眼看西方列強掀起了瓜分中國的狂潮，民族危機日益嚴重，康有為心急如焚，第五次上書光緒皇帝：「萬國報館，議論沸騰，咸以瓜分中國為言，若箭在弦，省括即發。海內驚惶，亂民蠢動……瓜分豆剖，漸露機芽，恐懼回惶，不知死所。……恐自爾後，皇上與諸臣雖欲苟安旦夕，歌舞湖山而不可得矣，且恐皇上與諸臣求為長安布衣而不可得矣。」

這一次的上書同樣沒能直達光緒皇帝手中，卻在朝野間廣為流傳，逐漸傳到了深宮之中的光緒耳中。光緒有意召見康有為，想當面聽取康有為關於變法革新的思想，但恭親王奕訢以「本朝成例，非四品以上官不得召見」為由，表態反對。無奈之下，光緒帝只得命五位朝中重臣代為「問話」。

西元 1898 年 1 月 24 日，戊戌年大年初三。就在這一天，李鴻章、榮祿、翁同龢、廖壽恆及張蔭恆等五大臣奉命在總理衙門找康有為問話。

榮祿首先發話：「祖宗之法不能變。」

康有為馬上駁斥：「祖宗之法，以治祖宗之地也，今祖宗之地不能守，何有於祖宗之法乎？即如此地為外交之署，亦非祖宗之法所有也。因時制宜，誠非得已。」

廖壽恆問如何變法，康有為答：「宜變法律，官制為先。」

李鴻章又問：「然則六部盡撤，則例盡棄乎？」

康有為答：「今為列國並立之時，非復一統之世，今之法律官制，皆一統之法，弱亡中國，皆此物也，誠宜盡撤，即一時不能盡去，亦當斟酌改定，新政乃可推行。」

翁同龢問他如何籌款，康有為答：「日本之銀行紙幣、法國印花、印度田稅，以中國之大，若制度既變，可比今十倍。」

問話結束後，翁同龢在日記中寫道：「康有為到署，高談時局，以變法為主，立制度局、新政局、練民兵，開鐵路，廣借洋債數大端」，對康有為的評價只有兩個字：「狂甚」。即便如此，翁同龢還是在光緒皇帝面前將康有為誇讚了一番。

光緒聽了更感興趣，康有為隨後寫了《上清帝第六書》，呈送給皇帝，之後又呈送了《日本變政考》、《俄彼得變政考》等文章。有了皇帝的指示，康有為的這次上書沒有受到任何阻攔，很快就送到了光緒手中。在這封奏摺中，康有為重點提了三條建議：「一曰大誓群臣，以革舊維新，而採天下輿論，取萬國之良法；二曰開制度局於宮中，徵天下通才二十人為參與，將一切政事制度從新商定；三曰設待詔所，許天下人上書。」

在這三條建議中，我們重點來探討一下設立制度局一事。

康有為設想在中央設制度局，只負責議政而不負責行政，地方設十二專局，包括法律局、稅計局、學校局、農商局、工務局、礦政局、鐵路局、郵政局、造幣局、遊歷局、社會局、武備局等，這十二專局負責新政在地方的落實執行。

中央制度局壟斷了新政的決策權，地方十二專局壟斷了新政的執行

權，那麼問題來了，如果依照康有為的構想，那還要軍機處、總理衙門、六部做什麼？架空軍機處六部衙門，朝廷重臣豈能答應康有為胡來？

康有為顯然也感覺到了巨大的阻力，他在自編《我史》裡回憶：

「我請於京師開十二局，外省開民政局。於是流言紛紜，咸謂我盡廢內閣六部及督撫、藩臬司道矣。……於是京朝震動，外省悚驚，謠謗不可聽聞矣。軍機大臣曰：『開制度局，是廢我軍機也，我寧忤旨而已，必不可開。』王文韶曰：『上意已定，必從康言，我全駁之。則明發上諭，我等無權矣，不如略敷衍而行之。』王大臣皆悟，咸從王言，遂定議。」

然而，康聖人做事一向是自信心爆棚，他將開制度局作做為自己「維新」的綱領和核心，顯然不會顧及那些朝堂高官會怎麼想。變法開始後的第十天，康氏又請人上了一道摺子，摺子裡說：「臣以為，皇上若不想變法圖強，也就罷了；若想變法圖強，那麼要做的第一件事情，就是非開制度局不可。」

可以想見，這樣一份奏書將會在朝野內外激起多大的反響！面對反對派的洶洶群議，康有為又策動學生在各地組織學會，一時之間，關學會、閩學會、蜀學會如雨後春筍般紛紛出現。這一年，康有為在各省學會的基礎上，聯合朝中一些大臣成立了以「保國、保種、保教」為宗旨的保國會，一時間激盪全國。而此時，維新派與保守派的鬥爭也日趨激烈化，朝中的保守勢力攻擊保國會「保中國不保大清」、「僭越妄為，非殺頭不可」。

這年5月分，朝中還發生了一件大事，恭親王奕訢去世了。

奕訢原本是洋務運動的主導者，晚年思想卻趨於保守，他離世後，光緒皇帝胸中重燃起維新圖強的念頭。

這一年，光緒皇帝已經28歲了，雖然名義上早已親政，但大權仍然

握在慈禧太后手裡。面對朝廷面臨的危機與困局，年輕的光緒對主持朝廷日常事務的慶親王奕劻抱怨說：「太后若仍不給我事權，我願退讓此位，不甘做亡國之君。」

聽到奕劻的報告，慈禧太后勃然大怒：「他不願坐此位，我早已不願他坐之！」

在慶親王奕劻的勸說下，慈禧怒氣漸消，說道：「由他去辦，俟辦不出模樣再說。」

奕劻回來覆命時，並沒有提及慈禧大怒的事情，只是淡淡地說：「太后不禁皇上辦事。」

年輕氣盛的光緒皇帝以為太后同意放手讓他去幹一場，頓時意氣勃發，於西元 1898 年 6 月 11 日頒布了《明定國是詔》，正式拉開了維新運動的序幕，原文如下：

數年以來，中外臣工，講求時務，多主變法自強。邇者詔書數下，如開特科，裁冗兵，改武科制度，立大小學堂，皆經再三審定，籌之至熟，甫議施行。唯是風氣尚未大開，論說莫衷一是，或託於老成憂國，以為舊章必應墨守，新法必當擯除，眾喙嘵嘵，空言無補。試問今日時局如此，國勢如此，若仍以不練之兵，有限之餉，士無實學，工無良師，強弱相形，貧富懸絕，豈真能制梃以撻堅甲利兵乎？

朕唯國是不定，則號令不行，極其流弊，必至門戶紛爭，互相水火，徒蹈宋明積習，於時政毫無裨益。即以中國大經大法而論，五帝三王不相沿襲，譬之冬裘夏葛，勢不兩存。用特明白宣示，嗣後中外大小諸臣，自王公以及士庶，各宜努力向上，發憤為雄，以聖賢義理之學，植其根本，又須博採西學之切於時務者，實力講求，以救空疏迂謬之弊。專心致志，精益求精，毋徒襲其皮毛，毋競騰其口說，總期化無用為有用，以成通經

濟變之才。

京師大學堂為各行省之倡，尤應首先舉辦，著軍機大臣、總理各國事務王大臣會同妥速議奏，所有翰林院編檢、各部院司員、大門侍衛、候補候選道府州縣以下官、大員子弟、八旗世職、各省武職後裔，其願入學堂者，均準其入學肄業，以期人材輩出，共濟時艱，不得敷衍因循，循私援引，致負朝廷諄諄告誡之至意。

從這份詔書中不難看出，光緒在此前已經陸續頒發了一系列改革變法的詔書，但卻遭到了各地官員的阻撓和敷衍。因此，光緒皇帝厲聲質問那些反對改革變法的王公大臣們：「試問時局如此，國勢如此，若仍以不練之兵，有限之餉，士無實學，工無良師，強弱相形，貧富懸絕，豈真能制梃以撻堅甲利兵乎？」

西元 1898 年 6 月 15 日，這是變法第 5 天，慈禧太后連下三道諭旨，內容如下：

一、凡新任二品以上大臣必須到頤和園慈禧太后處謝恩。

二、免去翁同龢的軍機大臣和一切職務，驅逐回籍。

三、任命榮祿為直隸總督。

這三道諭旨可謂是意味深長，一下子就將朝廷的人事任免權掌握在了自己手裡，充分展現了慈禧太后作為一個政治家的老謀深算。事實上，慈禧太后一開始並不反對維新變革，不然她也不會放手讓光緒皇帝去做，但光緒畢竟年輕衝動，為了保證他的維新變法不出格，慈禧必須將大局牢牢控制在自己手中。

後世史家常常將翁同龢的出局歸咎於慈禧太后，事實卻未必如此，因為翁同龢雖為光緒的師傅，但翁同龢對康有為很是看不慣，這就導致了他

與光緒常常意見不合。有一次，光緒讓翁同龢向康有為索要上書，翁同龢回答道：「臣與康不往來」，光緒問：「何也？」翁同龢回答：「此人居心叵測」。光緒問道：「此前何以不說？」翁同龢答道：「臣近見其《孔子改制考》知之」。第二天，光緒再次要翁同龢去向康有為索要上書，翁同龢還是不肯，光緒再度「發怒詰責」，翁同龢堅持不肯代呈康有為的東西，兩人矛盾日益加深。光緒由此對翁同龢不滿：「每於召對時諮詢事件，任意可否，喜怒見於詞色，漸露攬權狂悖情狀」，隨後將其驅逐回原籍。

次日，康有為被光緒帝安排召見，在朝房等待時，他遇到了新任的直隸總督榮祿。榮祿問他如何才能挽救危局，康有為隨口答道：「殺幾個一二品的大臣，法就變了！」

這番話給榮祿留下了非常惡劣的印象，導致其徹底倒向了維新派的對立面，也為康有為後來的失敗埋下了伏筆。

按照康有為在自編年譜中的記載，他與光緒皇帝皇帝的會談內容如下：

光緒皇帝在詢問了康有為的年齡出身之後，便切入正題。

康有為：「四夷交迫，分割洊至，覆亡無日。」

光緒皇帝：「皆守舊者致之耳。」

康有為：「上之聖明，洞悉病源，則藥即在此。既知守舊之禍敗，則非盡變舊法，與之維新，不能自強。」

光緒皇帝：「今日誠非變法不可。」

康有為：「近歲非不言變法，然少變而不全變，舉其一而不改其二，連類並敗，必至無功。譬如一殿，材既壞敗，勢將傾覆。若小小彌縫補漏，風雨既至，終至傾壓。必須拆而更築，乃可庇託。然更築新基，則地之廣袤，度之高下，磚石楹桷之多寡，門檻窗櫺之闊窄，灰釘竹屑之瑣

細，皆須全域性統算，然後庀材鳩工，殿乃可成。有一小缺，必無成功，是殿終不成，而風雨中不能禦也。」

光緒皇帝深表贊同。

康有為：「今數十年諸臣所言變法者，率皆略變其一端，而未嘗籌其全體。又所謂變法者，須自制度、法律先為改定，乃謂之變法。今所言變者，是變事耳，非變法也。臣請皇上變法。須先統籌全域性而全變之。又請先開制度局而變法律，乃有益也。」

光緒皇帝深以為然。

康有為大受鼓勵，繼續侃侃而談：「臣於變法之事，嘗輯考各國變法之故，曲折之宜，擇其可施行於中國者，斟酌而損益之，令其可施行，章程條理，皆已備具，若皇上決意變法，可備採擇，但待推行耳。泰西講求三百年而治，日本施行三十年而強，吾中國國土之大，人民之眾，變法三年，可以自立，此後則蒸蒸日上，富強可駕萬國，以皇上之聖，圖自強，在一反掌間耳。」

光緒皇帝：「然，汝條理甚詳。」

康有為：「皇上之聖既見及此，何為久而不舉，坐致割弱？」

光緒皇帝看了一眼簾子外面，長嘆道：「奈掣肘何？」

康有為瞬間就明白了光緒皇帝的顧慮，他畏懼的是慈禧太后，於是說道：「就皇上現在之權，行可變之事，雖不能盡變，而扼要以圖，亦足以救中國矣。唯方今大臣，皆老耄守舊，不通外國之故，皇上欲倚以變法，猶緣木以求魚也。」

光緒皇帝黯然一嘆：「伊等皆不留心辦事。」

康有為：「大臣等非不欲留心也，奈以資格遷轉，至大位時，精力已

衰，又多兼差，安無暇晷，無從讀書，實無如何，故累奉旨辦學堂，辦商務，彼等少年所學皆無之，實不知所辦也。皇上欲變法，唯有擢用小臣，廣其登薦，予以召對，察其才否，皇上親拔之，不吝爵賞，破格擢用。方今軍機總署，並已用差，但用京卿、御史兩官，分任內外諸差，則已無事不辦，其舊人且姑聽之，唯彼事事守舊，請皇上多下詔書，示以意旨所在，凡變法之事，皆特下詔書，彼等無從議駁。」

光緒皇帝：「然。」

康有為：「昨日聞賞李鴻章、張蔭桓寶星，何不明下詔書。」

光緒皇帝並不答話，微微一笑。

康有為：「自割臺後，民志已離，非多得皇上哀痛之詔，無以收拾之也。」

光緒皇帝：「然。」

隨後，康有為和光緒皇帝談起了教育。

康有為：「今日之患，在吾民智不開，故雖多而不可用，而民智不開之故，皆以八股試士為之。學八股者，不讀秦漢以後之書，更不考地球各國之事，然可以通籍累致大官，今群臣濟濟，然無以任事受者，皆由八股致大位之故。故臺遼之割，不割於朝廷，而割於八股，二萬萬之款，不賠於朝廷，而賠於八股，膠州、旅大、威灣、廣州灣之割，不割於朝廷，而割於八股。」

光緒皇帝：「然，西人皆為有用之學，而吾中國皆為無用之學，故致此。」

康有為：「上既知八股之害，廢之可乎？」

光緒皇帝：「可。」

康有為：「上既以為可廢，請上自下明詔，勿交部議，若交部議，部臣必駁矣。」

光緒皇帝：「可。」

……

召見完畢，光緒發下諭旨：「工部主事康有為，著在總理各國事務衙門章京上行走」，可專摺奏事。

康有為對這項任免顯然很不滿意，因為品級還是六品，絲毫沒有升職，梁啟超記錄當時維新派對這一任命的態度：「總署行走，可笑之至。」

失望歸失望，改革的大幕已經拉開，只能硬著頭皮繼續走下去。在這之後，維新派陸續給皇帝上了一系列奏摺，其中大部分都被光緒皇帝採納，並以上諭的方式下發全國，主要分這麼幾個方面：

政治方面：廣開言路，准許各級官員及民眾上書言事，嚴禁官吏阻格；精減機構，撤銷詹事府（主管皇后、太子家事）、通政司（主管內外章奏）等六個衙門；任用新人，維新派楊銳、劉光第、譚嗣同都被光緒任命為「軍機衙門章京上行走」（祕書），參與新政；取消旗人的寄生特權，準其自謀生計；改革財政，創辦國家銀行，編制國家預決算；仿效康熙、乾隆時的舊制，在紫禁城內開「懋勤殿」。

經濟方面：設立鐵路礦務總局、農工商總局，開墾荒地；提倡私人辦實業，獎勵發明創造；在各地設立工廠、在各省設商務局、商會，保護商務；設立鐵路、礦務總局；鼓勵商辦鐵路、礦業；裁撤驛站，設立郵政局。

軍事方面：遣散老弱殘兵，削減軍餉須支，實行團練；籌設武備大學堂；武科停試弓箭騎劍，改試槍炮；裁減綠營及冗兵，採用新法編練陸海軍。

文教方面：改革科舉制度，廢除八股，改試策論；祠廟、義學、社學

一律改為兼習中西學的學堂；鼓勵地方和私人辦學，創設京師大學堂；准許民間創立報館、學會；設譯書局，派留學生；獎勵科學著作和發明。

這些政策好不好？當然好，但問題在於，改革是一個漸變的過程，不能一蹴而就。我們就拿科舉考試而言，客觀的說，科舉制度在選拔人才上是具有一定歷史優越性的，但隨著時間的推移，其弊端也日漸暴露，但即便如此，也不能一句話就廢除科舉。正如唐德剛所言，科舉考試是涉及到「數百翰林、數千進士、數萬舉人、數十萬秀才和數以百萬童生」的出身和仕途問題，在沒有為讀書人指明新的出路之前，你康有為憑什麼一句話就輕易廢除？

果不其然，廢除科舉的命令一出，天下讀書人怨聲載道，個個激憤異常，甚至還有人威脅要暗殺康有為，搞得康有為很是狼狽。

我們再來看康有為一直鼓吹的制度局。歷史學家郭廷以這樣概括道：「廢八股為變法第一大事，開制度局關係變法的根本。」如前文所言，康有為設想在中央設立制度局，在地方設立「十二專局」，農工商學兵無所不包，這等於架空了軍機處六部衙門，這置朝中大臣於何地？士大夫能支持康有為才怪了。

在這短短的一百多天裡，光緒皇帝下達了大量的諭旨，新政詔書聯翩而下，臣民目不暇接，但因主次不分，貪多求全，遭到了絕大多數地方督撫的抵制，實際效果極差。康有為的胞弟康廣仁曾在給友人的信中這樣分析原因：「伯兄規模太廣，志氣太銳，包攬太多，同志太孤，舉行太大，當此排者、忌、擠者、謗者盈衢塞巷，而上又無權，安能有成？」

正如歷史學家金滿樓所言，無論是改革還是革命，其變動的背後都意味著利益相關者的利益消長。任何一個新政策，在獲取一部分人支持的同

時，往往會傷害了另一部分人的利益。任何新政的變法改革措施，都必然要衝擊到一部分守舊派的既得利益，任何的改革方式都會受到他們的重重阻力。就這一點而言，無論是商鞅變法、王安石變法或者戊戌變法，甚至上世紀八十年代的改革開放，都絕無例外。

面對朝野內外的洶洶議論，光緒皇帝充耳不聞，大有不撞南牆不回頭的精神。9月4日，光緒皇帝在沒有經過慈禧太后批准的情況下，擅自將阻撓變法的懷塔布、許應騤等禮部六官全部罷免，同時提拔楊銳、劉光第、譚嗣同、林旭為軍機章京，「參預新政事宜」，引發朝野震動。被革職的禮部尚書懷塔布，利用與總管內務府太監李蓮英的特殊關係，不斷向慈禧太后哭訴遭遇。慈禧太后得知後，提醒光緒即便懷塔布昏庸無能，也不能將這些老臣輕易罷免，因為如果舉動過大，極有可能失去滿洲貴族的信任，威脅到愛新覺羅家族的皇族統治。然而光緒的辯解卻激怒了慈禧太后，她毫不客氣地罵道：「小子為左右熒惑，使祖宗之法自汝壞之，如祖宗何？」

光緒覺得滿腹委屈，邊哭邊道：「時事至此，敵驕民困，不可不更張以救，祖宗在亦必自變法。臣寧變祖宗之法，不忍棄祖宗之民、失祖宗之地，為天下後人笑，而負祖宗及太后之付託也。」

這之後，光緒皇帝又向慈禧太后提議開懋勤殿。所謂懋勤殿，按照梁啟超的定義這樣子的：「選集通國英才數十人，並延聘東西各政治專家，共議制度，將一切應興應革之事，全盤籌算，定一詳細規則，然後施行。」不難看出，所謂的「懋勤殿」不過是延續了「制度局」的思路，邀請東西方各國政治專家，以新名目再造權力體系。這裡面提到的準備延請的東西方各國政治專家，指的正是已卸任的日本前首相伊藤博文與英國人李提摩太。

開「懋勤殿」，動作不小，光緒只能去頤和園向慈禧請示。慈禧是何等精明之人？她一眼就看出了「懋勤殿」的本意，將光緒皇帝劈頭蓋臉地罵了一頓。

光緒皇帝這時已毫無方寸，只好求助楊銳，希望他能出個主意，卻遭到楊銳的直接拒絕：「此陛下家事，當與大臣謀之。臣人微言輕，徒取罪戾，無益也。」

或許是理解楊銳不敢在明面上干預皇族事務的苦衷，光緒帝特別向楊銳下了一道密詔，讓楊銳找其他幾位軍機章京商議對策：

近來仰窺皇太后聖意，不願將法盡變，並不欲將此輩老謬昏庸之大臣罷黜，而登用英勇通達之人，令其議政，以為恐失人心。雖經朕累次降旨整飭，而並且有隨時幾諫之事，但聖意堅定，終恐無濟於事。即如十九日硃諭，皇太后已以為過重，故不得不徐圖之，此近來之實在為難情形也。朕亦豈不知中國積弱不振至於阽危，皆由此輩所誤。但必欲朕一旦痛切降旨，將舊法盡變而盡黜此輩昏庸之人，則朕之權力，實有未足。果使如此，則朕位且不能保，何況其他？今朕問汝，可有何良策，俾舊法可以漸變，將老謬昏庸之大臣盡行罷黜，而登進英勇通達之人，令其議政。使中國轉危為安，化弱為強，而又不致有拂聖意？爾等與林旭、譚嗣同、劉光第及諸同志等妥速籌商，密繕封奏，由軍機大臣代遞，候朕熟思審處，再行辦理。朕實不勝緊急翹盼之至。特諭。

與此同時，康有為的一系列激進主張也招致了朝中多數官員的反感，他急於介入政治高層的野心也在高層引起相當震動。經過慎重考慮，光緒皇帝明降諭旨，讓康有為暫時離開北京，避避風頭，又讓林旭向康有為口述御旨如下：

朕今命汝督辦官報，實有不得已之苦衷，非楮墨所能罄也。汝可速外出，不可延遲。汝一片忠愛熱腸，朕所深悉。其愛惜身體，善自調攝，將來更效馳驅，朕有厚望焉。特諭。

康有為雖然自詡為維新變法的領頭人，但事實上，他與光緒皇帝只見過一次面，此後多用奏摺往來溝通。面對這兩份光緒皇帝的指示，康有為敏銳地覺察到了光緒皇帝所面臨的危機，但他卻無法證實到底發生了什麼事。送走林旭後，康有為找來譚嗣同、梁啟超等人一起商量應對之策。在康有為的煽動下，這些門徒決意不惜一切代價救聖上，以武力來解決問題。譚嗣同原本是不同意圍園劫后之舉動的，他說：「此事甚不可，而康先生必欲為之，且使皇上面諭，我將奈之何？」然而，因為康有為的一再堅持，為了挽救維新事業，譚嗣同只得兵行險著，硬著頭皮執行。

9月18日夜，譚嗣同受命夜訪新任兵部侍郎袁世凱，希望袁世凱出於道義舉兵勤王，殺榮祿，圍頤和園，劫持慈禧太后，拯救光緒皇帝。在梁啟超的《戊戌政變記》中，倆人之間曾有如下對話：

譚嗣同：君謂皇上何如人也？

袁世凱：曠代之聖主也。

譚嗣同：天津閱兵之陰謀（意即慈禧太后將把光緒騙至榮祿兵營宣告廢黜），君知之乎？

袁世凱：固有所聞。

譚嗣同於是拿出密詔給袁世凱：今日可救我聖主者，唯在足下，足下欲救則救之。又用手摸了摸自己的脖子：苟不欲救，請至頤和園首僕而殺僕，可以得富貴也。

袁世凱正色厲聲道：君以袁某為何如人哉？聖主乃吾輩所共事之主，

僕與足下同受非常之遇，救護之責，非獨足下，若有所教，僕固願所聞也。

譚嗣同：榮祿密謀，全在天津閱兵之舉，足下及董、聶三軍，皆受榮所節制，將挾兵力以行大事，雖然董、聶不足道也，天下健者唯有足下。若變起，足下以一軍敵彼二軍，保護聖主，復大權，清君側，肅宮廷，指揮若定，不世之業也。

袁世凱：若皇上於閱兵時疾馳入僕營，傳號令以誅奸賊，則僕必能從諸君之後，竭死力以補救。……若皇上在僕營，則誅殺榮祿如殺一狗耳！

這就是我們中學所熟知的故事，可惜的是，這個故事是經過藝術加工的。

就在前幾天，御史楊崇伊給慈禧太后上了一封密摺，向慈禧太后控告了帝黨文廷式和康有為、孫文等人相互勾結，訕謗朝廷，煽動人心的不軌行為，並攻擊光緒「兩月以來，變更成法，斥逐老成，藉口言路之開，以位置黨羽」。不僅如此，楊崇伊還特意提到了一條，光緒有意聘請日本退役首相依藤博文做顧問，「伊藤果用，則祖宗所傳之天下，不啻拱手讓人」，因此他籲請老佛爺即刻訓政，「救官民於水火之中」。

慈禧果然被徹底激怒了，立即決定回宮，疾聲厲色地喝斥光緒：「天下乃是祖宗的天下，你何敢任意妄為！這些大臣，都是我多年曆選，留以輔佐你的，你竟敢任意不用！還敢聽信叛逆蠱惑之言，變亂朝綱！康有為是個什麼東西，能勝於我選用之人？康有為之法，能勝於祖宗所立之法？你難道昏頭了，不肖竟至於此！」

隨後，慈禧太后又轉頭責罵那些大臣：「皇帝年少無知，你們這些人為何不加以勸阻，以為我真不管，聽他亡國敗家嗎？我早就知道他不足以

承大業，不過時事艱難，不宜輕舉妄動，只得對他留心稽察管束。現在我人雖然在頤和園，但心時時在朝中。我唯恐有奸人蠱惑，所以經常囑咐你們，不可因他不肖，便不肯盡心國事；所幸我現在身體還好，到時必不負你們。早些時候奕劻還再三跟我說，皇上既肯勵精圖治，謂我也可省心，我因想外臣不知其詳，並有不學無術之人，反以為我把持，不許他放手辦事，今天總算知道這樣是不行的。他是我立的皇帝，他要亡國，其罪在我，我能不問嗎？你們不力諍，便是你們的罪過！」

軍機大臣剛毅趁勢道：「微臣屢次苦諫，但每次都被譴斥，其餘眾臣，也有勸諫過的，也有不吭聲的。」

慈禧太后又轉身問光緒：「如有臣下變亂祖法，你可知道該當何罪？是祖宗之法重要，還是康有為之法重要，背悖祖宗而行康法，你何以昏憒至此？」

光緒戰慄答道：「兒臣固然糊塗，但洋人逼迫太急，兒臣只想儲存國脈，通融試用西法，並不敢聽信康有為之法。」

慈禧太后厲聲道：「難道祖宗之法不如西法，鬼子反重於祖宗嗎？康有為叛逆，圖謀於我，你不知道嗎？還敢迴護他！」

此時的光緒早已被嚇得魂飛魄散，腦子一片空白，不知所對。

慈溪的回宮訓政意味著維新變法的徹底失敗，傳統的說法是戊戌變法因袁世凱告密而導致失敗，事實真的是這樣嗎？

顯然不是！

戊戌政變並非因袁世凱告密而發生，其原因有二：

第一，時間上不成立。袁世凱是在八月初五日傍晚乘火車抵達天津的，假定他當日晚上即刻趕到榮祿處告密，榮祿也不可能連夜趕回北京，

因為當時根本沒有夜間的火車，而慈禧太后回宮訓政卻是在初六日上午，很顯然，訓政時並非由袁世凱告密所引起，當時慈禧還不知道康有為等人有圍園劫后之謀。

第二，如果是袁世凱告密導致政變，那麼名單中肯定跑不掉譚嗣同，為何上諭中只命捉拿康有為、康廣仁兄弟，沒提譚嗣同？而且上諭中康有為的罪名是「結黨營私、莠言亂政」，與圍園劫後相比，這條罪名簡直不值一提，何以在上諭中避重就輕？

可惜的是，事實的真相被掩藏了上百年，而謊言重複千遍，就變成了真理。

不可否認的是，袁世凱在戊戌政變中確實告密了，但其告密發生在慈禧發動政變之後，而非之前，為了保全自己，袁世凱才不得已將維新派的圍園殺后密謀和盤托出。慈禧得知密謀後惱怒之極，立即下令捉拿康黨，整個事件也發生了根本性的轉變。

後來的事情我們都知道了，康梁二人僥倖逃離京城，隨後輾轉到了日本。而譚嗣同、康廣仁、林旭、楊深秀、楊銳和劉光第六人可就沒這麼好運了，他們被逮捕入獄，隨後被殺。

如果我們仔細分析這「戊戌六君子」，還會發現一個現象，那就是這六君子並非都是康梁的死黨鐵粉，實際上，「六君子」中厭惡康有為者大有人在。楊銳、劉光弟乃張之洞門下之人，對康黨甚為厭惡和鄙視。政變發生時，二人認為沒有出逃的必要，後被捕入獄，二人也認為事情沒那麼嚴重，自信經過審訊即可無罪出獄。林旭乃兩江總督沈葆楨之孫婿，雖然深受康有為影響，但之後曾努力撇清與康黨的關係；康廣仁是康有為的親弟弟，但對老兄的一些做法也不以為然，在獄中得知必死後，痛哭失聲

道：「天哪！哥哥的事，要兄弟來承當！」楊深秀被殺是因為他呈遞了康黨擬定的一份涉及武裝政變計劃的奏摺，但當時康有為的許多奏摺都是以楊深秀的名義遞上去的，楊深秀對奏摺中的玄機也未必全部知曉。

由此來看，或許只有譚嗣同清楚地了解自己因何而死，而且做好了赴死的準備。就義前，譚嗣同曾大聲道：「有心殺賊，無力迴天，死得其所，快哉快哉！」

頭顱滾動，漫天血雨中，知識分子的救國幻想也由此幻滅。

回望這段歷史，我們能得到什麼？

如果從整個晚清的歷史縱軸來看，洋務運動算得上是晚清的第一次改革運動，戊戌變法是第二次改革嘗試。不同的是，洋務運動是由清廷的執政菁英們發起的試圖透過經濟層面的改革，來化解社會矛盾的一次嘗試，可惜失敗了。以康有為為代表的知識分子顯然看出了缺乏政治體制改革的變法是沒有出路的，但他們書生氣太濃，做事太過強硬，不懂得妥協，不懂得方法，不懂得積重難返，不懂得平衡，短短百日就想把幾千年的制度翻過來，希望畢其功於一役，這又怎麼可能做得到？

黃遵憲在分析戊戌變法失敗的原因時曾說過：「幾百年積下的毛病，尤其要慢慢來治。這次的失敗就是新派人『求快』兩個字的失敗。」「如有一般有學問、有辦法、有經驗、有涵養的老輩出來主持，一定可得相反效果的。」

改革是一個重新洗牌、重新分配利益的過程，需要成熟的政治經驗和長遠的整治規劃，而這正是康梁等人的短板。縱觀戊戌變法的歷史，康有為更像是一個政治投機者，最終在激越與輕率中失去了變革的機會。

第七章
庚子國變：民眾的非理性排外運動

　　「義和團，起山東，不到三月遍地紅。」1900年的那個夏天，義和拳湧入北京城，外交官危在旦夕，清王朝命懸一線，伴隨著愚昧、迷信、狂暴與殺戮，終於闖下了滔天大禍。誰該為這場民眾的非理性暴動買單？

　　西元 1897 年 11 月 1 日，山東鉅野縣發生了一起教案，牽動了地方官府和朝中重臣所有人的神經。

　　這一日深夜，十多人手持短刀跳進張家莊教堂，意圖殺害這座教堂的德國神父薛田資（Stenz）。不料當晚薛田資邀請了兩名神父到教堂小聚，並將自己的臥室借給二人，自己住在了院門耳房。黑暗混亂之中，這群人錯將兩名外來的神父殺害，目標人物薛田資則僥倖逃過一劫，這次事件也稱之為「鉅野教案」事件。

　　案件發生後，由於被害者是外國傳教士，事態嚴重，官府立即展開了調查，之後逮捕了一些當地的土匪流氓，以「起意行竊、強盜殺人」為由，將其中兩名處死抵罪。

　　對於這樣的結果，當地人深表懷疑，就連薛田資自己都無法相信，因為對於事情的緣由，他們自己心知肚明。

　　事實上，發起「鉅野教案」的主要人物為劉德潤，是鉅野縣獨山鎮小劉莊人。此人喜好舞槍弄棒，性格豪放，交遊甚廣，三教九流中都有朋友，綽號「劉大刀」。劉德潤早年有一拜把兄弟叫魏培喜，投靠鉅野知縣許廷瑞做了一名捕役，其後倆人關係日漸疏遠。一次，劉德潤被人告發，魏培喜不顧當年情誼，親自帶人前往逮捕，劉德潤提前得知消息出逃。劉德潤逃走後，官府將其 17 歲的女兒收監，後來在劉氏族眾的請求下被放回。劉德潤得知後極為氣憤，糾集了一些拳友決意報復官府，他們的辦法是除掉在當地民憤極大的德國神父薛田資，將官府置於難堪的境地，這才有了開頭那一幕。

　　這裡有必要講一下故事的主角薛田資。此人乃德國傳教士，西元 1893 年來中國，在鉅野縣磨盤張莊的天主教聖言會傳教。薛田資對中國並無好

感，在傳教過程中，與當地百姓相處並不融洽，積怨甚多。當然，這主要是因為教會收留了不少地痞流氓和盜匪，據時人記載：「大凡教會初開，群情未附，謹厚之士觀望者居多。唯失業無賴之人，畏罪漏網之匪，希圖小利，冀免刑誅，則首自入教，妄求保護。」

鴉片戰爭之後，清政府國門大開，傳教士們紛紛湧入。為了擴大宗教版圖，西方傳教士在中國發展教徒時，往往是來者不拒，山東巡撫張汝梅在給朝廷的奏摺中說，「搶劫之犯入教者有之，命案之犯入教者有之，負欠避債因而入教者有之，自揣理屈恐人控告因而入教者有之，甚至有父送忤逆，子投入教，遂不服傳訊者有之。」這些無賴教民藉著教會的保護為非作歹，橫行鄉里，欺壓貧民，屢生事端，民憤極大，加劇了教會名聲的墮落，「平民飲恨吞聲，教民愈志得意滿。」由此，「民教」衝突在 19 世紀末的中國愈演愈烈。

除了教民良莠不齊之外，西方教會難以融入晚清的社會生活也是導致「民教」衝突的另一個重要原因。

作為一個在政治及思想上早熟的傳統專制社會，儒家思想在中國社會中長期占據著主流，外來文化若要在中國這塊土壤上扎下根來，必須融入當地社會，甚至付出被傳統文化同化的代價才能被人們廣泛接受。基督教作為一個世界性的宗教，在世界各地廣泛傳播，歷史上曾四次大規模傳入中國。在當時，由於文化的隔閡，西方教會的教義很難吸引中國人，基督教教義、宗教形式與中國傳統思想文化存在著明顯的扞格，中國的士大夫素來以生於文明之邦自詡，在傳統文化中薰陶了兩千多年，不肯也不屑向其他外來文化低頭。在他們心目中，這夷人的夷教簡直就是異端邪說，猶如洪水猛獸，對西方教會表現出濃厚的保守性與排外性。再者，西方教會要求中國教徒不祭祖先，不祀孔子，不敬神佛，禮拜時男女混雜在一處，

這在士大夫看來簡直就是欺師滅祖，而且有傷風化，引起了中國官紳的惡感。正如當時的傳教士自己所說的，「所有的中國人，只要他違背了他們國家的傳統宗教習慣，特別是祖先崇拜，他即將被認為是對祖國的背叛和對祖宗的忘恩負義」。

再者，西方教會傳入中國時，藉著一系列不平等條約強行進入中國內地，這勢必會引發民眾的排斥行為，再加上部分傳教士靠著諸如領事裁判權等特權恣意妄為，自然無法獲得民眾的好感。

西元 1870 年 6 月 21 日，天津爆發教案，堪稱是中國近代史上最大的「教案」之一。這年夏天，天主堂育嬰堂中有三四十名兒童患病而死，傳教士將他們入殮埋於墳地，不料夜間卻被野狗扒出，「死人皆由內先腐，此獨由外先腐，胸腹皆爛，腸肚外露」。與此同時，天津不斷發生有人用藥迷拐幼孩事件，城內流傳著一些謠言，說傳教士買通了中國教徒誘拐嬰孩至天主堂，將孩童害死，挖心剖眼，製作各種迷藥。6 月 20 日，一名被捕的人犯武蘭珍供出與天主堂王三有牽連，群情譁然，眾人去教堂對質，發現並無王三其人，「遍傳堂中之人，該犯並不認識，無從指證」。

然而，此時民眾群情激奮，已經無從分辨真假，他們將教堂團團圍住，且衝突有逐漸擴大的趨勢。法國駐津領事豐大業攜槍衝入三口通商大臣崇厚衙門，在爭執中怒而開槍，幸而打中人，但在返回途中路遇天津知縣當面勸阻，豐大業「又向其放槍，未中，誤將劉傑之家人打傷」。憤怒的民眾當場將豐大業擊斃，隨後鳴鑼聚眾奔赴望海樓，將法領事館、天主堂、仁慈堂等焚毀，並從仁慈堂地下室查出幼孩百五十餘人，英國四處禮拜堂、美國兩處禮拜堂被毀，又被殺死了 20 餘名傳教士、修女及 30 多名中國信徒，這就是震驚朝野的「天津教案」。

事件發生後，以法國為首的七國公使向總理衙門提出抗議，要求懲辦教案人犯，隨即調派軍艦到天津海口和煙臺進行武力恫嚇。清廷派了直隸總督曾國藩前往查辦，尚在病中的曾國藩接到通知後，大部分人都反對他前往處理此事。曾國藩顯然也深知其中的利害關係，但他還是毅然決定接手這個燙手的山芋，他在給兩個兒子的書信中這樣寫道：「余此行反覆籌思，殊無良策。余自咸豐三年募勇以來，即自誓效命疆場，今老年病軀，危難之際，斷不肯吝於一死，以自負其初心。」

　　曾國藩到天津後，依法判處十六人死罪，二十五人充軍，不料被民眾指責為賣國賊，導致曾國藩名毀津門。其後李鴻章接手此事，艱難交涉下，賠償法、俄、英、美等國白銀五十餘萬兩，並特派崇厚赴法國道歉，始得結案。

　　咸豐年間，山東東昌府冠縣梨園屯士紳曾公捐義學坡地 38 畝，並在義學堂後面修建玉皇廟一座，後毀於戰火。西元 1869 年，天主教進入該地傳教後，二十餘戶教民向村中首事請求分一塊土地用以修建天主教堂，由於是村裡的公產，首事人同意了教民的請求，村民與教民還簽訂了分單。

　　協定簽訂後，法國傳教士梁宗明在此建了一座禮拜堂。昔日的玉皇廟變成了天主教的教堂，觸動了村民們最敏感的神經，這下子他們心中不樂意了。

　　明明在分單上寫了玉皇廟所在地基歸教民，為何村民突然違約群起而反對？

　　多年後梨園屯村民解釋道：「村裡人們看透了奉教的要廟而不要地，才這樣提出來的。他們認為奉教的要了廟無用，一來廟不打糧食，二來他

們要了廟也不敢拆廟，更不敢種官地。誰知正合了教民將廟賣給神父的心意。」

其實，這背後的根源是，村民們對玉皇大帝信仰的感情勝過了訂立契約時的理性，致使他們在面對既定的事實時，無法兌現自己做出的承諾。村民一方開始向教民一方提出了「索地建閣」的要求，但有簽訂的分單在先，教會豈能答應？

在接下來的幾年中，圍繞玉皇廟基的歸屬問題，村民與教民發生了激烈的爭論，在官府的壓制下，民眾的反教浪潮被暫時壓制，但鬥爭遠未停止。

此後，梨園屯天主教民準備重新建一所更大的教堂，來取代之前的小教堂，這一舉動再次遭到村民們的強烈反對。眼看官府不會站在自己這邊，村民們於是推舉閻書勤、高元祥等人為首領，號稱「十八魁」，繼續領導村民進行抗爭，他們的口號是「訴諸武力，拆毀教堂」。為了抵抗官府和教會的壓力，「十八魁」決定引進外部勢力，閻書勤、高元祥拜入當地的梅花拳首領趙三多門下，成為了梅花拳弟子中的一員。

在閻書勤等人的協助下，趙三多在梨園屯連開三天的「亮拳」大會，聚集了周圍二十里的拳眾三千多人。之後，「十八魁」率領拳眾湧到教堂，與教民發生大規模衝突。

事件發生後，山東巡撫李秉衡派東昌府知府洪用周前往查辦，並指示洪用周將廟基充公，重新為教會購買土地建立教堂，同時也為村民另覓土地建廟。按說這個解決方案雖然有和稀泥的嫌疑，卻不失為一個好法子，但隨著「鉅野教案」的爆發，德國出兵侵占了膠州灣，教會主教擺出了更為強硬的姿態。繼任的山東巡撫張汝梅只得一面將冠縣知縣何式箴罷免，

一面派人繼續打壓「十八魁」。

繼任的冠縣知縣曹倜到任後，派人邀請趙三多面談，對其曉以利害，希望他能將拳民解散，不再與官府對抗。為了照顧趙三多的面子，官府還為其送了一塊牌匾。然而，趙三多雖然是梅花拳的首領，但拳民的構成十分複雜，組織鬆散，趙三多也無法阻止拳民與教會為敵。

在這之後，趙三多的同道姚洛奇找到他，並將另一個激進團體的首領拉了進來，此舉引起了梅花拳其他拳師的不滿。為了和梅花拳撇清關係，趙三多將自己這一支梅花拳改名為義和拳，此後的義和拳開始偏離了最初的軌道，在失控的道路上越滑越遠，趙三多也不得不踏上了逃亡的生涯。

類似的民教衝突在晚清的歷史上不勝列舉，據統計，從西元 1860 年到 1900 年的四十年中，共發生教案 811 起。民教衝突，既是利益之爭，也是觀念之爭，更是西方教會與中方鄉紳的權力之爭。

眾所周知，鄉紳是中國傳統社會仲介於官民之間的特殊階層，上承皇權，下接民威，是與地方政府管理當地事務的地方菁英，在鄉村社會治理中發揮著不可替代的作用。教會的進入，打亂了原有的社會秩序，對鄉紳這種傳統的鄉村權威構成了極大的威脅。

需要說明的是，趙三多的義和拳和 1900 年高潮時的義和拳雖然在名稱、口號甚至組織形式上有很多相似之處，但二者其實並沒有多大的關聯，不能將它們簡單劃上等號。

西元 1898 年 8 月，黃河北岸在東阿、濟陽等處決口，山東 30 餘縣受災，這次大水持續的時間特別長，直到中秋過後才慢慢退去，房屋被沖毀，農田和棉花地基本上變成了一片汪洋，百姓無以為生。就在這艱難的當口，「神拳」興起了。

　　要知道，山東原本就是武術大省，民間經常有習武防身的習慣，大水過後，民眾普遍存在恐慌的心理，又沒法播種，空閒之餘，紛紛加入了「神拳」。

　　「神拳」的代表人物即是朱紅燈和心誠和尚等人，為了吸引民眾，朱紅燈蠱惑拳民，只要跟著練習神拳就可以「降神附體」，也就是刀槍不入！

　　心誠和尚自小出家，練過二十年的硬氣功，大家又叫他「銅頭和尚」，運起功時，刀槍不入，猶有神靈附體，倒也騙過了不少民眾。

　　這種「降神附體」的儀式類似於現在民間的「跳大神」。據當時在山東的傳教士傅恆理觀察說：「光緒二十四年（西元 1898 年）秋，威冠縣的義和拳蜂起被鎮壓後，拳會增加了一種降神儀式。他們認為拳師是一種神靈附了體的人。追隨者大部分是年輕人，他們在這些拳師的指導下進行練習，自鳴得意的以為自己是在神靈的影響之下。這些人聲稱在那樣的狀態下任何東西都不能傷害到自己。」

　　為了讓民眾相信「降神附體」的實質性效果，義和拳到處搞宣傳，表演「刀槍不入」的本領，義和團運動期間做縣令的鄒謂三在《榆關紀事》中這樣記載了一齣表演：「當時街面紛傳，此係真正神團，眾民眼見，用抬槍洋槍裝藥填子，拳民等皆坦腹立於百步之外，任槍對擊，彈子及身，不唯不入，竟能如數接在手裡以示眾，眾皆稱奇，以為見所未見，奔壇求教者如歸市。」

　　事實上，朱紅燈與心誠和尚玩了一個小小的把戲。表演時，預先將「香麵為丸，滾以鐵沙」充作槍子備好，槍響時，麵丸化為青煙，而表演者將事先藏好的鐵丸彈子拿出來，佯作接住射來的子彈，或者用偷梁換柱

的手法將子彈換成黑豆，打在身上自然無礙。靠著這些把戲，朱紅燈吸引了一大批信徒，隨著人數的逐漸增多，朱紅燈將「神拳」改名為「義和拳」，踏上了和趙三多的義和拳相同的道路 —— 興清滅洋！

在朱紅燈的帶領下，義和拳見教堂就燒，與教會的衝突越來越激烈，北京的各國公使們也對清政府不斷施加壓力，要求鎮壓拳民保護教民。多方壓力之下，清廷換上了各國公使都認可的袁世凱擔任山東巡撫。

各國之所以看好袁世凱，主要是因為袁世凱當時編練新軍，手上握有 7,000 餘人的近代化武裝，而且袁世凱在朝鮮待了十二年，做事殺伐果斷，如果由他帶著自己的新軍進入山東圍剿義和拳，一定能夠在短時間內平定暴亂。

事實證明，袁世凱確實頗有手腕和能力，在新軍強大的威力面前，義和拳一路潰敗，再加上西元 1899 年 4 月下了一場透雨，緩解了年初以來的旱情，拳民紛紛回家種地去了，山東境內歸於平靜。即便在此後 1900 年的義和拳高潮時，山東境內也顯得分外平靜，這不能不說有袁世凱的功勞。

西元 1899 年，在直隸山東一帶發生春旱的同時，朝廷政局也發生了重大的變化。

事情的起源還要從同治帝說起。

西元 1875 年，慈禧太后獨生子同治皇帝病死，因其身後無子，給皇位繼承帶來了極大困擾。按照清朝祖制，皇位父死子繼，同治皇帝既然無子，理應立嗣，同治帝屬於「載」字輩，按輩分應該從「溥」字輩中挑選一名，但這個問題操作起來卻頗為複雜。在當時的皇族近支中，符合條件的「溥」字輩只有兩人，溥倫和溥侃，這二人均為道光皇帝的長子奕緯之

孫，溥倫當時 17 歲，溥侃只有 8 個月。但這二人的父親載治不是奕緯的親生子，而是由旁支過繼的，在血緣上不算是近支宗室。

當然，更重要的原因是，如果一旦立了「溥」字輩為嗣皇帝，慈禧太后只能變成「太皇太后」，再也不能「垂簾聽政」了，這是她不願意看到的。

在慈禧的指示下，王公大臣選了醇親王奕譞之子、年僅三歲的載湉為皇帝，這就是後來的光緒皇帝。之所以選中光緒，一是因為年齡小，便於操控，二是因為光緒的母親乃是慈禧太后的親妹妹，兩人還是親戚。

立光緒為帝，有一個嚴重的問題，那就是光緒和同治帝都屬於「載」字輩，於禮法不合。慈禧太后的辦法是宣布光緒繼承的是咸豐皇帝的皇位，待光緒將來生子後作為同治帝的子嗣繼位。即便如此，朝中重臣對此還是頗有微詞，一位名叫吳可讀的六品主事在一座荒僻的小廟中服毒自盡，以「屍諫」的方式抗議慈禧太后破壞了祖制。

戊戌變法失敗後，光緒皇帝被囚禁在南海中的瀛臺。慈溪太后再一次重新掌權，隨之而來的是守舊派高官在朝中占據了顯要位置。

紫禁城內有三海，南海、北海和中南海，瀛臺四面皆環以水，只有一座小橋通岸。在這裡，光緒皇帝度過了人生最後的十年，他在孤獨淒涼中打發著難熬的歲月。雖然還能隨慈禧太后每日上朝，但此後的光緒已不再發言談論朝政，完全淪為慈禧太后推到臺前的木偶。一次，光緒皇帝隨手翻出一本《三國演義》，看了數行就放下書，仰天長嘆：「朕不如漢獻帝也！」

早在戊戌變法時期，坊間便盛傳慈禧要在天津閱兵時廢除光緒，隨著光緒逐漸淡出朝堂，清廷高層屢屢傳出「廢帝」傳聞，北京的各國公使心

中也恐慌不安，於是即有「駐京各國使臣聞聖躬不豫，均詣總署問安，並叩致病之由」。為了打消外界的疑慮，清廷只得允許一位法國醫生給光緒皇帝看病，最後的診斷結果是「病逝無大礙，唯患血虛之症」。

不僅是外國公使反對廢立，地方大員也對此持反對意見。經歷波折之後，「廢立」之說也就偃旗息鼓，隨後又改成了「建儲」計畫。

《方家園雜詠紀事》中記載了這麼一個故事：

一次，徐桐和崇綺將廢立的奏稿拿給慈禧看，慈禧說：「你兩人須先同榮祿商定一下。」倆人於是上門拜訪榮祿。榮祿看了幾眼，突然丟掉稿子，手捂肚子，不由分說朝茅房跑去，邊跑還邊喊：「哎呀！這肚子到底不容啊，適才我正在茅廁，瀉痢未終，聞二公來有要事，提褲急出，今乃疼不可忍」，說完就跑不見了。

榮祿「言畢跟蹌奔入，良久不出」，其實是找幕僚緊急商量對策去了，不過這二位也是鐵了心要等。榮祿一看躲不過去，只好出來接過奏稿，看了幾行，突然將奏稿扔進了火爐裡，邊燒邊喊：「我不敢看，我不敢看呐！」

徐桐大怒：「此稿太后閱過，奉懿旨命爾閱看，何敢如此！」

榮祿回答：「我知太后不願作此事！」

兩位老人家力爭：「這就是太后的意思！」

榮祿只得說：「我即入見，果係太后之意，我一人認罪。」

《崇陵傳信錄》中繼續記載道：

次日朝罷，榮相（即榮祿）請獨對，問太后曰：「傳聞將有廢立事，信乎？」太后曰：「無有也，事果可行乎？」榮曰：「太后行之誰敢謂其不可者？顧上罪不明，外國公使將起而干涉，此不可不懼也。」太后曰：「事且

露，奈何？」榮曰：「無妨也，上春秋已盛，無皇子，不如擇宗室近支子，建為大阿哥，為上嗣，兼祧穆宗，育之宮中，徐篡大統，則此舉為有名矣。」太后沉吟久之曰：「汝言是也。」

　　在皇族近支中，慈禧太后最終選了端王載漪之子溥儁，作為大阿哥的人選。1900 年 1 月 24 日（農曆己亥年），慈禧太后以光緒皇帝的名義釋出上諭：

　　朕以沖齡入承大統，仰承皇太后垂簾聽政，殷勤教誨，鋸細無遺。迨親政後，復際時難，丞宜振奮圖志，敬報慈恩，即以仰副穆宗毅皇帝付託之重。乃自上年以來，氣體違和，庶政殷繁，時虞叢脞。唯念宗社至重，是已籲懇皇太后訓政一年有餘。朕躬總未康復，郊壇宗社諸大祀弗克親行，值茲時事艱難，仰見深宮宵旰憂勞，不遑暇逸，撫躬循省，寢食難安。敬念祖宗締造之艱難，深恐弗克負荷，且追維入繼之初，恭奉皇太后懿旨，待朕生有皇子，即承繼穆宗毅皇帝為嗣，此天下臣民所共知者也。乃朕痼疾在躬，艱於延育，以致穆宗皇帝嗣繼無人，統系所關，至為重大，尤思及此，無地自容，諸病何能望癒，用是叩懇聖慈，就近於宗室中慎簡元良，為穆宗毅皇帝立嗣，以為將來大統之歸。再四懇求，始蒙俯允，以多羅端郡王載漪之子溥儁，承繼穆宗毅皇帝為子。欽承皇旨：感幸莫名，謹當仰遵慈訓，封載漪之子浦儁為皇太子，以綿統緒，將此通諭知之。

　　隨後，15 歲的溥儁被接到皇宮讀書，作為將來的接班人培養。很快，在其生父端王載漪的周圍形成了一個「大阿哥黨」，其核心人物有軍機大臣剛毅、大學士徐桐、禮部尚書啟秀、戶部尚書崇綺等人，此外還有莊親王載勳、載漪的兄弟載濂、載瀾等人。

　　讓我們再一次把目光聚集到義和拳身上。在山東的義和拳運動被鎮壓

下去後，直隸一帶的義和拳運動卻逐漸高漲起來，各種反教的揭帖層出不窮。拳民們在各地自發聚集，表演「降神附體」的神功，不斷與教民發生衝突，僅靠地方官府的少量軍隊根本無法阻止，局面已經出現了失控的現象。

在當時的朝堂之上，榮祿稱病不上朝，朝政被端王載漪為首的大阿哥黨所把持。由於在廢立光緒一事上遭到洋人的反對，這些人普遍存在仇洋反洋的情緒，將與洋人為敵的義和拳看作是義民。在這種情況下，清廷對義和團剿撫不定，延誤了最佳時機。等到義和拳勢力不斷擴大，朝廷已經失去了解決義和拳的能力，只能任由義和拳四處擴散，眼睜睜看著他們衝擊教堂和官府。

在義和拳的衝擊下，地方基層政權基本陷入了癱瘓的狀態，面對清軍統領楊慕時的布告威脅利誘，義和拳拳民們直接無視，一邊拆鐵道，一邊毀橋梁，一路占領了涿州，並在沿途到處張貼「揭帖」，比如下面這篇：

神助拳，義和團，只因鬼子鬧中原。

勸奉教，乃背天，不敬神佛忘祖先。

男無倫，女鮮節，鬼子不是人所生。

如不信，仔細看，鬼子眼睛都發藍。

不下雨，地發乾，全是教堂阻住天。

神爺怒，仙爺煩，伊等下山把道傳。

非是謠，非白蓮，口頭咒語學真言。

升黃表，焚香菸，請來各等眾神仙。

神出洞，仙下山，扶助人間把拳玩。

兵法易，勸學拳，要滅鬼子不費難。

挑鐵道，把線砍，旋再破壞大輪船。

大法國，心膽寒。英美俄德哭連連，

一概鬼子都殺盡，大清一統慶昇平。

從 6 月中旬開始，不斷有義和拳民湧進北京和天津，他們「執持大旗，排隊而行，旗上大書『某縣某村義和團替天行道保清滅洋』」。《庚子紀事》的作者仲芳氏這樣記載道：「團民自外來者，一日數十起，或二三十人一群、四五十人一群，為及歲童子尤多，俱是鄉間業農粗笨之人，均以大紅粗布包頭，正中掖藏關帝神馬，大紅粗衣兜肚，穿於汗衫之外，黃裹腿，紅布腿帶，手持大刀長矛，腰刀寶劍等械不一，各隨所用，裝束卻都一般。」「二十三日，外州縣各村莊義和團，不分晝夜，魚貫而來。」「六月初一日，昨因皇太后賞義和團銀十萬兩，更兼外州縣鄉團連日紛紛而進，愈聚愈多，約有十萬餘人。」

據外國人的猜想，1900 年 5 月末，直隸的士卒總數差不多是十二萬五千到十三萬人之間，其中包括董福祥武衛後軍二十營，榮祿的武軍中軍三十營，聶士成武衛前軍二十營，宋慶武衛左軍二十五營，以及火器、健銳、虎神營、神機營、直隸練軍等等。按理說，作為京畿重地，清軍怎麼會容許湧入這麼多拳民呢？

我們或許可以從一段記載中看出端倪：「有拳匪數萬人到京，某城門守者堅不肯納。方爭持間，忽有人持輔國公載瀾令箭，令開門，守者不敢違。由是風聲所播，相繼而來者，日以千計。」甚至有義和團眾「有夜來者，城門已閉，至城下叫門，守城兵並不攔阻，即刻開城門放入。」

事實上，義和拳之所以能夠大批湧入北京城，完全是軍機大臣剛毅招撫在前，載漪、載瀾、載勳等人引入在後。他們堅持認為，「該團實皆忠

心於國之人，如與以上等軍械，好為操練，即可成有用之勁旅，以之抵禦洋人，頗為有用。」「此等拳民，雖屬良莠不齊，究系朝廷赤子。」

出於自己集團利益的考慮，或許也有可能是根本就沒預料到義和拳的嚴重後果，大阿哥黨做出了一個冒險而又瘋狂的舉動，那就是引導義和拳進入京城，妄圖作為自己的政治籌碼「因而用之」。

義和團湧進北京城後，豎起了「保清滅洋」的旗幟，焚燒教堂，劫奪洋行財物，還勒令富戶捐錢，嚴重破壞了京城的秩序，翰林院編修黃曾源說：「自五月以來，生殺予奪皆在團，團曰可，不敢否；團曰否，不敢可；民權之說，吾於義和團見之矣。」

不僅如此，義和拳還把京城變成了他們的壇場，他們在北京城內「隨處設立拳廠，觸目皆是」、「王公府第，百司廨署，拳匪皆設壇焉」，就連載漪也在自己的府中設壇立團，對義和拳的神功深信不疑。

在慈禧和端王的庇護下，義和拳在京城內開展了一場轟轟烈烈的反洋排外暴動，他們把傳教士稱為「毛子」，教民稱為「二毛子」，「通洋學」、「諳洋語」、「用洋貨」者依次被稱為「三毛子」、「四毛子」直到「十毛子」，通通在嚴厲打擊之列。同時，義和拳極端仇視並堅決消滅一切帶「洋」字的東西，他們冀圖消滅一切外來的物質文明，比如鐵路、電線、機器、輪船等都在搗毀之列。《天津一月記》中記載：「團中雲，最惡洋貨，如洋燈、洋磁杯，見即怒不可遏，必毀而後快。於是閒遊市中，見有售洋貨者，或緊衣窄袖者，或物仿洋式，或上有洋字者，皆毀物殺人，見洋字洋式而不怒者，唯洋錢而已。」《拳事雜記》中記載說：「當拳匪起時，痛恨洋物，犯者必殺無赦。若紙菸，若小眼鏡，甚至洋傘、洋襪，用者輒置極刑。曾有學生六人，倉皇避亂，因身邊隨帶鉛筆一枚，洋紙一張，途遇團匪，亂

刀並下，皆死非命」。《庚子紀事》中也記載道：「哄傳各家不准存留外國洋貨，無論鉅細，一概砸拋，如有違抗存留，一經搜出，將房燒毀，將人殺斃，與二毛子一樣治罪。」

義和團在京城的一系列暴動行為讓清廷的計畫落空了，而且隨著拳民們人數不斷增多，清政府對義和拳民已失去了控制。當然，最為此擔憂的不是清廷各級官員，而是在北京城內的各國公使們，他們已然不信任清軍的保護，執意要調遣外國衛隊進入使館區。清廷自然無法接受，但各國公使們態度強硬，清廷只得同意，但對人數進行了限制。

實際上，洋人根本沒有把清廷人數限制放在眼裡，最後進入使館區的衛隊人數約在 450 人左右。即便如此，北京城內外的局勢依舊沒有絲毫好轉的跡象，並且不斷傳來傳教士被殺的消息。

隨著局勢的進一步惡化，各國公使感到僅靠這四百多人的衛隊，遠遠不足以保證他們和京中其他外國人的安全，於是他們向停泊在天津大沽口的軍艦求助。接到消息後，大沽口外的各國海軍司令召開會議，商討進京事宜，推舉出了英國海軍大將西摩爾為聯軍統帥，帶領臨時拼湊的兩千多人的水兵登上火車，強行進京。直隸總督裕祿對此毫無辦法，告知前方鐵路已被義和拳破壞，西摩爾不以為意，自帶材料，認為即便邊修路邊前進，最多兩天時間便可趕到北京。

得知西摩爾的聯軍隊伍出發後，北京城內的各國公使們於 6 月 11 日凌晨派了浩浩蕩蕩的車隊前往車站，準備迎接他們的士兵，義大利公使薩瓦戈甚至親自前往迎接。然而，由於鐵路線被破壞嚴重，聯軍無法準時到達，薩瓦戈等人準備返回使館，日本使館書記官杉山彬則表示願意再多等一會兒，請他代為轉達。

就在薩瓦戈回到使館區不久，一個驚人的消息傳來，杉山彬被義和團殺害了！

據《西巡迴鑾始末記》的記載，當時杉山彬被剛剛調入北京的董福祥的甘軍士兵攔下，清軍讓他下車，問他是何人，杉山彬如實回答，甘軍斥責杉山彬道：「既係書記生，官階藐小可知，乃敢僭坐紅帷拖車乎？」杉山彬見勢不妙，趕緊告饒道：「僭越之罪，誠不敢辭，願見大帥以謝。」甘軍回絕道：「吾大帥乃天上人，豈汝倭子所能見！」杉山彬說道：「然則當請大帥至敝使署，由敝公使謝罪，如何？」甘軍士兵軍紀一向就不好，不由分說將杉山彬一刀刺死，並剖腹挖心。

杉山彬的遇害在當時是大事件，中國自古以來有「兩國交戰，不斬來使」之傳統，不管怎麼說，貿然殺害外交人員，於情於理都說不過去，清廷隨即下發上諭稱，「鄰國客卿，本應隨時保護，今匪徒蜂起，尤宜加意嚴防。迭經諭令各地方官，著派巡緝密為保護，奚止三令五申！乃輦轂之地，竟有日本書記被害之事！該地方文武，既不預為防範，凶犯亦未拿獲，實屬不成事體！著各該衙門上緊勒限嚴拿凶犯，務獲盡法懲治。倘逾限不獲，定行嚴加懲處。」

日本書記員被害後，慈禧震怒，召來甘軍首領董福祥痛責，董福祥辯稱絕無此事，即使有，斬奴才無妨，如斬甘軍一人，定然生變，慈禧聽後默然良久。

回過頭來再看西摩爾這支聯軍。一開始，聯軍的行動還算順利，但前方鐵路被破壞的程度遠遠超過了他們的想像，沿途不斷有義和團騷擾襲擊。如果只是鬆散的義和團民眾，聯軍倒不怎麼放在心上，然而6月18日，他們驚奇地發現連清軍正規軍也加入了阻擊聯軍的隊伍，這讓他們損

失慘重，在京津線上進退不得。

　　與此同時，北京城內的民教衝突也愈演愈烈，6 月 13 日，義和拳焚燒洋人及教民房屋；14 日，拳民燒毀宣武門外的一所教堂，使館與外界的連繫中斷；15 日，南堂教堂被毀，使館衛隊在城牆上與拳民互相開火；17 日，正陽門一帶燃起熊熊大火，「延及城闕，火光燭天，三日不滅」。

　　就在這一天，慈禧太后召大學士六部九卿入議。面對眼下的局勢，朝中大臣「相顧逡巡，莫敢先發」。

　　吏部侍郎許景澄開口道：「中國與外洋交數十年矣，民教相仇之事，每年都會發生，大多都是賠款了結；現在發生了殺害外國使臣的事，這顯然違背了國際公法。現如今拳匪窺伺東交民巷使館，恐怕朝不謀夕，一旦發生不測，不知宗社生靈，置之何地？」

　　太常寺卿袁昶站出來說道：「外釁不可開，當初就是因為縱容亂民，導致一發不可收拾，他日內訌外患相隨而至，國何以堪？」太常寺少卿張亨嘉也幫腔道：「拳匪不可恃。」

　　此時，倉場侍郎長萃站出來大聲說道：「義和拳乃義民也！臣自通州來，通州要是沒有這些義民，恐怕早就保不住了！」載漪、載濂及戶部侍郎溥良也紛紛附和說人心不可失。

　　久不言語的光緒皇帝這時候發話了：「人心頂什麼用？不過是添亂罷了！大臣們都喜好言兵，然自朝鮮之役，創鉅痛深，結果大家也都看見了。何況如今諸國之強，十倍於日本，合而謀我，何以禦之？」

　　載漪頂嘴道：「董福祥剿滅回亂有功，讓他來抵禦洋人，肯定能奏效。」光緒搖搖頭道：「董福祥驕橫跋扈，難用，洋人器利而兵精，非回亂可比。」

會議結束後，慈禧太后派了那桐、許景澄前往楊村勸阻聯軍，不料在途中遭遇拳匪搶劫，許景澄差點被打死。慈禧太后再次召見大學士六部九卿，對眾人說道：「皇帝意在和，不欲用兵，余心亂矣，今日廷論，可盡為上言。」

兵部尚書徐用儀首先發言：「用兵非中國之利，且外釁不可自我先。」

光緒說道：「戰非不可言，顧中國積衰，兵又不足恃，用亂民以求一逞，寧有幸乎？」

侍讀學士劉永亨言道：「亂民當早除，不然，禍不測。」

眼見眾人的意見一邊倒，端王載漪又發話了：「義民起田間，出萬死不顧一生，以赴國家之難，今以為亂欲誅之，人心一解，國誰與圖存？」

光緒表態反對：「亂民皆是一群烏合之眾，能以血肉相搏耶？且人心徒空言耳，奈何以民命為兒戲？」

朝堂之上，大臣們為義和拳的剿與撫發生了激烈的爭吵，洋人步步緊逼，要求清廷交出天津大沽口炮臺，清政府總理衙門照會各國駐華使節，「限二十四點鐘內各國一切人等均需離京」，理由似乎也很充分：京城局勢混亂，難以對他們進行周全的保護。

16 日當晚，各國公使接到這份「最後通牒」後，聯名要求與總理衙門會晤商討此事，並要求次日上午 9 時前給予答覆。

可想而知，在這麼短的時間內，清廷是無法給予答覆的。次日早上，公使們聚在一處等待清廷的消息，英國公使竇納樂後來回憶：到了 9 點半還沒有答覆，大部分公使認為我們應該繼續在使館裡等待。如果沒有答覆就貿然前往，坐在總理衙門等著大臣們召見有損我們的尊嚴。此時，性情暴躁的德國公使克林德一拳砸在桌上說：「我去衙門坐等，即使坐上一

夜，也要把他們等來。」俄國公使格爾思建議大家一起去，而且要有武裝護衛。克林德說：「沒有什麼危險，昨天和前天我派我的翻譯出去過，他一點也沒有受到騷擾。」格爾斯說：「既然如此，為什麼不派翻譯先去跑一趟探探消息呢？」克林德說：「好主意，就派他去。」

會議結束後，各人回到使館等候消息，克林德卻改變了主意。他吩咐備兩頂禮轎，與翻譯柯士達從東交民巷使館區前往總理衙門。走到哈德門大街時，正遇上清軍神機營隊長恩海率隊巡邏至此。後來發生的事就成了一個羅生門事件了，克林德與清軍發生衝突，雙方展開槍戰，克林德當場死亡，柯士達受傷。

僥倖逃命的柯士達認為這是一場蓄意謀殺，並且一口咬定殺死克林德的正是清兵小隊長恩海，他在接受《泰晤士報》記者莫理循的採訪中說：「誰射殺了公使，他的同伴是些什麼人，這都是沒有疑問的。他們不是義和團，而是清兵，都穿著軍服。他們無疑是事先在捕房附近埋伏好的。唯有九門提督崇禮方能下此命令……此外，還有一個情況可以佐證公使是被政府軍謀殺的：沒有人向轎夫和馬夫開槍。假如是義和團，他們一般都會以同樣的仇恨襲擊為洋人服務的中國人。」之後，莫理循這樣報導：「太后和端郡王……籌劃了一次集體屠殺，根據這一計畫，所有外國公使在那天早晨都將大難臨頭。」

據寶納樂報告說，克林德被殺時「他（科士達）向左瞥了一眼，突然發覺一名全套軍裝的士兵，將槍放在肩上，正跟隨著公使所乘的轎子走動，顯然是在瞄準乘轎者的頭部。當該士兵開槍的時候，柯士達僅有時間發出一聲驚人的叫喊，克林德男爵當即斃命。」恩海也在接受審判時承認：「我從上級得到命令把每個到大街上的洋人都殺死，我是一個軍人，我只知道遵守命令是我的天職。」

中方的記載則說是克林德這方手槍走火導致發生衝突的，《庚子大事記》中說，「公使先在轎中開手槍，恩海讓過亂彈，即發一槍，槍聲響處，轎夫棄轎逃散。恩海至轎前拖出公使，已氣息奄奄」。

克林德被戕，再一次觸動了各國公使們那顆懸著的心，他們擔心清廷會對公使們開展有預謀的屠殺，紛紛躲到了英國使館內避難。眼見義和拳已脫離控制，清廷一邊向各省督撫下達命令要求「選將、練兵、籌餉」，一邊派了董福祥及榮祿的武衛中軍對使館區發動了進攻，「榮祿自持椷督之，欲盡殺諸使臣。礮聲日夜不絕，屋瓦自騰，城中皆哭，拳匪助之，巫步披髮，升屋而號者數萬人，擊動天地。」

6月21日，慈禧太后釋出了一份宣戰詔書：

我朝二百數十年，深仁厚澤，凡遠人來中國者，列祖列宗罔不待以懷柔。迫道光、咸豐年間，俯準彼等互市，並乞在中國傳教；朝廷以其勸人為善，勉允所請，初亦就我範圍，遵我約束。詎料三十年來，恃中國仁厚，一意拊循，乃益肆鴟張，欺凌中國家，侵占我土地，蹂躪我人民，勒索我財物。

朝廷稍加遷就，彼等負其凶橫，日甚一日，無所不至。小則欺壓平民，大則侮慢神聖。中國赤子，仇怨鬱結，人人欲得而甘心。此義勇焚毀教堂、屠殺教民所由來也。朝廷仍不肯開釁，如前保護者，恐傷吾人民耳。故一再降旨申禁，保衛使館，加恤教民。故前日有拳民、教民皆吾赤子之諭，原為「民」、「教」解釋夙嫌，朝廷柔服遠人，至矣盡矣！然彼等不知感激，反肆要挾。昨日公然有社士蘭照會，令我退出大沽口炮臺，歸彼看管，否則以力襲取。危詞恫嚇，意在肆其猖獗，震動畿輔。

平日交鄰之道，我未嘗失禮於彼，彼自稱教化之國，乃無禮橫行，專肆兵艦器利，自取決裂如此乎。朕臨御將三十年，待百姓如子孫，百姓亦

戴朕如天帝。況慈聖中興宇宙，恩德所被，浹髓淪肌，祖宗憑依，神祇感格。人人忠憤，曠代無所。

朕今涕泣以告先廟，抗慨以示師徒，與其苟且圖存，貽羞萬古，孰若大張撻伐，一決雌雄。連日召見大小臣工，詢謀僉同。近畿及山東等省義兵，同日不期而集者，不下數十萬人。下至五尺童子，亦能執干戈以衛社稷。

彼尚詐謀，我恃天理；彼憑悍力，我恃人心。無論中國忠信甲胄，禮義干櫓，人人敢死；即土地廣有二十餘省，人民多至四百餘兆，何難翦彼凶焰，張國之威？其有同仇敵愾，陷陣衝鋒，抑或仗義捐資，助益餉項，朝廷不惜破格懋賞，獎勵忠烈；苟其自外生成，臨陣退縮，甘心從逆，竟作漢奸，即刻嚴誅，決無寬貸。爾普天臣庶，其各懷忠義之心，共洩神人之憤，朕有厚望焉。

唐德剛先生在《晚清七十年》裡說，慈禧太后之所以會做出這個瘋狂的舉動，是因為一封情報所引起的，情報上說，各國公使提出了四條要求：一是指明一地，令中國皇帝居住；二是代收各省錢糧；三是代掌天下兵權；四是勒令皇太后歸政。

這個決議讓權力慾望十分強烈的慈禧寢食難安，於是決定利用拳民反擊洋人，給他們點顏色看看。當然，史學界對這份決議的真假也存在很多爭論，劉厚生在《張謇傳記》中就提到了此次剛毅、啟秀偽造英國公使照會刺激慈禧太后一事：

於是剛毅、啟秀兩人，與總理衙門章京勾結，偽造英國公使之照會，內有要求那拉氏勿再干政，將政權交與光緒之語。剛毅、啟秀兩人，均是在總理衙門行走的人，那拉氏信以為真，怒不可遏，於是又開第二次御前會議。

第二次開會時，光緒帝亦在座，侍郎徐景澄見情勢迫切，走近御座，竭力陳說，向英國一國開戰已無把握，向各國開戰，尤無理由。又說：義和團決不可恃，如此蠻幹，恐有亡國之禍。言時聲淚俱下，光緒聽了，不知不覺，拉了徐景澄的手大哭起來。那拉氏大怒，高聲喝道：這是什麼樣子。遂由其他大臣將徐景澄拉開，叫他出殿。那拉氏見到這種情形，愈益相信，英國公使果然有袒護光緒的證據。一不做，二不休，遂決意宣戰，令剛毅、啟秀擬旨。

在此，我們姑且不去論其真假，單來分析一下這份所謂的「宣戰詔書」。

後世研究者常常借這份《宣戰詔書》來指責慈禧太后對十一國宣戰是昏了頭，事實上，這只是一份對國內釋出的戰爭動員令，對交戰對象也沒有明確交代，而是採用了一個略帶蔑視的詞「彼等」。

有了清廷的承認，義和拳更是肆意妄為，他們如瘟疫般蔓延京師，動輒指責某人是二鬼子漢奸，誣賴裡通外國，並進行公然的燒殺焚掠。

清廷對義和拳的招撫也不過是權宜之計，正如歷史學家金滿樓所說：此舉的目的在於安撫並防止拳民暴動，而其對外宣戰則給了拳民一個怒氣的宣洩口，同時也是在失控的局面中，維護了清廷的合法性地位。換句話說，在義和拳大量進入北京城且局勢失控的情況下，清廷必須順應義和拳，扮演一個「愛國愛民」的朝廷。如果此時貿然剿殺義和拳的話，恐怕等不到外國干涉清廷便已經亡於拳民之手了。只有領悟到這點，才能體會到清廷「宣戰詔書」的深刻含義，而這也是這個所謂的「宣戰詔書」對內而不對外的原因所在了。

從 6 月 20 日至 8 月 14 日，使館被包圍圍攻了四十多天，清軍卻始終沒能攻克這座小小的使館，這不能不令人感到奇怪。清廷一方面向列強高

調宣戰，一方面卻又盡量克制，甚至偷偷放水，比如在此期間，清廷還給使館送去了稻米、西瓜、蔬菜、麵粉等等。正如慈禧自己所說的，「我本來是執定不與洋人破臉的，中間一段時間，因洋人欺負得太狠了，也不免有些動氣。但雖是沒攔阻他們，始終總沒有叫他們十分盡意地胡鬧。火氣一過，我也就回轉頭來，處處都留著餘地。我若是真正由他們盡意地鬧，難道一個使館有打不下來的道理？」

大清海關總稅務司、英國人赫德在他的日記寫道，「歷次攻擊並不是由政府所能調動的數目的兵員所發動 —— 攻擊沒有一次幹到底，總是正當我們恐怕他們一定要成功的時候停住了 —— 假使在我們周圍的軍隊真的徹底而決心地攻擊的話，我們支持不了一個星期，或許連一天都支持不了。所以一種解釋是可信的，那就是一定有某種保護 —— 有人，或許是知道摧毀使館區，將會對這個帝國和這個皇朝帶來怎樣的損失的一位聰明人，在釋出命令和執行命令之間從中作梗。」

據傳，李鴻章在得知圍攻使館的是董福祥的甘軍後，對人笑道：「儘管放心，使館無恙！」

〈庚子圍攻使館事件考〉一文中，林國華先生對清廷的這種糾結心態做了深入的剖析：

庚子年對使館的進攻，很像是故技重演。西太后的目的是想把租界內的洋人變成自己手中的人質。清政府的方針是：一方面想攻占肅王府使英使館陷入「無法防守」的險境，另一方面盡力避免對英使館內的外國使節及其家屬造成重大傷亡。除猛攻肅王府外，清軍還力圖攻占位於英使館東南方的法使館，這似乎也是為了對外國使節加大心理上的壓力。看來，清政府的目的並不是真要「夷平使館」，而是要透過攻打使館使外國使節陷於「準人質」的危險境地，以此作為向外國求和的一種輔助手段。既然如

此，進攻必然兼有兩方面的特點：一方面，為了對外國使節形成較大的威脅，進攻必須有一定的猛烈程度；另一方面，為了避免對使館人員（特別是外交官員）造成重大傷亡，給議和造成新的障礙，進攻又必須留有餘地而不能是摧毀性的。

與此同時，聯軍在攻下天津後，湊上後續抵達的援兵，兵力一下子達到了萬餘人，他們重新推舉了德國元帥瓦德西擔任聯軍總司令，浩浩蕩蕩向北京城挺進。

8 月 12 日，聯軍抵達通州；13 日，聯軍與董福祥的甘軍在廣渠門交戰，甘軍不敵。

這一夜，電閃雷鳴，大雨瓢潑而下，北京城處在一片風雨飄搖中。

14 日凌晨，八國聯軍對北京城發動總攻，俄軍攻東直門，日軍攻朝陽門，美軍攻東便門。上午 11 時，東便門被攻破，部分美軍最先攻入外城，英軍中午始達北京，攻廣渠門，至下午 2 時許攻入。晚 9 時，俄、日軍各自由東直門、朝陽破門而入。

15 日，八國聯軍向北京內城及紫禁城進攻，美國人說：「已經決定攻打皇城，沙飛將軍就命令美軍在前門集中。在十五日早晨七點三十分左右，在前門上面內城城牆上架了四門大砲，」齊向內城轟擊。就這樣，大清帝國失去它的都城。

硝煙瀰漫中，北京城陷落了。

早在 14 日，就在北京城被圍攻之時，慈禧太后又一次緊急召見王公大臣，結果卻無一至者。慈禧太后對載瀾嘆道：「事至此，唯有走耳，若能為衛乎？」

載瀾答道：「臣無兵，不能任此。」榮祿提議道：「寓書使館，請停戰，

徐議和，宜見聽也。」慈禧太后焦急道：「速圖之，余母子性命視此矣！」

　　一片混亂的局面中，慈禧太后只得選擇逃亡這一條路，她對面前的王文韶三人說道：「只剩爾等三人在此，其餘均回家去，丟我母子二人不管。爾三人務須隨駕同行！」隨後，慈禧太后見王文韶一大把年紀了，又說道：「汝年紀已邁，尚要汝吃此辛苦，我心不安。汝可隨後趕來。他二人素能騎馬，必須隨駕同行。」

　　15日清晨，在八國聯軍攻打北京的槍炮聲中，慈禧太后穿一件普通青衣，打扮成農婦，帶著光緒皇帝、皇后、載漪、剛毅、趙舒翹等人，分乘三輛馬車，倉惶離開了紫禁城，踏上了逃亡之路。

　　臨走前，慈禧太后還不忘處死了光緒最愛的寵妃——珍妃。後人還為此寫了一首詩：

　　金井一葉墜，淒涼瑤殿旁。

　　殘枝未零落，映日有輝光。

　　溝水空流恨，霓裳與斷腸。

　　何如澤畔草，猶得宿鴛鴦！

　　這支倉惶的皇室隊伍剛走到西直門，幸好碰到了馬玉昆率領的1,000餘名官兵，於是在其護送下，一行西逃，老臣王文韶隨後帶著兒子玩命追趕，終於在懷來追上了慈禧太后一行的隊伍。

　　此時正是酷暑七月，慈禧一行業時出北京走得急，所有的御用被服和食物都沒準備好，一路上也沒人負責供應飲食，晚上只能睡在土炕上，很是狼狽。經過三天的跋涉，慈禧太后一行終於到了北京西北的懷來縣。知縣吳永（曾國藩的孫女婿）倉皇出城迎駕，慈禧太后出城後第一次受到如此禮遇，對吳永哭訴道：「予與皇帝連日曆行數百里，竟不見一百姓，

官吏更絕跡無睹。今至爾（你）懷來縣，爾尚衣冠來此迎駕，可稱我之忠臣。」

吳永後來記載道：「太后哭罷，復自述沿途苦況。謂連日奔走，又不得飲食，既冷且餓。途中口渴，命太監取水，有井矣而無汲器，或井內浮有人頭。不得已，採秫稭稈與皇帝共嚼，略得漿汁，即以解渴。」

飢寒交迫的慈禧此時也餓的老眼昏花，問吳永有沒有準備食物：「昨夜我與皇帝僅得一板凳，相與貼背共坐，仰望達旦。曉間寒氣凜冽，森森入毛髮，殊不可耐。爾試看我已完全成一鄉姥姥……今至此已兩日不得食，腹餒殊甚，此間曾否備有食物？」

吳永原本準備了一些食物，卻遭到敗兵搶掠，只得戰戰兢兢送上了一鍋綠豆粥。此時的慈禧哪裡還有心思挑剔？感慨道：「有小米粥，甚好甚好，可速進。患難之中，得此已足，寧復較量美惡？」

懷來是個小縣城，條件簡陋，慈禧太后只能住進吳夫人的臥室，皇后住吳永兒媳婦的臥室，光緒帝則住在縣衙的簽押房。

慈禧一行狼狼出逃，倒給了地方大員及大臣們表現的好機會。「西狩」行程中，有一天夜裡，一行人住在一破廟內，慈禧夢中忽然驚叫，廟外徹夜跨刀看護的岑春煊聽到聲音立即大聲道：「臣春煊在此保駕！」慈禧太后那叫一個感激涕零，哭著對岑春煊說：「若得復國，必無敢忘德也！」後來岑春煊被任命為陝西巡撫，兩年後又派往四川署理總督。

由此可見，加班也得讓上司「正好」看見，才算真正有效的加班啊！

在逃往西安的路上，慈禧太后似有悔悟，一邊以光緒皇帝的名義下發〈罪己詔〉，一邊不斷催促慶親王奕劻和李鴻章火速進京與各國交涉議和。

在這份〈罪己詔〉中，慈禧太后這樣寫道：

　　各國在中國傳教，由來已久，民教爭訟，地方官時有所偏：畏事者袒教虐民，沽名者庇民傷教。官無辦法，民教之怨，愈結愈深拳匪乘機，浸成大釁。由平日辦理不善，以致一朝驟發，不可遏抑，是則地方官之咎也。

　　淶涿拳匪，既焚堂毀路，急派直隸紅軍彈壓，乃練軍所至，漫無紀律，戕虐良民。而拳匪專恃仇教之說，不擾鄉里，以致百姓皆畏兵而愛匪。匪勢由此大熾，匪黨亦愈聚愈多，此則將領之咎也。

　　該匪嫵言邪說，煽誘愚人王公大臣中，或少年任性，或迂謬無知，平時嫉外洋之強，而不知自量，惑於妖妄，詫為神奇，於是各邸習拳矣，各街市習拳矣。或資拳以糧，或贈拳以械，三數人倡之於前，千萬人和之於下。朕與皇太后方力持嚴拿首要，解散脅人之議，特命剛毅前往諭禁，乃竟不能解散。而數萬亂民，膽敢紅巾露刃，充斥都城，焚掠教堂，圍攻使館。我皇太后垂簾訓政，將及四十年，朕躬仰承慈誨，夙昔睦鄰保教，何等懷柔？而況天下斷無殺人放火之義民，國家豈有倚匪敗盟之政體？當此之時，首禍諸人，叫囂隳突，匪黨紛擾，患在肘腋，朕奉慈聖，既有法不及眾之憂，浸成尾大不掉之勢。興言及此，流涕何追！此則首禍王大臣之罪也。

　　不得不說，在這份詔書中，慈禧對民教衝突及義和拳興起根源的分析倒也算理性客觀，但接下來，她將義和拳之亂歸咎於地方官員處置不當、將領無能、王公大臣昏聵無知任性之上，完全摘除了自己的責任，全然忘了自己才是這場危機的罪魁禍首！

　　慈禧一行到達西安時，沿途百姓都想看看太后和皇上長什麼樣子，有鄉農遠遠立田間翹望，並不趨避，慈禧太后並不加罪。皇上看見鄉民的模樣，大是好奇，從未見過這般打扮的百姓。慈禧太后對光緒嘆道：「我們

那裡知道百姓如此困苦！」

就在慈禧太后西逃的當口，八國聯軍已攻入了帝國的首都，在不到半個世紀的時間內，清王朝兩次丟了自己的首都。似乎是為了報復義和拳對洋人及教民的燒殺搶掠，聯軍在京城內開始了一場瘋狂的屠殺。他們用機槍掃射，用刺刀砍殺，將手無寸鐵的婦女兒童一律屠殺，手段極其殘酷，令人髮指。一位美國指揮官說：「我敢說從占領北京以來，每殺死一個義和拳，就有 50 個無辜的苦力或者農民包括婦女和兒童被殺。」

日人植松良二之現場報導說：「巍然之櫓樓，為聯軍擊碎燒棄，已失五百年來巍奐之美觀，舊跡留者，僅一二耳。城內外慘遭兵燹，街市毀失，十分二三。居民四面逃遁，兄弟妻子離散，面目慘淡。貨財任人掠奪者有之，婦女任人凌辱者有之，不能自保。此次入京之聯軍，已非復昔日之紀律嚴明。將校卒軍士，軍士約同輩，白晝公然大肆掠奪，此我等所親見。計京城內富豪大官之居宅，竟無一遭此難者，絕非過論。」「並將內外銀庫所貯銀兩，及錢法堂存貯新鑄制錢數百萬串，祿米等倉存貯米石，均皆搬運一空。」「並聞內廷各宮殿及頤和園內陳設，均已搜掠罄盡雲。」

各國洋兵「俱以捕拿義和團、搜查軍械為名，三五成群，身跨洋槍，手持利刃，在各街巷挨戶踹門而入。臥房密室，無處不至，翻箱倒櫃，無處不搜。凡銀錢鐘錶細軟值錢之物，劫擄一空，謂之擾城。稍有攔阻，即被戕害」。

殘陽如血，此時的北京城已徹底淪為人間煉獄！

瓦德西元帥在給德皇報告中稱：「所有中國此次所受毀損及搶劫之損失，其詳數將永遠不能查出，但為數必極重大無疑。」「又因搶劫時所發生之強姦婦女，殘忍行為，隨意殺人，無故放火等事，為數極屬不少，亦為

增加居民痛苦之原因。」

當北方被義和拳與八國聯軍攪得天翻地覆之時，南方卻是另一番和平安寧的景象。

慈禧太后發出那份所謂的宣戰詔書之後，通電全國，要求各地籌款調兵北上勤王。面對這樣一份幾乎不可能完成的任務，東南各省督撫們一時踟躕，無法決斷。此時被貶到廣州做都督的李鴻章毅然站了出來，向朝廷覆電道：「此亂命也，粵不奉詔。」

李鴻章的表態大大激勵了其他各省督撫們，兩江總督劉坤一、湖廣總督等東南地區督撫開始大膽籌劃以「保境安民」為主旨的「東南互保」。在如此重大的問題上，東南各省督撫們竟然敢聯手抗衡朝廷，這在以往的歷史中是從來沒有過的，同時，這一舉動也充分說明清政府中央對地方的控制力正在迅速減弱。事後，清廷不僅沒有對這些東南督撫大員們秋後算帳，反而承認和肯定了「東南互保」的合理性。1909 年張之洞病故，清廷對張之洞予以了高度評價：「庚子之變，顧全大局，保障東南，厥功甚偉。」

1900 年 7 月 17 日，77 歲的李鴻章再次臨危受命，孤身一人踏上了北上之路，替慈禧太后收拾殘局。

卸磨殺驢是官場的永恆主題，這一次輪到了李鴻章。

碼頭上，官員們列隊恭送李鴻章。臨行前，南海知縣裴景福問他，有什麼辦法可以讓國家少受些損失，李鴻章感嘆道：「不能預料！唯有竭力磋磨，展緩年分，尚不知做得到否？吾尚有幾年？一日和尚一日鐘，鐘不鳴，和尚亦死矣！」

在生命的最後一年中，李鴻章以這樣悲傷的心境開始了他與洋人噩夢

般的周旋。不知道這是悲壯，還是悲哀。

洞察當時中國政壇的《泰晤士報》駐華記者莫里循說：「每當清國政府把這個巨大的帝國帶到毀滅的邊緣，他們唯一必須啟用的人就是李鴻章。」

在隨後九個多月的時間裡，李鴻章用盡了生命中最後的力量，再一次用他所擅長的「以夷制夷，各個擊破」的外交手段，與洋人展開了一場拉力賽。直到 1901 年 9 月 7 日，李鴻章、慶親王亦劻代表大清帝國與德、英、法、俄、美、日、意、奧、荷、西、比十一國簽訂了《辛丑條約》。其中最令人印象深刻的是，條約規定中國賠償各國賠款白銀 4.5 億兩，「人均一兩，以示侮辱」，分 39 年還清，本息總和 10 億兩，這是中國近代史上最大的一筆賠款。

《辛丑條約》簽字後，李鴻章病情也急轉直下，開始大口吐血，臥床不起，飲食不進，西醫診斷為：胃血管破裂。

北京，賢良寺。

病榻之上，李鴻章艱難提筆，上奏朝廷：

臣等伏查近數十年內，每有一次構釁，必多一次吃虧。上年事變之來尤為倉促，創深痛巨，薄海驚心。今議和已成，大局稍定，仍希朝廷堅持定見，外修和好，內圖富強，或可漸有轉機。

很難想像，此時的李鴻章是懷著怎樣複雜的心情寫下這份奏書的。他曾這樣概括自己的一生：「予少年科第，壯年戎馬，中年封疆，晚年洋務。一路扶搖，遭遇不為不幸。」恍惚中，他似乎想起了自己第一次上京考試時的情景，那是的他年少輕狂，意氣風發，在路上寫下了十首〈入都〉詩，其中一首廣為傳頌：

丈夫隻手把吳鉤，

意氣高於百尺樓；

一萬年來誰著史，

三千里外欲封侯。

身處晚清三千年未有之大變局的時代，李鴻章選擇了一條與他的老師曾國藩行程迥異的道路，始終站在時代浪尖，立志做一名披荊斬棘的改革家。他不計毀譽，辦交涉、修鐵路、建工廠、組海軍，希圖清政府能自強崛起。然而，身處三千年未有之大變局的時代，李鴻章在國內錯綜複雜的政局中輾轉騰挪，依然掣肘重重。李鴻章明明知道問題所在，但他的痛苦就在於知道問題所在卻無力更改！

而這，或許正是所有改革者的悲哀！

面對前途未卜的時局，李鴻章依然無限牽掛，吟詩一首：

勞勞車馬未離鞍，臨事方知一死難。

三百年來傷國亂，八千里外弔民殘。

秋風寶劍孤臣淚，落日旌旗大將壇。

海外塵氛猶未息，諸君莫作等閒看。

1901 年 11 月 7 日，李鴻章油盡燈枯。可恨的是，直到最後一刻，俄國公使為了攫取東北的權益，還在逼他簽字。臨去之時，李鴻章雙目炯炯不瞑，張著口似乎想說什麼，卻一個字也說不出來。部下周馥痛哭道：「君有何放心不下，不忍去耶？公所經手未了之事，我輩可辦，放心去吧！」

李鴻章嘴唇喃喃顫動，兩行清淚從眼窩中滾出，溘然長逝，終年78 歲。

也許，只有他的老對手伊藤博文對他的評價最為準確：

大清帝國中唯一有能耐和世界列強一爭長短之人。

回過頭來，我們再來看看這場被標榜為「反帝愛國」的義和團運動。

國學大師錢穆在《國史大綱》中這樣分析：「蓋清自乾嘉以下，世道日衰，學者唯有訓詁考據，不足以安心託命，乃轉而逃此。下之則為天理教、八卦教、白蓮教、紅燈教、上帝會之此僕彼起，上之則有朝廷親貴大臣，倚信拳民以排外，而醸成庚子之禍。庚子拳亂，雖挾有不少可笑的迷信，然其為中國上下不能忍受外侮壓迫之情感上之爆發則一。」

義和拳的興起絕非偶然，在西方文化強勢入侵、民族危機日益嚴重的大背景下，再加上一系列的天災人禍，機緣巧合之下，民眾走投無路，大饑荒造就大批流民遊民，自發組織起了抗爭活動。當然，我們也不得不承認，義和拳的蔓延是當時的鄉民在政府不作為或治理失敗的情況下，為維護自身利益的不得已之舉，但是，這並不能作為他們為之後惡行脫罪的理由。說到底，這不過是用一種暴力，代替另一種暴力，除了讓這個飽經磨難的文明再受一次浩劫外，沒有任何實際意義，甚至於，義和拳的這些反智行徑，較之於清廷的無能和腐朽，還要更壞幾分。

勒龐（Le Bon）在《烏合之眾》（*The Crowd*）中這樣分析群體的心理特徵：「群體只知道簡單而極端的感情；提供給他們的各種意見、想法和信念，他們或者全盤接受，或者一概拒絕，將其視為絕對真理或絕對謬論。」所謂「法不責眾」的經驗使他意識到，他不必為自己的行為承擔責任：「群體感情的狂暴，尤其是在異質性群體中間，又會因責任感的徹底消失而強化」。在群體中間，就像傻瓜、低能兒和心懷妒忌的人一樣，在擺脫了自己卑微無能的感覺之後，會產生出一種殘忍、短暫但又巨大的能量。

毫無疑問，義和拳就是這樣一大群分布甚廣的烏合之眾，體內孕育著一股破壞性極強的力量。當這種非理性的力量缺乏正確的引導，不幸被捲入朝堂權力之爭，被載漪為首的守舊親貴們利用後，突然失去了控制，伴隨著愚昧、迷信、狂暴與殺戮，終於闖下了滔天大禍。而清廷也被這股非理性的力量綁上了戰車，最終令局勢徹底失控，不可挽回。

第八章
清末新政：一場失控的系統性改革

　　庚子國變後，清政府的威權和尊嚴幾乎蕩然無存。為了挽救瀕臨崩潰的時局，清廷啟動了第三輪也是有史以來最為徹底的新政改革，開始由專制體制向現代民主體制逐步轉型。在此過程中，士紳階層逐漸崛起，成為左右國家命運的力量，與清政府漸行漸遠。

時間輾轉來到了 20 世紀。

在經歷了一波又一波浩劫後，清王朝的「尊嚴」幾乎蕩然無存。隨著太平天國的興起，以漢族為主的地方官僚逐漸掌握了軍權，地方勢力的坐大嚴重削弱了中央的統治權威；賣官鬻爵、庸才充數造成清王朝官僚隊伍的嚴重腐化墮落；內部機體日漸腐朽，在應對外來危機與內部挑戰時，王朝的反應遲鈍而又無力；義和拳運動中，由於受到以載漪為首的大阿哥黨的矇蔽，以及長期以來淤積在心中的反洋情緒，慈禧太后連出昏招，命令義和拳攻打各駐外使館，直接導致了八國聯軍攻入北京城，差點面臨亡國滅種的危機，慈禧太后事後憶起此事也頗為悔恨：「綜余生平，唯此謬誤。」

慈禧雖然是個玩弄權術的高手，但其本人並無多少治國韜略和歷史遠見。美國史學家牟復禮（Mote）這樣評價慈禧太后：「不論從王朝利益還是從國家利益的角度看，她都不是一個政治上謹慎持重的人，也不是一個目光遠大的統治者。不說別的，單是她幕後操掌大權期間，定期表現出的剛愎自用和恣睢暴戾行為，以及她的身分和手腕所造成的派別傾軋和腐化墮落這些罪惡現象，就進一步削弱了本來已處於風雨飄搖之中的清王朝。」

經歷了庚子國變的慘痛後，慈禧太后在反思之餘，對維新改革的態度發生了 180 度的大反轉，從最初的頑固保守開始轉向變革求新。

縱觀晚清的變革史，我們可以將其分為三個階段：洋務運動、戊戌變法和即將要寫的清末新政。這三者中，洋務運動較早提出了「師夷長技以制夷」的口號，但改革僅限於皮毛，沒有涉及到根本的體制和制度問題，因而最終也歸於失敗；戊戌變法是在清政府既有政體框架內的一次社會改良運動，但由於以康梁為首的維新派在改革方法和策略上屢現失誤，又觸

怒了慈禧的政治權威，這場基於空想與蠻幹的激進改革最終也歸於失敗。

隨著慈禧宣布重新訓政，一大批頑固守舊分子紛紛上臺，對前期推行的新政大砍大殺。此次庚子事變，在不少士大夫看來，完全是由於慈禧太后任用守舊官僚剿殺新政所導致的：「自戊戌變政，與民更新，而忌之者輒曰祖宗成法萬古不易，無論成法之如何積久弊深，新政之如何有裨實濟，而概以『祖宗』二字箝制天下之目，卒以開釁鄰國，而太廟不守，負罪祖宗。」

在被洋人兩度趕出紫禁城後，慈禧太后痛定思痛，決意施行變革。岑春煊在《樂齋隨筆》中說，「朝廷自經庚子之變，知內憂外患，相迫日急。非僅塗飾耳目，所能支此危局。故於西狩途中，太后首以雪恥自強為詢。辛丑迴鑾以後，即陸續舉辦各項新政。」

1901 年 1 月 29 日，慈禧在西逃途中以光緒的名義頒下一道諭旨，由此也拉開了清末十年的新政改革大幕。

清末新政是清王朝所進行的最後一次也是最認真的現代化努力，這場新政運動也印證了美國政治學家亨廷頓說過的一句話：「處於權威危機中的統治者往往會迅速的變成真誠的改革者，他對改革的真誠，來源於他對保住權力的真誠。」

慈禧太后頒發的這道諭旨的大意內容如下：

世有萬古不易之常經，無一成不變之治法。窮變通久見於大易，損益可知著於論語。蓋不易者三綱五常，而可變者令甲令乙。

伊古以來，代有興革。當我朝列祖列宗，因時立制，屢有異同。入關以後，已殊瀋陽之時。嘉慶、道光以來，漸變雍正、乾隆之舊。大抵法積則敝，法敝則更，唯歸於強國利民而已。

自播遷以來，皇太后宵旰焦勞，朕尤痛自剖責，深念近數十年積習相仍，因循粉飾，以成此大釁。現今議和，一切政事尤須切實整理，以期漸圖富強。懿訓以為，取外國之長，乃可補中國之短；前事之失，乃可作後事之師。

皇太后何嘗不許更新損益科條？朕何嘗概行除舊？酌中以御，擇善而從。母子一心，臣民共睹。康逆之談新法，乃亂法也，非變法也⋯⋯今者恭承慈命，一意振興。嚴禁新舊之名，渾融中外之跡。

查中國之弊在於習氣太深，文法太密；庸俗之吏多，豪傑之士少；公事以文牘相往來，而毫無實際人才，以資格相限制，而日見消磨，誤國家者在一私字，禍國家者在一例字。

至近之人學西法者，語言文字、製造器械而已。此西藝之皮毛，而非西政之本原也。居上寬，臨下簡，言必信，行必果。我往聖之遺訓，即西人富強之始基。中國不此之務，徒學其一言一行、一技一能，而佐以瞻徇情面，自私身家之積習；舍其本原而不學，學其皮毛而不精，天下安能富強？

總之，法令必更，錮習必破，欲議振作，當議更張。著軍機大臣、大學士、六部九卿、出使各國大臣、各省督撫，各就現在情形，參酌中西政要，或取諸人，或求諸己，如何而國勢始興，如何而人才始出，如何而度支始裕，如何而武備始修，各舉所知，各抒所見，通限兩個月內悉條議以聞，再行上稟慈謨，斟酌盡善，切實施行。

如果從文字內容來看，這道諭旨可以算作是清末新政的一個綱領性檔案。當然，聯想到三年前慈禧太后親手扼殺了維新派，為了給自己態度的轉變找一個合理的藉口，慈禧太后借光緒皇帝的口吻在諭旨中與康梁等人撇開關係，不是皇太后不想變革，而是「康逆（有為）之談新法，乃亂法

也，非變法……」康梁變法，是包藏禍心，她今日推行的新政，才是真正的利國利民的真改革。當然，這樣做的目的無非是想把自己即將實施的新政與戊戌變法區別開來，示好外人，籠絡臣心。至於怎麼改革？朝廷不知道，各地督撫都給朝廷出主意，想辦法。

對於慈禧太后下發的「新政」動員令，地方督撫大員大多持觀望的態度。這也難怪，誰能保證這次不是試探或假維新呢？萬一朝廷搞個釣魚執法，那自己頭頂的烏紗帽可就不保了。

經歷了戊戌政變，人人都成了驚弓之鳥，六君子屍骨未寒，變法的聲音再一次從朝堂之上傳出，不能不令人心存疑慮。政治的翻雲覆雨，令人莫測奧妙。因此，慈禧的這份新政詔令釋出後，並沒有引起強烈的反響，眾多地方督撫大員還在猶疑徬徨，揣測並打探朝廷的真實意圖。山西巡撫岑春煊電告說：「煊意時局尚未定，此時不能議興革，奏入亦置之」。兩廣總督陶模也稱：「觀政府意，未必真欲變革」。

在當時的東南督撫大員中，誰是執牛耳者呢？

簡單劃拉一下，有這麼四個人，第一個是兩廣總督李鴻章。

這個時候的李鴻章正在北京城和八國聯軍硬碰硬，此時他的身體已嚴重透支，馬上就要油盡燈枯，快不行了。剩下的三個人物分別是湖廣總督張之洞、兩江總督劉坤一及山東巡撫袁世凱。

搞新政重啟變法，張之洞自然是非常積極的。庚子事變中，張之洞在東南一直密切關注著時局的變化，對於清廷的新政上諭也早有心理準備。但是，多年的宦海生涯也將張之洞從當年的清流派代表，磨練成了官場老油條，接到上諭之後，張之洞的第一反應是希望弄清來路，「何人陳請？何人贊成？」

在與戶部尚書鹿傳霖通過幾次信後，向來善於知權達變的張之洞採取了保守謹慎的態度，一方面是想進一步觀察事態的變化，另一方面是想與東南各省互通聲氣，共同商議對策。最好各省督撫能搞個聯銜上奏，就算上面責罰下來，大家一起扛嘛！

張之洞的提議得到了不少人的積極回應，山東巡撫袁世凱和兩江總督劉坤一接連致電張之洞，希望他「先擬大綱」，以便各省參照。

在眾人的鼓動下，張之洞提出了自以為「稍覺駭俗」的「以仿西法為主」的變革主張。當然，改革是一項複雜的系統性工程，不能眉毛鬍子一把抓，得有主次之分，因此他提出了應當優先辦理的九件大事：

一、親貴遊歷；二、遊學各國；三、科舉改章；四、多設學校；五、西法練兵；六、專官久任；七、仿設巡捕；八、推廣郵政；九、專用銀元。

同時，張之洞也提到，「此九條最要而不甚難，已足令天下人精神為之一振，陋習一變，各國稍加青眼。其餘若多設行都、設礦務總公司、行印花稅、酌改律例、設課農專官、各省推廣製造局、鼓勵工匠各條，相機量力，從容舉辦。」

張之洞的電文發給各省督撫後，各省督撫紛紛回電，表示願意響應聯銜會奏的行動。兩江總督劉坤一大拍馬屁，說張之洞「經濟文章一時無兩」，希望由張之洞「主稿挈奏」，其餘各省督撫如安徽巡撫王之春、山東巡撫袁世凱、四川總督奎俊、閩浙總督許應騤等人則希望由張之洞與劉坤一共同主稿並領銜，各省督撫聯銜會奏。

然而，在由誰主稿的這個問題上，張之洞與劉坤一開始互相推讓，張之洞說我文筆不好，寫不了這份奏摺：「此奏鄂斷不敢主稿。鄙人主意多魯莽，思慮多疏漏，文筆亦艱澀，仍請崌帥主持。」

劉坤一豈肯入彀？繼續給張之洞戴高帽：「香帥博通今古，慣澈始終，經濟文章海內推為巨擘，非由香帥主稿，斷難折衷至當，萬望勿再客氣，主持辦理。」

　　就在張之洞與劉坤一互相推脫之際，朝廷又有了新的旨意。要說薑還是老的辣，慈禧太后執掌清帝國 48 年，對於地方督撫們心裡的小想法豈能不知？4 月 21 日，慈禧以光緒帝名義下令成立督辦政務處，以實際行動打破沉悶的僵局，以便大力推動變法。上諭說：

　　上年十二月初十日，因變通政治，力圖自強，通飭京外各大臣，各抒所見，剴切敷陳，以待甄擇。近來陸續條陳，已復不少。唯各疆臣使臣，多未奏到。此舉事體重大，條件繁多，奏牘紛煩。務在體察時勢，抉擇精當，分別可行不可行，並考察其行之力不力。非有統匯之區，不足以專責成而挈綱領。著設立督辦政務處，派慶親王奕劻、大學士李鴻章、榮祿、崑岡、王文韶、戶部尚書鹿傳霖為督辦政務大臣，劉坤一、張之洞亦著遙為參預。各該王大臣等，於一切因革事宜，務當和衷商榷，悉心評議，次第奏聞。俟朕上秉慈謨，隨時更定。迴鑾後，切實頒行。示天下以必信必果、無黨無偏之意。其政務提調各官，該王大臣等務擇心術純正、通達時務之員，奏請簡派，勿稍率忽。此事預限兩月，現已過期。其未經陳奏者，著迅速條議具奏，勿再延逾觀望，將此通諭知之。（《清德宗實錄》）

　　你們不是不信任朝廷，擔心朝廷陷害你們嗎？乾脆成立一個指導改革的組織，由各省督撫遙領這個督辦政務處的職務，以此來取信於各省督撫及封疆大吏們。

　　這下子，地方疆臣如兩江總督劉坤一、湖廣總督張之洞、山東巡撫袁世凱等人終於感受到慈禧迫切實行變法的決心了。於是他們打消了疑慮，開始了認真的準備。5 月，袁世凱最先提出新政意見十條，如充實武備，

改進財政，開通民智，派遣留學生等等。劉坤一和張之洞則不慌不忙，兩人約定各自先寫一稿，然後再互相參照商議，隨後組織各自的幕僚開始起草文稿。

劉坤一這邊邀請了張謇、沈曾植、湯壽潛等社會名士共同起草，然後再寄給張之洞。張之洞這邊則邀請了鄭孝胥、梁鼎芬、黃紹箕等人為其擬出初稿，徵求多方意見後，結合劉坤一的文稿整理融合，最後定稿。

儘管朝廷一再催促，張之洞仍不慌不忙，有記載說張之洞在此過程中「薈萃眾說，斷以己意，日撰一條，月餘始就」。當然，張之洞也時刻留意著朝廷的動向，透過祕密管道向易順鼎打探：「各省變法奏到者幾省？京官奏者幾人？望將最警動重大者示知。內意許可者何事？孫寶琦識見議論何如？雲門（樊增祥）於此事有何定見？此外有何要聞？均速詳示」。

易順鼎回電告知：「閩、浙、粵、滇、齊、豫奏到，浙主丁捐印稅，豫主抬槍八股，齊有慎出令，粵有裁內監一條，粵獨未交下。京官孫、薛、張、貽、陸、葛皆上，瞿請逐漸變通」。

在經過長時間的修改、補充和完善之後，張之洞與劉坤一先後於五月二十七日、六月初四日和六月二十七日聯銜連上三折，時稱《江楚會奏變法三折》，受到了慈禧太后的高度重視和評價，儼然成為清末新政的藍本，正如時人所說：「唯是中朝宗旨，實以江鄂為南針。江鄂之言不必盡行，而江鄂奏人之後，大局未必不從茲而定」。

那麼這變法三折中又寫了哪些內容呢？

第一折，《變通政治人才為先遵旨籌議折》，簡稱「人才為先折」，其中指出，中國既貧於財更貧於人才，既弱於兵更弱於志氣，而其中的病根正是科舉制。因此，「人才為先折」的核心是改良科舉制，在介紹了「泰

西各國學校之法」後，他建議採用「各國學校之法」，設文武學堂、酌改文科、停罷武科、獎勵遊學。

第二折，《遵旨籌議變法謹以整頓中法十二條折》，其中寫到，「蓋立國之道，大要有三：一曰治，二曰富，三曰強國。既治則貧弱者可以力求富強；國不治則富強者亦必轉為貧弱。整頓中法者，所以為治之具也；採用西法者，所以為富強之謀也。」在洋務運動的整個過程中，張之洞始終堅持「中體西用」的變革思想，在他看來，西法只是富強之術，關鍵還是要「整頓中法」。

第三折，《遵旨籌議變法謹以採用西法十一條折》，張之洞首先申明採用西法的必要性：「方今環球各國，日新月盛，大者兼擅富強，次者亦不至貧弱。究其政體學術，大率皆累數百年之研究，經數千百人之修改。」「此如藥有經驗之方劑，路有熟遊之圖經，正可相我病症，以為服藥之重輕；度我筋力，以為行程之遲速。」並提出了廣派遊歷、練外國操、廣軍實、修農政等十一條具體措施。

《江楚會奏變法三折》遞上去後，得到了慈禧太后的首肯，「昨據劉坤一、張之洞會奏整頓中法、仿行西法各條，事多可行。即當按照所陳，隨時設法，擇要舉辦。各省疆吏亦應一律通籌，切實舉行。」

從 1901 年到 1911 年，十年間，清政府幾乎盡其所能全面實施了新政。不得不說，清末新政是 20 世紀初中國第一次全方位、多層面的社會變革，其廣度與深度都遠遠超過了之前的洋務運動和戊戌變法。史學家侯宜傑先生在《二十世紀初中國政治改革風潮》中說，「單純的封建專制制度已不存在，民主政治及有關法律有些在試行，有些在準備和確立之中，整個政治制度正在向資本主義近代化演變邁進。」

　　平心而論，1901 年慈禧太后啟動的這一輪改革，可以說是晚清六十多年歷史上最有希望成功的一次改革。為什麼這麼說？自媒體人羅振宇在影片節目《邏輯思維》中這樣分析：此次新政改革，清政府有三大成功的條件：

　　第一，上面有決心。

　　庚子國變，慈禧太后倉皇出逃，一路上可謂是吃盡了苦頭，也真切感受到了民間的疾苦。據《慈禧外記》記載，「太后由京往西安，及由西安迴鑾，見沿路農民貧苦之狀，甚為憫念，特發銀以賑之，其數甚巨，並告皇帝曰：『前在宮中，不知小民之苦也。』」歷史學家蕭功秦認為，庚子奇變和此後的「西狩」經歷，以及由此產生的內疚心理，是促使慈禧轉向改革的重要契因。山西巡撫岑春煊也提到，「太后歲在蒙塵困苦中，尚刻意以興復為念。一日，諸人於召對之際，太后忽顧曰：『此恥如何得雪？』」岑春煊趁機進言道：「欲雪此恥，要在自強。」後來他又寫道，「兩宮臥薪嘗膽亟求自強雪恥之志，此時亦為最切矣」，並指出，「朝廷自經庚子之變，知內憂外患，相迫日急。非僅塗飾耳目，所能支此危局。故於西狩途中，太后首以自強為詢。……辛丑迴鑾以後，即陸續舉辦各項新政。」

　　第二，外面有動力。

　　《辛丑條約》的簽訂，標誌著中國正式淪為半封建半殖民地，洋人不僅要求割地賠款，甚至直接干涉中國的內政，誰該被處分誰該被表彰，都由洋人說了算，所以有人把這之後的清政府稱為洋人的朝廷。庚子賠款 4.5 億兩白銀，分 39 年還清。數量雖多，但卻是在中國海關總稅務司赫德的幫助下仔細測算後的結果。鑒於各國在中國占據了大量權益和數額巨大的賠款尚待償還，洋人也不希望清廷在就此轟然倒塌。列強並無意推翻清

廷，他們只是想重組一個親西方的清政府，八國聯軍統帥瓦德西看得很清楚：「無論歐美日本各國，皆無此腦力與兵力，可以統治此天下生靈的四分之一。」在此後的一系列改革與探索中，西方國家都給予了清政府盡可能所有的幫助，如在五大臣出洋考察中，各國的態度非常積極，日本前任首相伊藤博文也針對清廷代表提出的「君主立憲制」給予了誠懇的分析和善意的提醒。

第三，底下沒阻礙。

庚子之變後，保守派人物如端王載漪、莊王載勳、大學士剛毅、山東巡撫毓賢等人按照和約要求被處死、罷黜，大阿哥溥儁被「廢黜出宮」。國內要求變革的呼聲越來越高，改革派隨後也重新占據了主導地位，各地督撫也紛紛公開發表自己的變革主張。袁世凱致書慈禧說：「和議將成，賠款甚巨，此後愈貧愈弱，勢難自立；如蹈常襲故，直無辦法，宜請旨飭內外臣工各陳富強之策，以備採施。」張之洞、劉坤一、盛宣懷三人也聯合上奏，請求變法，「於和局大定之後，即行宣示整頓內政切實辦法，使各國咸知我有發憤自強之望，力除積弊之心。」

晚清的這輪改革涉及面非常之廣，其中涵蓋了行政制度的改革、軍事制度的改革、教育制度的改革和法律制度的改革，在此我們重點來分析一下科舉和軍事改革。

中國的現代化改革，教育改革是基礎。在戊戌變法那一章中，我們講述了康有為廢除科舉的主張遭到了絕大多數士人的反對，那是因為當時的朝廷沒有為讀書人解決出路問題。

1901 年 8 月，朝廷下詔永遠停考武科，並調整了文考的部分科目。1904 年 1 月，張之洞等人上奏朝廷，科舉要廢除，但應該是一個漸進的

過程，建議朝廷確立一個過渡期，遞減科舉名額，使科舉和學堂教育歸於一途。

1905 年，在日俄戰爭的重大刺激下，國人要求立即廢除科舉的呼聲大為高漲。9 月 2 日，清廷頒布上諭：「自丙午科為始，所有鄉會試一律停止，各省歲、科學考察試，亦即停止。」

中國歷史上延續了一千三百年的科舉制度，就這樣完成了它的歷史使命，壽終正寢，成為歷史的句號。

五天以後，上海維新派《時報》發文，盛讚「革千年沉痼之積弊，新四海臣民之視聽，驅天下人士使各奮其精神才力，咸出於有用之途，所以作人才而興中國者，其在斯乎」。隨後，傳教士林樂知在《萬國公報》發表評論：「停廢科舉一事，直取漢唐以後腐敗全國之根株，而一朝斷絕之，其影響之大，於將來中國前途當有可驚可駭之奇效。」

從長遠來看，廢除科舉是社會變革發展的必然選擇，但卻給當時的士人們造成了不小的衝擊。

山西老舉人劉大鵬屢試不第，最後選擇在一富商家塾中擔任塾師，前後近二十年。廢除科舉的消息傳來後，劉大鵬陡然自覺喪失了安身立命之所，有一種幻滅之感。10 月 17 日，他在日記裡寫道：

「甫曉起來心若死灰，看得眼前一切，均屬空虛，無一可以垂之永久，唯所積之德庶可與天地相終始。但德不易積，非有實在功夫則不能也。日來凡出門，見人皆言科學考察停止，大不便於天下，而學堂成效未有驗，則世道人心不知遷流何所，再閱數年又將變得何如，有可憂可懼之端。」

「凡守孔孟之道不為新學蠱惑而遷移者，時人皆目之為頑固黨也。頑謂梗頑不化，固謂固而不通，黨謂若輩眾多不能捨舊從新，世道變遷至於

如此，良可浩嘆。科學考察一停，士皆毆入學堂從事西學，而詞章之學無人講求，再十年後恐無操筆為文之人矣，安望文風之蒸蒸日上哉！天意茫茫，令人難測。（1905 年 11 月 2 日）」

「去日，在東陽鎮遇諸舊友藉舌耕為生者，因新政之行，多致失館無他業可為，竟有仰屋而嘆無米為炊者。嗟乎！士為四民之首，坐失其業，謀生無術，生當此時，將如之何？出門遇友，無一不有世道之憂，而號為維新者，舉欣欣然有喜色而相告曰：『舊制變更如此，其要天下之治，不日可望，諸君何必憂心殷殷乎？』（1906 年 3 月 19 日）」

在當時，廢除科舉確實對一部分讀書人的出路造成了嚴重的困擾，由此，不少歷史學者對廢除科舉持反對意見。譬如復旦大學歷史系沈渭濱教授如此說道：

「我認為清末廢科舉是一項過於極端的舉措。科舉制度有很多弊病，但畢竟是廣大士子讀書做官的主要途徑。捐官也可以入仕，但不是正途，為士子所不齒。廢科舉等於絕了士子向上發展的路，這樣他們就沒有希望了，只得找新的出路。而從新式學堂出來的學生也要找出路，讀書能幹什麼？讀書可以經商，更重要讀書可以做官。1905 年以後，做官的路絕了。所以在我看來，辛亥革命某種意義上就是知識分子找出路的一場運動，包括個人出路、國家出路兩個相輔相成的方向。不要低估廢科舉帶來的負面影響。」（《辛亥革命前的中國》）

1905 年的廢除科舉，確確實實衝擊了傳統的「中層社會」，但說科舉之廢導致大批士人失業，轉而投奔革命卻過於想當然了。事實上，廢除科舉並未損害讀書人的上升通道。首先，沒有證據表明，新政時期讀書人失業率增加了，再者，科舉考試每年能夠被錄取的也就三四百人，大部分讀書人只是將科舉視為一個上升的路徑，廢除科舉反而擴大了讀書人的上升

通道。這又是為什麼呢？

為了解決各省數萬舉貢和數十萬生員的善後問題，在廢除科舉的同時，清政府發表了《舉貢生員出路章程》，妥善安置那些士人，在興辦新學堂時，承諾大學畢業給進士，專科給舉人，中學畢業給貢生，小學畢業給秀才。

在將私塾學館改為新式學堂的同時，清政府也大力提倡留學教育，張之洞在〈勸學篇〉中極力稱讚留學外國效果大，「出洋一年，勝於讀西書十年；入外國學堂一年，勝於中國學堂三年。留學之國，西洋不如東洋，以路近費省，文字易曉，西書多已刪繁存要；中、日情勢風俗相似，不難仿行」。隨後，全國上下掀起了一股留學熱潮，其中又以到日本留學者居多。

美國社會學家羅茲曼（Roman）在其著作《中國的現代化》（*The Modernization of China*）中大加讚嘆道：「科舉制度的廢除，代表著中國已與過去一刀兩斷，其意義大致相當於 1861 年沙俄廢奴和 1868 年明治維新後不久的廢藩。」

再來看看新政中的編練新軍。

甲午戰後，清廷痛感八旗綠營不可救藥，防軍練軍也不堪重用，朝野上下開始呼籲另練新軍。西元 1894 年底，前廣西按察使胡燏棻受膺重命，在天津新農鎮練就新軍 10 營，其中包括步兵 3,000 人，炮隊 1,000 人，馬隊 250 人，工程隊 500 人，共計 4,750 人，號「定武軍」。西元 1895 年 10 月，由於馬廠兵營不夠用，胡燏棻率定武軍移駐津南小站，由是，開啟了小站編練近代陸軍的先聲。

正當胡燏棻準備大展拳腳之際，清廷將他調任津盧鐵路督辦，由前駐

朝鮮商務監督袁世凱接過胡燏棻手上的新軍，完全按照德國陸軍的建制，進一步改革並完善了軍隊的制度，聘請德國教習，將其建成了一支模範軍，史稱「小站練兵」。

清末新軍，由此開始。

1907 年，清朝頒發了《全國陸軍三十六鎮按省分配限年編成方案》，計劃編練新軍 36 鎮，但由於種種原因，清廷最後只勉強練成了陸軍 14 鎮以及 18 個混成協。在此期間，袁世凱大力發展自己半私人化的北洋軍隊，在清廷逐漸崛起了一個以袁世凱為代表的北洋集團，為後來清廷的覆亡埋下了伏筆。

隨著各項改革的不斷深入，新政終於觸及到了清廷那根最為敏感的神經 —— 政治體制問題。

改革的攻堅之年，終於到來。

作為清末新政的代表性立憲運動，是中國歷史上少有的由官方主導自上而下的全面政治體制改革。所謂「憲政」，指的就是民主政治，在當時，君主立憲思潮的興起最早可以追溯到西元 1895 年鄭觀應提出的「開國會、定憲法」救國措施，但大力宣傳這一思想的要推「輿論界之驕子」梁啟超。戊戌期間，在康梁等維新派的鼓吹吶喊下，君主立憲逐漸成為一股強勁的社會思潮。

1901 年 6 月 7 日，梁啟超在《清議報》上發表了〈立憲法議〉一文，批判了朝廷的變法思路，對世界各國體制分為君主專制、君主立憲、民主立憲這三種政體，並對其優劣分別進行了比較。在梁啟超看來，君主專制與民主立憲均存在弊端，民主立憲政體「施政之方略，變易太數，選舉總統時，競爭太烈，於國家幸福，未嘗不間有阻力。」而在君主專制政體下，

「朝廷之視民如草芥，而其防之如盜賊。民之畏朝廷如獄吏，而其嫉之如仇讎。故其民極苦，而其君與大臣亦極危。」最後，他認為君主立憲政體最優，因為只有君主立憲能夠保證立法、行政、司法三權的實施，而且不致於造成大的社會動盪，是「政體之最良者也。」同時，梁啟超根據當時民智未開等情況，認為立憲一事不可急進，建議先從預備立憲做起，一步步展開。同時，他希望清政府能在 20 年之內實現立憲。

緊接著，民間報紙也紛紛就立憲一事發表各種意見評論。1902 年 6 月，英斂之在天津創辦《大公報》，竭力倡言慈禧歸政，反覆論述開設議院和實行立憲的必要性。

朝堂之內，不少臣僚也開始倡言立憲。1901 年 6 月，出使日本國大臣李盛鐸上奏請求變法，呼籲朝廷抓住「各國變法無不首重憲綱」的要點，將「立憲」當作變法的重中之重；1902 年 8 月，翰林院編修趙炳麟上奏朝廷，要求必行憲法，同時又說，「民主、聯邦憲法不可行於中國」，只可以搞君主立憲；1904 年 1 月 29 日，雲貴總督丁振鐸、雲南巡撫林紹年聯名電奏朝廷，請求速速變法，以挽救亡國危局；4 月，出使法國大臣孫寶琦上奏朝廷請求立憲；5 月，商部顧問張謇以立憲思想遊說湖廣總督張之洞、兩江總督魏光燾，請他們出面上奏清廷，速行君主立憲制；9 月，湯壽潛寫信給軍機大臣瞿鴻機，勸他站出來倡導立憲。

與立憲派形成鮮明對比的則是革命黨。就在立憲請求紛至沓來之時，國內外的革命運動也是風起雲湧。

戊戌變法失敗後，康梁等人逃亡海外，並成立了「保皇黨」。1902 年，美洲華僑因不滿慈禧掌權，聯名致書康有為，要求「保皇黨」革命自立，康有為的學生如梁啟超、歐榘甲也紛紛倒向革命；4 月，章太炎在日本東

京組織「支那亡國二百四十二年紀念會」，鼓吹種族革命，孫中山應邀出任大會出席；同年，蔡元培、黃宗仰等人也發起成立了中國教育會和愛國學社，以灌輸民主主義思想為任，培養了諸多的革命人才；1903 年，《蘇報》因在革命黨人的支持下積極宣揚革命，抨擊清廷而遭到封殺；1904 年1 月，孫中山在檀香山加入致公堂；11 月，陶成章、蔡元培等人在上海成立華興會；隨後，蔡元培擔任光復會會長，口號是：「光復漢族，還我河山。以身許國，功成身退。」

與此同時，革命黨在國內大搞暗殺及起義活動，暗殺風潮湧，令當政者不勝其煩，不堪其擾。

我們把目光轉回到 1904 年。

這一年，世界上發生了一件大事：日俄戰爭。

義和團運動期，沙皇俄國利用八國聯軍侵華的混亂局勢，打著替清廷維持秩序和保護中東鐵路的旗號，出兵侵占了中國東北，並且拒絕撤兵，這無疑是在挑戰清廷的底線。要知道，東北是中原之屏障，京津之門戶，更是愛新覺羅家族的「發祥之地」，正如出使俄國的全權大臣楊儒所言：「發祥之地，陪都在焉，列聖陵寢在焉，萬萬無不收復之理。」

《辛丑條約》簽訂後，列強陸續從中國撤軍，沙俄也失去了繼續駐軍東北的理由。1902 年 4 月 8 日，沙俄不得不與清廷簽訂了《交收東三省條約》，條約雖然簽署，但沙俄毫無履約的誠意，反而繼續增兵。清廷無奈只得訴諸列強，將東北問題國際化。

在清政府的邀請下，美國和日本向俄國提出抗議，使得沙俄「和平獨霸東北」的企圖落空。這其中，又以對東亞大陸存有強烈併吞欲望的日本最為積極，為了對抗在遠東地區的俄國，日本還與英國締結了聯盟，向俄

國施壓。

面對列強的抗議，俄國卻鐵了心，擺出一副獨占中國東北並且不惜為此一戰的架勢，並且略過羸弱的清政府，直接將談判對象換成了日本。

1904 年 2 月 6 日，日本與俄國斷絕外交關係；8 日，日本海軍突襲了旅順港內的俄艦，日俄戰爭爆發。

為了爭奪中國的東北領土，日俄兩國既然在中國領土上大打出手，然而作為第一利害人的清政府卻無力阻止，無奈之下只得宣告保持「局外中立」。「滿洲政府」卻無力保衛「滿洲」，成為近代史上洗刷不去的恥辱，長期以來被視為清政府屈辱無能的表現，甚至被視為「出賣民族利益」。

然而，當我們重新翻開歷史，不難發現，就當時的客觀形勢而言，中立乃清廷唯一可能、唯一正確的選擇。

當時的清政府，根本不具備一支近代化軍隊，也不具備打一場大規模的近代戰爭的能力，財政方面，清廷更是「庫儲一空如洗，無米何能為炊」。

在這場 20 世紀重要的國際戰爭中，日俄雙方在中國東北投入了 200 餘萬兵力，海陸軍協同作戰，動用了最新的戰法和最新的兵器；俄國戰費消耗為 65 億盧布，傷亡達 14 萬餘人；日本戰費消耗為 19 億日元，陣亡 8.44 萬人、傷 14.3 萬人。如此巨大的戰爭消耗，顯然不是清政府所能擔負得起的。

面對這場「局外中立」的戰爭，民間輿論卻紛紛支持日本，主張「聯日拒俄」，並且一直在暗中偏袒支援日本軍隊。

這又是為何？

就在日俄宣戰後的第三天，立憲派的《中外日報》發表社論，認為長

期以來都是白種人打敗黃種人，白種人對非白種人進行殖民統治，而這次戰爭將使人意識到「國家強弱之分，不在種而在制」。明確提出國家強弱的關鍵在於制度，而不在其他，斷言戰爭結束後，國人的政治思想將發生巨大改變。

最終的結果一如立憲派的預料，立憲的日本戰勝了專制的俄國。《大公報》在日俄戰爭結束後立刻刊載文章稱：「此戰誠為創舉，不知日立憲國也，俄專制國也，專制國與立憲國戰，立憲國無不勝，專制國無不敗。」日俄戰爭極大地刺激了國人的覺醒，「立憲」二字成為士大夫的口頭禪，他們大聲疾呼「二十世紀之時代，不立憲誠無以為國，不自由誠無以為民」、「振興中國，變專製為立憲，實為當務之急」。

《清鑑綱目》中載：

「自日俄戰爭後，日本以區區三島，戰勝強俄，一時公論多歸於立憲。而專制不如立憲之說，遂勝布於萬國。甚者謂，是役也，匪直日俄勝負所由分，實專制國與立憲國優劣之所由判 ------ 於是中國人民紛然並起，向政府要求立憲。」

一時間，立憲的聲浪響遍全國，連許多守舊人物也紛紛投入了立憲運動的洪流。

在朝野輿論的督促下，1905 年 9 月，清廷上層接受立憲主義的政治主張，選派了鎮國公載澤、戶部侍郎戴鴻慈、湖南巡撫端方、兵部侍郎徐世昌和商部右丞紹英等五大臣分赴海外各國，實地考察西方政治制度，試探性地邁出了憲政考察的第一步。按照慈禧太后的意思是，都說西方憲政制度好，我總得親自去看看才放心。

出發之前，慈禧太后特意召見了端方，兩人之間有如下對話：

慈禧太后：「新政已經實行了幾年，你看還有什麼該辦、但還沒有辦的？」

端方：「尚未立憲。」

慈禧太后：「立憲有什麼好處？」

端方：「立憲後，皇位可以世襲罔替。」

慈禧太后聽後，若有所思，她想起了與袁世凱的一番對話。

慈禧曾問袁世凱，如果不立憲會怎樣？袁世凱回答：恐有革命流血之事。

在安排好路線、經費後，慈禧太后告誡五大臣：「每至一國，著各該駐使大臣會同博採，悉心考證，以資詳密。」

清廷派出五大臣出洋考察憲政，得到了立憲派的熱烈歡迎，卻引發了革命黨的不滿。

1905 年 9 月 24 日上午 10 時，北京正陽門車站外車水馬龍，萬頭攢動，崗哨密布。出洋考察的五大臣帶領大批參贊及隨從，在眾人的簇擁下，準備登上火車。正要出發時，只聽得「轟」的一聲巨響，一顆炸彈在車廂內爆炸了！

炸彈爆炸後，火車車廂被炸毀，紹英「受傷五處，較重，幸非要害」；載澤「眉際破損，餘有小傷」；徐世昌「亦略受火灼，均幸安全」，戴鴻慈和端方由於坐在後面的車廂中，逃過一劫，襲擊者則當場被炸身亡。

戴鴻慈在當天的日記中寫道：

辰初拜祖，親友踵宅送行甚眾。十時，肩輿至正陽門車站，冠蓋紛紜，設席少敘。十一時，相約登車。澤公先行，餘踵至。兩花車相連，

澤、徐、紹三大臣在前車，余與午橋（即端方）中丞在後車。午帥稍後來，坐未定，方與送行者作別，忽聞轟炸之聲發於前車。人聲喧擾，不知所為。僕人倉皇請余等下車，始知有人發炸彈於澤公車上。旋面澤公，眉際破損，餘有小傷。紹大臣受傷五處，較重，幸非要害。徐大臣亦略受火灼，均幸安全。

事後查明，這是一次精心策劃的刺殺活動，襲擊者為革命黨人吳樾。

吳樾，安徽桐城人，早年曾應試科舉，庚子國變後，吳樾到上海、直隸，廣交志士，與陳天華、趙聲等結為知交，推崇「暗殺」、「恐怖革命」等信念，走上了革命的道路。1904 年冬，吳樾結識了革命黨人趙聲、楊篤生，由楊監誓，與馬鴻亮等人加入組織，組成「北方暗殺團」，任支部長。吳樾曾與秋瑾交往甚密，事前寫有一紙遺囑交她收存，其中說：「不成功，便成仁。不達目的，誓不生還。」

之所以要行刺，是因為革命黨人對清廷一向有敵意，他們認定清廷立憲是一場政治騙局，其目的在於用以緩和革命黨人的攻勢，並試圖挽救大廈將傾的危勢。他們堅信，凡是對政府有利的，必是對革命黨不利的，必然要加以破壞。事前，吳樾在〈意見書〉指斥清廷立憲是「假文明之名，行野蠻之實」。

政治暗殺是清末的一大社會風景。在清末志士眼中，暗殺的意義在於行為本身，結局似乎並不那麼重要。吳樾曾撰寫《暗殺時代》專著，認為「排滿之道有二：一曰暗殺，一曰革命。暗殺為因，革命為果。暗殺雖個人而可為，革命非群力即不效。今日之時代，非革命之時代，實暗殺之時代也！」

不得不說，吳樾是一名激進的革命者。餘世存在《非常道·英風第

八》記載了吳樾的一則革命軼事：

陳獨秀 20 歲時，與革命黨人吳樾相爭刺殺滿清五大臣，竟至於扭作一團、滿地打滾。

疲甚，吳樾問：「舍一生拼與艱難締造，孰為易？」

陳獨秀答：「自然是前者易後者難。」

吳樾對日：「然則，我為易，留其難以待君。」遂作易水之別。

後吳引彈於快班車，就義，重傷清二臣，時年 26 歲。

這次爆炸暗殺事件極大地震動了朝廷。爆炸發生後，京城中謠言四起，人心惶惶，紛紛傳言革命黨人已將炸彈帶進北京城，即將在京城造反，慈禧為防刺客，甚至把圓明園圍牆加高一公尺。清廷急令全城戒嚴，袁世凱親自偵辦此案。

對於這起暗殺事件，當時的輿論評價卻不怎麼高，一些重要的媒體如《大公報》、《申報》等都站在立憲派這一邊，《時報》譴責說：「五大臣此次出洋考察政治，以為立憲預備，其關係於中國前途最重且大，凡稍具愛國心者宜如何鄭重其事而祝其行。乃今甫就道，而忽逢此絕大之驚險，雖五臣均幸無恙，然此等暴徒喪心病狂一至於此，其罪真不容誅哉！」

《申報》不僅不贊同吳樾的行為，反而認為革命黨人的暗殺行動造成了相反的作用，「是舉之不足為新政之阻力，而反足鞏固立憲之基礎」。

實際上，吳樾的炸彈非但沒有阻止五大臣出洋，反而更加堅定了清政府立憲改革的決心，不少官員紛紛鼓勵清廷迎難而上。端方致電上海報界說：「炸藥爆發，奸徒反對憲政，意甚險惡，然益徵立憲之不可緩也。」也有人說：「此事必是革命黨中人所為，蓋恐政府力行新政，實行變法立憲，則彼革命伎倆漸漸暗消，所以行此狂悖之舉，以為阻止之計。當此更宜考

求各國政治，實行變法立憲，不可為之阻止。」

1905 年 12 月 7 日，清政府再一次啟動了出洋考察計畫，依然是五大臣出洋的陣容，只是徐世昌和紹英換成了尚其亨和李盛鐸。為了避免再次發生革命黨人的襲擊事件，這次出洋考察的大臣們決定分批出發，低調出行，一方面由載澤、李盛鐸、尚其亨等人赴英、法、比利時、日本等國家，另一方面，則由戴鴻慈、端方等人前往美、德、義大利、奧地利等國。

首先出發的是端方和戴鴻慈帶領考察團，戴端團乘火車到了天津，幾經輾轉到了上海，乘坐美國太平洋郵船公司的巨型郵輪「西伯利亞」號向日本出發。10 日後，由載澤、李盛鐸和尚其亨率領的第二路考察團搭乘法國輪船公司的「克利刀連」號揚帆啟程，首站目標同樣是日本。

由於分工不同，戴端團在日本稍作停留，隨後直接去了美國。載澤團到達日本神戶後，正式開展了憲政考察。日本方面對此次考察也高度重視，安排他們拜見了日本總理大臣西園寺公望、外務大臣等人，並安排了當時日本最著名的憲法學者、法學博士穗積八束為考察團詳細介紹日本憲法，又從憲法講到財政，這一講便是兩三個小時。

身為皇室，載澤表現出一副謙虛好學的姿態，除了對議院、學校、工廠、兵營、警察所等作例行考察外，還頻繁與日本政要或學界接觸會談。日本前首相伊藤博文對考察團的到訪高度重視，提前派人給考察團贈送了自己所著的兩本書——《皇室典範義解》和《憲法義解》，隨後會見了載澤團一行，並對載澤團提出的問題進行了一一解答，載澤在其《考察政治日記》中對此做了詳細的記載：

載澤：「敝國考察各國政治，銳意圖強，當以何者為綱領？」

伊藤博文：「貴國欲變法自強，必以立憲為先務。」

載澤：「立憲當以法何國為宜？」

伊藤博文：「各國憲政有二種，有君主立憲國，有民主立憲國。貴國數千年來為君主之國，主權在君而不在民，實與日本相同，似宜參用日本政體。」

載澤：「立憲後，對君主制度有無阻礙？」

伊藤博文：「對中國而言，並無阻礙。日本憲法規定，天皇神聖不可侵犯，天皇為國家之元首，總攬大權，並不旁落於臣民。」

載澤：「那君主立憲和專制有何區別？」

伊藤博文：「君主立憲與專制不同之處，最緊要者，立憲國之法律，必經過議會協參。憲法第五、六條，凡法律之制定、改正、廢止三者，必經議會之議決，呈君主裁可，然後公布。非如專制國之法律，以君主一人之意見而定也。法律當裁可公布之後，全國人民相率遵守，無一人不受治於法律之下。」

就此，伊藤博文忠告載澤：「貴國十八行省，往往各定章程，自為風氣，久之成為定例，彼此互為歧異，故立憲國之法律，必全國統一者也。」

載澤：「如侯所言，皆見諸實行否？」

伊藤博文：「凡余所談，皆身經艱難閱歷，實行有效，非如學問家之僅由研究理想而得也。」

載澤：「敝國將來實行立憲，其方法次序，究竟若何？」

對於這個問題，伊藤博文沒有直接回答，因為中國與日本不一樣，日

本船小好調頭，中國國情複雜特殊，需要「他日再詳思以對。」

　　從當年 12 月到次年 7 月，考察團兵分兩路，五位考察大臣分別訪問了美國、德國等 15 個國家，每到一國，參觀議院和考察議會制度已經成了一個慣例，各種黨派各執己見互相辯駁的場景讓他們大開眼界，「恆以正事抗論，裂眥抵掌，相持未下，及議畢出門，則執手歡然，無纖芥之嫌。蓋由其於公私之界限甚明，故不此患也」。在義大利，他們甚至發現議院可以決定國王任命大臣的去留，「義國任命大臣之權，操諸國王之手。而大臣之不職者，得由下議院控訴之，而由上議院以裁判之。歐洲諸國，政制相維，其法至善，胥此道也。」

　　在考察憲政之餘，考察團也參觀了基督教青年會、美術院、博物館、學校、動物園、公園等，並在回國時購買了不少動物，準備在中國也搞個動物園，包括一頭大象、兩頭獅子、三隻老虎、兩匹斑馬、兩頭花豹、兩頭野牛、四隻熊、一隻羚羊、四隻袋鼠、四隻鴕鳥、六隻仙鶴、八隻鹿、十四隻天鵝、三十八隻猴等，林林總總裝了五十九個籠子。

　　經過近半年的海外考察，兩批出洋大臣陸續返回了中國，在梁啟超等人的協助下，五位大臣向朝廷提交了一份「考察憲政報告」，正式提出了實行君主立憲的主張。載澤還向慈禧太后上了一道《奏請宣布立憲密摺》，提出了立憲的三個好處：

　　第一，立憲可使「皇位永固」。

　　載澤指出：「立憲之國，君主神聖不可侵犯，故於行政不負責任，由大臣代負之；即偶有行政失宜，或議會與之反對，或經議院彈劾，不過政府各大臣辭職，別立一新政府而已。故相位旦夕可遷，君位萬世不改，大利一。」這一點對於慈禧太后的吸引力不言而喻。

第二，立憲可使「外患漸輕」。

載澤提到：「今日外人之侮我，雖由中國勢之弱，亦由我政體之殊，故謂為專制，謂為半開化，而不以同等之國相待。一旦改行憲政，則鄙我者轉而敬我，將變其侵略之政策，為平和之邦交，大利二。」晚清七十年，清廷與洋人摩擦紛爭不斷，如果立憲能夠改變洋人對清帝國的看法，建立平等的外交關係，清廷何樂而不為？

第三，立憲可使「內亂可弭」。

載澤寫道：「海濱洋界，會黨縱橫，甚者倡為革命之說。顧其所以煽惑人心者，則曰政體專務壓制，官皆民賊，吏盡貪人，民為魚肉，無以聊生，故從之者眾。今改行憲政，則世界所稱公平之正理，文明之極軌，彼雖欲造言而無詞可籍，欲倡亂而人不肯從，無事緝捕搜拿，自然冰消瓦解，大利三。」

1905 年剛創刊的革命派雜誌《醒獅》，其第一期刊登宋教仁《清太后之憲政談》的文章，批評清廷立憲。文章開頭這樣寫道：「今日滿政府有立憲之議，有某大臣謁見西太后，西太后語曰：『立憲一事，可使我滿洲朝基礎永久確固，而在外革命黨，亦可因此消滅。候調查結局後，若果無礙，則必決意實行』云云。」

革命黨仇視清廷反對搞立憲改革，是因為如果清政府真的能夠推行憲政改革，其統治合法性將會得到穩固，革命黨的宏圖偉業自然無從談起，這一點清廷自然心知肚明。

既然立憲有這麼多的好處，那為什麼各省督撫、內外諸臣還有人反對呢？

對這個問題，載澤也給出了很有見地的答案：「憲法之行，利於國，

利於民，而最不利於官。若非公忠謀國之臣，化私心，破成見，則必有多為之說以熒惑聖聽者。蓋憲法既立，在外各督撫，在內諸大臣，其權必不如往日之重，其利必不如往日之優，於是設為疑似之詞，故作異同之論，以阻撓於無形。彼其心非有所愛於朝廷也。保己一之私權而已，護一己之私利而已」。這一點，顯然對慈禧太后的觸動更大。

五大臣出洋考察回國後，籌備立憲被提上了日程。可以說，在當時的高層中，幾乎沒有人反對立憲，但圍繞立憲的方式，朝中官員們產生了分歧並引發了激烈交鋒，在此我們把他們分成緩進派和激進派做個分析。

1906 年 8 月 25 日，清廷召開了一次廷臣會議，專門討論是否把立憲作為既定國策，參加者都是朝中高層，有醇親王載灃、軍機大臣奕劻、政務處大臣張百熙、大學士孫家鼐、王文韶、世續、那桐，以及當時的直隸總督兼北洋大臣袁世凱。

在此次會議上，圍繞是否盡快推行立憲，緩進派和激進派展開了激烈持久的論戰，場面頗為火爆。激進一方的有奕劻、徐世昌、張百熙和袁世凱等人，緩進一方則以孫家鼐、鐵良、瞿鴻機、榮慶等人為代表。

慶親王奕劻率先發言：「今讀澤公及戴端兩大臣折，歷陳各國憲政之善，力言憲法一立，全國之人，皆受制於法，既同享權利，即各盡義務。且言立憲國之君主，雖權利略有限制，而威榮則有增無減等語。是立憲一事，固有利而無弊也……中國自古以來，朝廷大政，咸以民之趨向為趨向。今舉國趨向於此，足見現在應措施之策，即莫要於此。若必捨此他圖，即拂民意，是捨安而趨危。避福而就禍也。以吾之意，似應決定立憲，從速宣布，以順民心而副聖意。」

奕劻的意見非常明確，立憲改革符合世界潮流和民意，主張從速立憲。

七十九歲的文淵閣大學士孫家鼐對此表示反對：「立憲國之法，與君主國全異，而奇異只要點，而不在於行跡而在宗旨。宗旨一變，而一切用人行政之道，無不盡變，譬之重心一移，則全體之質點，均改其方面。此等大變動，在國力強盛之時行之，尚不免有騷動之憂；今國勢衰弱，以予視之，變之太大太驟，實恐有騷然不靖之象。似但宜革其叢弊太甚諸事，俟政體清明，以漸變更，似亦未遲。」

在孫家鼐看來，立憲改革變動太大，而當下的清政府「叢弊太甚」，國家的政治資源和權威還不夠強大，無力承受立憲這樣的重大變動可能帶來的危險和動盪局面，不具備立憲的條件。只有先解決這些弊病，等到「政體清明」了，才能推行政改。

軍機大臣、巡警部尚書徐世昌反駁道：「逐漸變更之法，行之既有年矣，而初無成效。蓋國民之觀念不變，則其精神亦無由變，是則唯大便之，乃所以發起全國之精神也。」

徐世昌認為，漸進的變革已經實行了多年，但效果不明顯，只有透過重大的變革才能極大的衝擊人們的觀念、振發國民的精神。

孫家鼐接話道：「如君言，是必民之程度漸已能及，乃可為也。今國民能實職立憲之利益者，不過千百之一，至能知立憲之所以然而又知為之之道者，殆不過萬分之一。上雖頒布憲法，而民猶然不知，則恐無益而適為歷階，仍宜慎之又慎乃可。」

孫家鼐的意思是，要以立憲來發起全國之精神，有一個前提條件，那就是國民必須具備立憲所必要的知識程度，但眼下國民對憲政一無所知，在這種情況下，立憲改革必須慎之又慎。

張百熙站出來反對：「國民程度，全在上之勸導，今上無法以高其程

度，而曰俟國民程度高，乃立憲法，此永不能必之事也。予以為與其俟程度高而後立憲，何如先預備立憲而徐施誘導，使國民得漸幾於立憲國民程度之為愈呼。」

依張百熙的觀點，國民程度應該是從上到下一個傳導的一個過程，如果要等到國民素質達到立憲的標準再施行，那麼憲政怕是遙不可及。既然民眾達不到立憲的素質，何不從現在開始先做預備立憲，對國民素質進行循循誘導？

榮慶發言道：「吾非不深知立憲政體之美，顧以吾國政體寬大，漸流馳紊，今方宜整飭紀綱，綜核名實，立居中馭外之規，定上下相維之制，行之數年，使官吏盡知奉法，然後徐議立憲，可也。若不察中外國勢之異，而徒尋立憲之美名，勢必至執政者無權，而神奸巨蠹，得以棲息其間，日引月長，為禍非小。」

榮慶認為，憲政當然好，但中國政體寬大，國情複雜，紀綱紊弛，只有先從整頓吏治入手，為以後的立憲變革掃清路障，才能保證憲政的推行始終掌控在政府手中，否則，政改極有可能被野心家綁架和利用。

瞿鴻禨對此也深表贊同：「唯如是，故言預備立憲，而不能遽立憲也。」

軍機大臣、陸軍部尚書鐵良提出了自己的擔憂：「吾聞各國之立憲，皆有國民要求，甚至暴動，日本雖不至暴動，而要求則甚力。夫彼能要求，固深知立憲之善，即知為國家分擔義務也，今未經國民要求，而動輒受之以權，彼不知事之為幸，而反以分擔義務而苦，將若之何？」

鐵良在對比日本的立憲國情後，認為中國國民的立憲熱情還不夠，不懂立憲的實際意義。貿然實施立憲，反而會激起民權過大、負擔增加，到

時候就不好辦了。

這時候，袁世凱說話了：「天下事勢，何常之有？昔歐洲之民，積受壓力，復有愛國思想，故出於暴動以求權利。中國則不然，朝廷既崇尚寬大，又無外力來相迫，故民相處於不識不知之天，而絕不知有當兵納稅之義務。是以各國之立憲，因民之有知識而使民有權，中國則使民以有權之故而知當盡之義務，其事之順逆不同，則預備之法亦不同；而以使民知識漸開，不迷所向，為吾輩莫大之責任，則吾輩所當共勉者也。」

行伍出身的袁世凱顯然眼界更寬，看問題更透澈，他認為中國的改革不必完全遵循外國的成例，為國民指明方向啟迪民智，在座諸位責無旁貸。

鐵良繼而說道：「如是，則宣布立憲後，宜設立內閣，釐定管制，明定許可權，整理種種機關，且須以全力開國民之知識，普及普通教育，派人分至各地演說，使各處紳士商民，知識略相平等，乃可為也。」

鐵良基本贊同袁世凱的觀點，並對政府有意識地引導國民培養現代政治意識，提出了具體的措施和意見。

袁世凱補充道：「豈特如是而已。夫以數千年未大變更之政體，一旦欲大變其面目，則各種問題，皆當相連而及。譬之老屋當未議修改之時，任其飄搖，亦若尚可支持。逮至議及修改，則一經拆卸，而朽腐之梁柱，摧壞之粉壁，紛紛發見，致多費工作。改政之道，亦如是矣。今即以知音者言之：則如京城各省之措置也，蒙古西藏之統轄也，錢幣之畫一也，稅費之改正也，漕運之停止也，其事皆極委曲繁重，宜於立憲以前逐漸辦妥，誠哉日不暇給矣。」

袁世凱認為，預備立憲如同翻修老屋，老屋翻修之前，雖然破敗，但

畢竟還能支撐，一旦翻修，一經拆卸，工作量就大了。眼下必須立即著手先解決以下幾個問題：邊疆、錢幣、稅費、漕運，並提醒大家時間的緊迫性。

鐵良說道：「吾又有疑焉，今地方官所嚴懲有四，劣紳也、劣衿也、土豪也、訟棍也，凡百州縣，幾為若輩盤踞，無復有起與之爭者。今若預備立憲，則必先講求自治，而此輩且公然握地方之命脈，則事殆也。」

針對鐵良的擔憂，袁世凱續道：「此必須多選良吏為地方官，轉以扶植善類為事，使公直者得各伸其志，奸慝者無由施其技，如是，始可為地方自治之基礎也。」

瞿鴻禨也說道：「如是，仍當以講求吏治為第一要義，舊法新法，固無二致也。」在他看來，關鍵問題還在於整頓吏治。

醇親王載灃最後做了總結性發言：「立憲之事，既如此繁重，而程度之能及與否，又在難必之數，則不能不多留時日，為預備之地矣。」他的話也為此後的立憲改革定下了基調。

這次廷議所探討的改革的廣度和深度均是空前的，雙方爭辯的中心點其實是：面對大清這位身患沉痾的重症病人，是應該動大手術還是應該慢慢調理？

蕭功秦在〈清末新政時期的立憲論爭及其現代啟示〉一文中舉過這麼一個例子：

這種情況有如針對醫院裡的重症病人，醫生們在治療方案上必須會出現兩極化的選擇一樣。「激進派」醫生認為，由於病人的病情惡化，危在旦夕，為了挽救病人的生命，必須立即進行大手術。否則病人就沒有生存可能。另一種「保守派」醫生則恰恰相反，他們反而認為，正因為病情嚴

重，生命垂危，病人根本不具備進行大手術的條件，任何大手術只能使病人加速死亡，因此只能進行小手術。大手術既使必要，也只能在以後體力稍有恢復的情況下才能進行。

8 月 29 日，慈禧太后、光緒皇帝接見參會要員。畢竟，立不立憲，還得是紫禁城裡的老佛爺說了算。在認真聽取了他們的彙報後，慈禧太后終於做出了最後決斷：進行「預備立憲」，推行政改。

當然，慈禧對於立憲，也是有自己的底線的，簡單來說就是「四不」基本原則：

一曰君權不可受損；二曰服飾不可更改；三曰辮髮不准剃；四曰典禮不可廢。

1906 年 9 月 1 日，清政府頒布《仿行立憲上諭》，正式邁出了憲政改革的第一步。

對於清廷這遲來的順應民意之舉，國內民眾大為振奮，「何幸一道光明從海而生，立憲上諭從天而降，試問凡我同舟，何等慶幸！」馬相伯在《時報》上發表了一篇講詞，字裡行間掩飾不住他當時的激動和興奮：「我中國以四五千年破壞舊船，當此過渡時代，列強之島石縱橫，外交之風波險惡，天昏地暗，民智未開，莫辨東西，不見口岸。何幸一道光明從海而生，立憲上諭從天而降，試問凡我同舟，何等慶幸！」

上海《申報》1906 年 10 月 2 日報導說：「凡通都大邑，僻壤遐衢，商界學界，無不開會慶祝。」《京話實報》1906 年第 53 號報導說：「從此要實行立憲，這次聖壽就是實行立憲的紀念。這等的好日子，拍著巴掌，跳著腳，要喜喜歡歡的慶賀大典。」

民眾甚至自發寫了一首〈歡迎立憲歌〉，在歌頌朝廷的同時也表達對

立憲的期待：

大清立憲，大皇帝萬歲萬萬歲！

光緒三十二年秋，歡聲動地球。

運會來，機緣熟，文明灌輸真神速。

天語煌煌，奠我家邦，強哉我種黃。

和平改革都無苦，立憲在君主。

大臣遊歷方歸來，同登新舞臺，四千年舊歷史開幕。

英雄數鉅子之東之西，勞瘁不辭，終將病國醫。

紛紛革命頸流血，無非蠻動力。

一人坐定大風潮，立憲及今朝。

搜人才，備顧問，一時大陸風雲奮。

勖哉諸君，振刷精神，鑄我中國魂。

辛苦十年磨一劍，得此大紀念。

聖明天子居九重，忽然呼吸痛。

古維揚，新學界，側聞立憲同羅拜。

聽我此歌，毋再蹉跎，前途幸福多。

縱觀清末的「預備立憲」過程，我們可以大體將其分為兩個階段：

第一階段：1906 年頒發「預備立憲」的諭旨。

就在清廷頒布《仿行立憲上諭》的第二天，清政府成立了編定官制局，準備對現行行政體制動個「大手術」。一個多月後，《新官制改革案》草案發表，其中最為關鍵的地方是取消了軍機處，建立責任內閣。

這份草案的發表不啻於一次官場地震，相當於新一輪的權力洗牌，六

位軍機大臣，三位內閣正副總理，這還怎麼分？其他尚書也相當於降了級。這下子朝中官員可都很激動，醇親王載灃大怒，與袁世凱發生激烈爭辯，甚至掏出手槍直指袁世凱。

反對聲此起彼伏，朝中官員甚至鼓動內務府太監，跑到慈禧太后面前一把鼻涕一把淚地喊冤。慈禧被攪得心煩意亂，「我如此為難，真不如跳湖而死。」

在眾人的反對浪潮下，清廷對官制改革重新做出了調整：軍機處事不議；內務府事不議；八旗事不議；翰林院事不議；太監事不議。

當然，這次利益大洗牌中，有兩個人成為了贏家 —— 奕劻和袁世凱，一個當上了內閣總理，一個當上了內閣副總理。關鍵是，這二人的結盟，形成了「慶邸（即慶親王亦劻）當國，項城（袁世凱字項城）遙執朝權，與政府沆瀣一氣」的局面，惲毓鼎在日記中說：「近來疆臣權重勢專，朝廷一意姑息，不復能制，尾大不掉。藩鎮之禍，時見於今。」二人大搞貪汙腐敗，狼狽為奸，引起了朝中的又一輪鬥爭熱潮，史稱「丁未政潮」。

第二階段：1908 年，公布《欽定憲法大綱》和《逐年籌備事宜清單》。

1908 年 8 月 27 日，在立憲的呼聲中和革命火焰的燃燒下，清王朝頒布了中國憲政史上第一個憲法性檔案 ——《欽定憲法大綱》，原文如下：

君上大權

一、大清皇帝統治大清帝國，萬世一系，永永尊戴。

二、君上神聖尊嚴，不可侵犯。

三、欽定頒行法律及發交議案之權。凡法律雖經議院議決，而未奉詔命批准頒布者，不能見諸施行。

四、召集、開閉、停展及解散議院之權。解散之時，即令國民重行選

舉新議員，其被解散之舊員，即與齊民無異，倘有抗違，量其情節以相當之法律處治。

五、設官制祿及黜陟百司之權。用人之權，操之君上，而大臣輔弼之，議院不得干預。

六、統率陸海軍及編定軍制之權。君上調遣全國軍隊，制定常備兵額，得以全權執行。凡一切軍事，皆非議院所得干預。

七、宣戰、講和、訂立條約及派遣使臣與認受使臣之權。國交之事，由君上親裁，不付議院議決。

八、宣告戒嚴之權。當緊急時，得以詔令限制臣民之自由。

九、爵賞及恩赦之權。恩出自君上，非臣下所得擅專。

十、總攬司法權。委任審判衙門，遵欽定法律行之，不以詔令隨時更改。司法之權，操諸君上，審判官本由君上委任，代行司法，不以詔令隨時更改者，案件關係至重，故必以已經欽定為準，免涉分歧。

十一、發命令及使發命令之權。唯已定之法律，非交議院協贊奏經欽定時，不以命令更改廢止。法律為君上實行司法權之用，命令為君上實行行政權之用，兩權分立，故不以命令改廢法律。

十二、在議院閉會時，遇有緊急之事，得發代法律之詔令，並得以詔令籌措必需之財用。唯至次年會期，須交議院協定。

十三、皇室經費，應由君上制定常額，自國庫提支，議院不得置議。

十四、皇室大典，應由君上督率皇族及特派大臣議定，議院不得干預。

附臣民權利義務

（其細目當於憲法起草時酌定）

一、臣民中有合於法律命令所定資格者，得為文武官吏及議員。

二、臣民於法律範圍以內，所有言論、著作、出版及集會、結社等事，均准其自由。

三、臣民非按照法律所定，不加以逮捕、監禁、處罰。

四、臣民可以請法官審判其呈訴之案件。

五、臣民應專受法律所定審判衙門之審判。

六、臣民之財產及居住，無故不加侵擾。

七、臣民按照法律所定，有納稅、當兵之義務。

八、臣民現完之賦稅，非經新定法律更改，悉仍照舊輸納。

九、臣民有遵守國家法律之義務。

與「憲法大綱」同時公布的，還有一份非常詳細的「議院未開以前逐年籌備事宜清單」，定以九年為期，並擬定了預備立憲的進度：

第一年（1908 年），籌辦諮議局，頒布城鎮地方自治章程，頒布調查戶口章程，頒布清理財政章程，請旨設立變通旗制處，籌辦八旗生計，融化滿漢事宜，編訂民律、商律、刑事民事訴訟律等法典，編輯簡易識字課本和國民必讀課本。

第二年（1909 年），舉行諮議局選舉，各省一律創辦諮議局，頒布資政院章程，籌備城鎮地方自治，頒布國民必讀課本。

第三年（1910 年），召集資政院議員舉行開院，編訂戶籍法，釐定地方稅章程，釐定直省官制，頒布新刑律，舉行開院以及推廣廳州縣簡易識字學塾。

第四年（1911年），續辦城鎮鄉地方自治，調查各省人口總數，編訂會計法。會查全國歲出入確數，籌辦鄉鎮巡警，核訂民律、商律、刑事民事訴訟律等法典，創設鄉鎮簡易識字學塾。

　　第五年（1912年），城鎮鄉地方自治限年內粗具規模，續辦廳州縣地方自治，彙報各省人口總數，頒布戶籍法，頒布國家稅章程，頒布新定內外官制，推廣鄉鎮巡警，推廣鄉鎮簡易識字學塾。

　　第六年（1913年），實行戶籍法，試辦全國預算，設立行政審判院，籌辦鄉鎮初級審判廳，實行新刑律，城鎮鄉地方自治一律成立，頒布新定民律、商律、刑事民事訴訟律等法典，城鎮鄉地方自治一律成立。

　　第七年（1914年），試辦全國決算，頒布會計法，鄉鎮初級審判廳，限年內粗具規模，廳州縣地方自治一律成立，民眾識字義者須達到百分之一。

　　第八年（1915年），確定皇室經費，變通旗制，設立審計院，實行會計法，鄉鎮巡警一律完備，民眾識字義者須達到五十分之一。

　　第九年（1916年），開國會，宣布憲法，頒布議院法，頒布上下議院議員選舉法，舉行上下議院議員選舉，確定預算決算，新定內外官制一律實行，民眾識字義者須達到二十分之一。

　　這一「路線圖」對外公布後，在獲得不少稱讚的同時，也引來了不少反對的聲音，後世史家甚至公然指責立憲實際上是一場騙局，所有的一切不過是敷衍罷了。

　　事實真的是這樣嗎？

　　必須要承認的是，清末立憲既是為了順應歷史潮流與洶湧民意，也是清王朝的自救之舉。仔細分析清政府列的九年籌備清單，每一條都有主辦

機構，有進度要求，有責任目標等，隨著時間的推進，改革也越來越深入，設立諮議局和資政院、頒布議院法和選舉法、宣布憲法、開國會……這一切都表明，清廷正在自覺或不自覺地朝著現代國家推進，騙局之說，不知從何說起？

作為一位傳統帝國的實際掌權者，慈禧或許並不是很理解立憲的真正含義，但她為了挽救危如累卵的時局，願意嘗試，但長期以來，我們的思維形成了一個定式：「滿人做的好事，一定是不安好心甚至是包藏禍心，其目的不過是為了繼續維持滿洲貴族的腐朽統治。」

之所以定為九年預備期限，是因為清政府的這次體制改革，比之中國歷史上任何一次改革邁出的步幅都要大，政治改革的艱難性要求清廷必須謹慎、漸進地實行改革，正如日本首相桂太郎冷眼旁觀的，「立憲和國會等制度是好的，但需要很長時間的準備，中國現在走得太快，一定會出問題的」。

梁啟超也認為九年的期限太快，根本不可能實現：「問者曰：然則中國今日遂可行立憲政體乎？曰是不能。立憲政體者，必民智稍開而後能行之。日本維新在明治初元，而憲法實施在二十年後，此其證也。中國最速亦須十年或十五年始可以語於此。」

三個月後，慈禧的健康狀況開始惡化，她已預感到大限將至。11 月 7 日，慈禧召張之洞和軍機大臣世續入宮，商議立儲事宜。慈禧提議立光緒皇帝的胞弟，即醇親王載灃之子溥儀為穆宗（即同治皇帝）的子嗣，繼承大統。

當時的溥儀不過才 3 歲，年齡太小，張之洞和世續提議道：「國有長君，社稷之福，不如徑立載灃。」

慈禧神色黯然道：「卿言誠是，然不為穆宗立後，終無以對死者。今立溥儀，仍令載灃主持國政，是公義私情兩無所憾也。」

張之洞說：「然則宜正其名。」

慈禧問：「古之有乎？」

張之洞答：「前明有監國之號，國初有攝政王之名，皆可援以為例。」

慈禧太后點點頭，決定讓載灃以監國攝政王的名義主持國政。溥儀在其回憶錄中寫道：

但是我更相信的是她（慈禧）在宣布我為嗣皇帝的那天，還不認為自己會一病不起。光緒死後兩個小時，她還授命監國攝政王：「所有軍國政事，悉秉承予之訓示裁度施行。」到次日，才說：「現予病勢危篤，恐將不起，嗣後軍國政事均由攝政王裁定，遇有重大事件有必須請皇太后（指光緒的皇后，她的姪女那拉氏）懿旨者，由攝政王隨時面請施行。」

1908 年 11 月 15 日，大清帝國的實際掌舵者慈禧太后離世。此前一天，光緒皇帝也撒手人寰，結束了屈辱而傀儡的一生。

兩位最高掌權者的相繼辭世，不僅僅轟動了北京，更讓舉國震動。一個是 38 歲的壯年，一個是 74 歲的老人，兩人同時死亡，這驚人的巧合不得不讓人懷疑，這其中是否有不可告人的陰謀？

圍繞光緒的死因，朝野間議論紛紛，正常死亡抑或被害而死的說法也一直爭論不休，成為近代史上的一椿謎案。

有人說，慈禧害怕自己死後光緒皇帝將重新掌權，翻自己的歷史舊帳，因而派人毒死了光緒帝。清末給光緒看病的名醫屈桂庭他的回憶錄中說：「光緒在臨死前三天，在床上不停地翻滾，並且不停地大叫，『肚子疼得不得了。』臉色發暗，舌頭又黃又黑，明顯是中毒症狀。」

也有人認為，光緒有嚴重的腎虧，從小就體弱多病，長期處於慈禧的打壓之下，在精神與意志上受到的壓制與摧殘，在身心上經受的折磨，病情逐漸加重才導致病故。

時光一轉，百年早已過去。2003 年，中國原子能科學研究院、北京市公安局法醫檢驗鑑定中心、清西陵文物管理處等單位組成「清光緒帝死因」專項研究課題組，對光緒帝的頭髮、遺骨以及衣服和墓內外環境樣品等進行了反覆檢驗和縝密研究。直到 2008 年，國家清史纂修工程委員會在京召開「清光緒皇帝死因報告會」，得出了最終的結論：光緒死於砒霜中毒。

兩宮升遐，給帝國留下了巨大的權力真空。慈禧在瀕危之際，將帝國的重擔全部壓在了年僅 25 歲的載灃身上。

這裡有必要介紹一下載灃顯赫的家世。載灃的父親是慈禧昔日身邊的紅人醇親王奕譞，二哥是光緒皇帝載湉，同時還是末代皇帝溥儀的生父。出身於這樣一個顯赫的皇室宗親中，載灃卻不同於其他皇室宗親子弟整日逗狗遛馬，受家庭的影響，載灃性格謹慎謙虛，為人低調，不露鋒芒。

1900 年，義和團運動興起，殺害了德國駐華公使克林德。八國聯軍占領北京後，要求清政府就「戕害德使一事，由中國派親王專使代表皇帝致慚悔之意，並於被害處樹立銘志之碑。」慈禧派了載灃赴德謝罪。載灃到德國後，德國政府有意挑釁，要求載灃行跪拜之禮，載灃嚴詞拒絕：「寧蹈西海而死，不甘向德皇跪拜。」德國無奈只得作出讓步。

經此一事，載灃一舉成名，不少國外媒體對載灃更是高度評價，「比之處深宮之內不知外情之諸王、貝勒等，其相去又何啻天淵哉！」

慈禧在病危之際，為何單單看中了載灃？載灃弟弟載濤這樣寫道：

「她（指慈禧）之所以屬意載灃，是因為她觀察皇族近支之人，只有載灃好駕馭，肯聽話，所以先叫他做軍機大臣，歷練歷練。慈禧太后到了自知不起的時候，光緒帝雖先死去，她仍然貪立幼君，以免翻她的從前舊案。但她又很明白光緒的皇后（後來的隆裕太后）亦是庸懦無能、聽人擺布之人，絕不可能叫她來重演垂簾的故事，所以既決定立載灃之子為嗣皇帝，又叫載灃來攝政。」

年紀輕輕的載灃接過了清末新政改革的大旗，自然引來了宗室子弟和朝中重臣的不服。為了樹立個人權威，載灃一改之前的低調謹慎的做事風格，首先肅清了皇室異己溥偉，罷黜了朝廷權臣袁世凱，壓制了意圖消防慈禧干政的隆裕太后，顯示了一定的政治手腕和改革魄力。

然而，此時士紳們政治參與的熱情已經被點燃，民眾覺醒速度超出了清廷高層的預期，他們疾呼「居今日而言國會，雖在一年，猶懼其晚，況至九年！」在立憲派士紳一浪高過一浪的要求加快立憲步伐的請願聲中，立憲時間一改再改，最後縮短為三年時間，「緩圖之，即三年未必完全；急圖之，雖數月亦可藏事」，埋怨清廷「何必靳此區區二年之時間，不與萬姓更始耶？」載灃一方面與立憲派周旋，希望能放慢憲政，另一方面又與革命黨人掰手腕，撲滅各地起義硝煙。

輿論再次證明，帝國的人民已經漸漸失去了耐心和理性，此後擬定的皇族內閣名單更是讓立憲派與士紳階層和清廷離心離德，弄巧成拙不說，反倒坐實了革命黨人的指責。

當民眾對清廷描繪的立憲改革藍圖徹底失望，革命的火種也就不遠了。

第九章
辛亥革命：一個王朝的隱退

　　武昌城的一聲槍響，震撼著整個中國大地。剎那間，革命烽火蔓延全國，十八行省紛紛宣布獨立。埋葬了封建腐朽的舊王朝，能否迎來一個新生的充滿朝氣的民國？歷史三峽，雖暗流險礁，可國人終究掛帆起行。

壓死駱駝的最後一根稻草是鐵路國有案。

在中國走向現代化的道路上，鐵路是一個很糾結的問題，這不僅展現在技術上，更主要地展現在民眾的觀念上。

鐵路一開始進入中國之時，民眾將其視為「奇技淫巧」，認為鐵路會破壞風水祖墳，不但不修，甚至還多次拆除洋人修築的鐵路。進入二十世紀，大興鐵路漸成熱潮，清政府於是將修建鐵路提高到了國家自強的高度。

與此同時，外國資本也對中國的鐵路建設表現出了極大的熱情。出於逐利的本性，洋人或假借中外合辦之名，或透過貸款，幾乎控制了中國大部分鐵路的築路權。隨之而來的是各種利權如鐵路經營管理權、鐵路周邊的礦產開採權被洋人侵占，這自然引起了士紳階層的不滿，也引起了朝中高層的關注。畢竟，修築鐵路不僅僅是經濟問題，更關係到國家策略、戰備和巨大的經濟利權，這是政治問題，容不得半點馬虎。

1903 年，清政府為了推行新政，制定了《鐵路簡明章程》，准許招商局集商股成立鐵路、礦務等公司，允許民間資本進入鐵路建設之中。此後，商辦鐵路做為一條國策，開始席捲全國，到 1910 年全國已成立了 17 家商辦鐵路公司。

1904 年，川漢鐵路總公司在成都成立，1907 年改為商辦，其預定路線自成都，經重慶、恩施、清太坪鎮、宜昌，達漢口，全長 3,000 公里。

然而，隨著民營資本的大舉注入，商辦鐵路因缺乏相應的經驗和技術，資金也遠不如外資充足，在建設過程中並不順利，「後路未修，前路已壞」，遠不如藉助外資修建的鐵路效率高。

當然，商辦鐵路相繼陷入困境，很大一個原因是資金不足。譬如，粵漢鐵路廣東段計劃投資 3,000 萬兩，實際募集連一半都不到。由於募集不

到足夠的社會資金，鐵路公司轉而仰賴於名目繁雜的種種捐稅。

比資金不足更大的問題是，各鐵路公司貪汙成風，烏煙瘴氣，帳目極為混亂。就拿川漢鐵路公司來說，當時總共募集了 1,000 多萬兩，但和成都至宜昌鐵路需款 9,000 萬兩一比，如同杯水車薪。時任商辦川漢鐵路公司的 CFO（總收支）的是候補道臺施典章，那兩年上海橡膠股市正逢牛市，眼見鐵路一時無法修築，為了讓這些錢保值增值，管理層動起了投資股市的主意，於是委派施典章手握 350 萬兩去闖蕩上海灘。不巧的是，就在 1910 年，上海遭遇了股災，資金被股市套牢，造成了 300 萬兩虧空。

梁啟超對這種民營企業大不以為然：「人人以附股為愛國之義務，然此種現象，果遂為國家之福乎？夫附股者，一種之企業行為也，苟附股之動機而非發自企業心，則公司之精神，自茲腐矣。」

與「奏辦經年，多無起色」的商辦鐵路形成鮮明對比的是，官辦鐵路倒不斷顯現出成效：1906 年京漢線竣工，1908 年滬寧線竣工，1910 年汴洛線竣工，清政府終於意識到，「鐵路之縱橫四達，則非國家出以全力斷難辦到」。

從 1907 年起，清政府就對各地的商辦鐵路公司開始了整頓，要求各地商辦鐵路限期完工，不然就把這些鐵路改為官辦，並撤銷商辦的鐵路公司。

湯壽潛時任商辦浙路公司總理，對於清廷的這一手自然很不爽。就在上諭釋出的次日，湯壽潛發了一封措辭激烈的電文到清廷軍機處，矛頭直指官辦鐵路政策，指責盛宣懷主理路事無異於「以鬼治病，安有癒理？中國大勢，危象畢露，無復可諱」，要求清廷立刻把盛宣懷「調離路事，以謝天下」。

　　1911 年 5 月，都察院給事中石長信向清廷上奏《奏為鐵路亟宜明定幹路枝路辦法》。在這封奏疏中，石長信首先強調鐵路的重要性，當務之急，「邊防最為重要」，「若國家不趕將東西南北諸大幹路迅速次第興築，則強鄰四逼，無所措手，人民不足責，其如大局何？」隨後，他將全國鐵路區分為幹路和枝路，「其縱橫一省或數省而遠達邊防者為幹路，自一府一縣接上幹路者為枝路」，並提出了「鐵路國有化」的改革方案。當然，修築鐵路需要大量資金，必要時也可以考慮引入外資。

　　石長信的想法與時任郵傳部大臣的盛宣懷不謀而合，盛宣懷隨後後向攝政王載灃也提出了鐵路收歸國有的主張，載灃即刻批示「不為無見」。

　　1911 年 5 月 9 日，清廷釋出《鐵路幹路國有定策》：「昭示天下，幹路均歸國有，定為政策。所有宣統三年以前，各省分設公司、集股商辦之幹路，延誤已久，應即由國家收回。」

　　清廷要自己修築鐵路，只能舉外債。為了修築粵漢、川漢鐵路，5 月 20 日，郵傳部大臣盛宣懷在北京與英、德、法、美四國銀行團（滙豐、德華、東方匯理、花旗）簽訂了 600 萬英鎊（合白銀約 4,800 萬兩）的《湖廣鐵路借款合約》，期限 40 年，以兩湖釐金及鹽釐稅捐作為抵押。合約中約定，粵漢路用英國總工程師，川漢路用美國和德國總工程師，借款利率為 5%。比照當時的中國錢莊動輒 12% 至 15% 的利率，這個利率絕對不算高。

　　針對兩湖、廣東和四川等地，盛宣懷提出了不同的國有化方案，他同意將川漢鐵路公司的資金換成國有股票，但對於因「橡膠股災」虧空的那 300 萬，盛宣懷認為不應「慷國家之慨」，國家沒有義務補償，決定不予承擔。

隨著盛宣懷與四國銀行團借款合約的內容及鐵路國有化方案傳至成都後，輿論譁然，士紳們可不做了，川漢鐵路公司的股東們緊急召開會議，決定聯合到督署請願。著名報人鄧孝可在《蜀報》發表了〈賣國郵傳部！賣國奴盛宣懷！〉一文，號召四川人民放棄幻想，聯合廣東、兩湖人民與賣國奴盛宣懷抗爭到底。不僅如此，《蜀報》還歷數盛宣懷奪路、賣路的幾大罪狀：

奪自國民　送諸外人　國人起者　川人起者

既奪我路　又劫我款　奪路劫款　又不修路

川人起者　國人起者　於此不爭　死無所矣

民眾在成都嶽府街大舉集會，時任四川諮議局副議長的羅綸慷慨激昂，大聲疾呼：「川漢鐵路完了！四川也完了，中國也完了！」「我們要誓死反對！我們要組織一個臨時的機關，一致反抗，反抗到底！商人罷市！工人罷工！學生罷課！農人抗納租稅！」民眾的情緒被點燃，士紳們成立了保路同志會，由諮議局議長蒲殿俊任會長，副議長羅綸為副會長。

會後，民眾集體前往總督衙門請願，請朝廷收回成命。當時四川總督趙爾豐還沒到任，由布政使王人文護理總督。王人文致電內閣：「本日未前，各團體集公司開會，到者約二千餘人，演說合約與國家存亡之關係，哭聲動地，有伏案私泣。」不料他的上奏卻遭到朝廷下旨嚴飭。而此時，積壓在民間的怨憤被點燃，亢奮的情緒蔓延全川，工人、農民、學生和市民紛紛罷課罷市，保路同志會的會員不到 10 天就發展到 10 萬人。

一場本是事關利益和經濟的爭端，開始朝著不可控的方向發展。

四川紳商對盛宣懷的解決方案表示反對，這不難理解，因為川漢鐵路公司募集的股資主要有這麼幾類：商股、官股、租股和公利之股，此前為

了籌集鐵路建設資金，四川實行了攤派，所以絕大多數四川的百姓都和川漢鐵路息息相關，都算得上是川漢鐵路的「股東」。如今募集的資金虧空了300萬，這個坑誰給補？

如果從盛宣懷的立場出發，他的做法似乎也沒有錯。川漢鐵路公司內部管理不當，挪用、倒帳，將資金投入股市導致虧損，為什麼要由國家去彌補呢？二者的矛盾不可調和，而且有愈演愈烈之勢，才引發了後來的災難性後果。

歷史學家雪珥提到這段歷史時，這樣寫道：

有學者認為，盛宣懷在推行鐵路國有政策時，「不講政治」，不講策略，斤斤計較，十足的商人作風，如果當時在川路補償問題上退讓一步，或許就不會弄得天下大亂。其實，在鐵路國有化方面，一貫以能幹及貪腐著稱的盛宣懷，倒是展現了一種中國官場中極為罕見的政治品格：沒有選擇明哲保身，反而選擇了引火燒身。武昌城頭的炮聲響過之後，高喊動聽口號的「君子」們，便取代了「商人作風」的真小人，成為中國舞臺的主流，這或許正是一個時代的集體出軌？

據李尋在〈四川保路運動再梳理〉中的分析，這場保路運動中夾雜著三股政治力量：立憲派、革命黨和江湖會黨。

先來看這第一股政治力量。

立憲派們有一個合法的機構 —— 四川省諮議局，相當於地方的臨時議會，會長是蒲殿俊，副會長是羅綸和蕭湘。在這場保路運動中，立憲派站到了臺前，蒲殿俊等人對於這場運動的發起確實造成了很大的作用，但在保路運動的烽火燃遍四川後，這場運動已經超出了他們的控制範圍。

第二股政治力量是革命黨。

此次牽涉其中的革命黨屬於同盟會。在這場運動中，革命黨以攪動天下為己任，在軍隊中也頗有滲透力，他們不關心鐵路是國有還是商辦，他們只想抓住一切機會造反奪權。1911 年 6 月以後，各地保路會紛紛成立，四川籍的同盟會員紛紛潛回老家，連繫同志準備發動起義。在立憲派人士堅持「文明爭路」的同時，革命黨人則「渾水摸魚」，力圖「導以革命」的行動早已悄然展開。

第三股政治力量即是哥老會、袍哥等民間會黨。哥老會是成立於明清之際的民間祕密結社，俗稱袍哥，宗旨為「反清復明」。同盟會早期的革命靠的就是這些江湖會黨，甚至不少同盟會會員本身就在會黨中擔任要職，會黨的一部分工作就是替政府徵收租股，所以他們更關心的是財路問題。由此，保路運動能在短時間內聚集起數十萬人也就不難理解了。

朝廷駁回王人文的代奏後，蒲殿俊對局勢徹底失望，他對人說：「國內政治已無可為，政府已彰明較著不要人民了，吾人欲救中國，舍革命無他法。」他打算派人到湖南、廣東等地連繫，「以袍哥（約同於湖南之紅幫）、棒客（約同於湖南之黑幫）為基礎，人數眾多，遍布全川。將來舉義時，尚求各省協助。」

立憲派士紳牽頭，同盟會策應，哥老會雄起，保路會會員迅速擴大，逐漸成波浪掀天之勢。

9 月 5 日，一份題名為〈川人自保商榷書〉的傳單在川路公司股東會的會議代表中流傳，該文提出：「中國現在時局，只得亡羊補牢，死中求生，萬無僥倖挽救之理。……然四川東連兩湖，西連藏衛，南連雲貴，北連陝甘，夔門、劍閣，古稱天險，鐵路、輪船尚未大通。以比各行省，外人插足尚淺，勢力亦薄。且土地五十萬六千方里，人口有七千萬，氣候溫

和，物產無所不有。即比之日本，猶不及川遠甚。今因政府奪路劫款轉送外人，激動我七千萬同胞翻然悔悟。兩月以來，其團結力、堅忍力、秩序力中外鮮見，殊覺人心未死，尚有可為。及是時期，急就天然之利，輔以人事，一心一力，共圖自保。」

時任四川總督的趙爾豐閱過後，看到了時局的嚴重性，決心採取一些行動。9月7日，趙爾豐以到督署議事為由，誘捕了諮議局正、副議長蒲殿俊、羅綸以及保路同志會的幾位首要人物，並發出告示：「朝廷旨意，只拿數人，均係首要，不問平民。首要諸人，業已就擒，即速開市，守分營生。聚眾入署，格殺勿論。」

官府抓人的消息一經傳開，民眾奔走相告，頭頂著光緒皇帝的牌位湧向督署門口，要求釋放代表。目擊者周善培回憶：

這時候，群眾已衝進了（督署）儀門，趙督叫人大聲嚷著說：「快舉代表，不許衝進牌坊。」群眾不聽，人人左手抱一個黃紙寫的德宗景皇帝的牌位，右手拿一根香，（我沒有看見有人手裡拿著刀子棍子的）又衝進牌坊。趙督又叫人嚷道：「不許再衝一步，再衝一步，就要開槍了。」群眾仍不聽，衝到大堂簷下。趙督又叫人說：「快退下去，再衝上來，就開槍了。」群眾還要向大堂衝上來，趙督說：「擋不住了，沒有辦法了。」就命令開槍，開了一排槍，群眾立刻回頭跑出去。人散之後，留下打死的七個人，五個是請願的人民，兩個是督署文案委員的轎班（受傷的多少不知道，實在打死的有七個人）。

血案使人猛醒。

慘案發生後，趙爾豐釋出戒嚴令，緊閉城門，封鎖郵電，切斷了成都的對外連繫。革命黨人龍鳴劍等人製作了上百塊木板，上書「趙爾豐先捕蒲、羅諸公，後剿四川，各地同志，速起自保自救」等字樣，塗上桐油，

投入府南河中，將「成都血案」的消息傳遍了四川，人稱「水電報」。其中一份水電報呼籲道：「英雄好漢，速備槍械，赴省救援。」

各路保路會同志得知消息後，聞風而動，聯合江湖會黨紛紛起事，打著「弔民伐罪」的旗幟，從各地向成都進軍。據熊克武回憶，「是時黨人與民間會黨揉雜，皆以同志軍為標幟」。

同志軍奔走於成都，與清軍展開激戰，趙爾豐還寫了首通俗易懂的〈勸民歌〉，威脅起義的同志軍：

各有性命與身家，何苦甘為亂黨誤。

又況殺機一旦開，死人如麻更可怖。

想到慘狀何堪言，提筆眼淚如雨注。

凡我安份眾黎民，且聽本督詳告訴：

以歌當哭垂涕言，到此亟宜生覺悟。

無論東西各憲法，輸將納稅乃義務。

無端背逆是亂民，辜負生存辱丘墓。

如今軍火更厲害，土槍刀叉靠不住。

……

可惜，勸民歌已勸不了民，此時的民眾只相信手中的槍桿子。

一場改寫歷史的大風暴正在醞釀。

接到起義的消息後，清廷大驚，嚴令端方率領精銳的湖北新軍第八鎮第十六協主力入川鎮壓。

在這裡有必要介紹一下端方其人。

端方，滿洲正白旗人，字午橋，號陶齋，諡忠敏。一提到晚清滿族權

貴，大部分人往往會將他們和昏庸無能、驕奢淫逸連繫到一起，但實際情況卻並非如此。滿族權貴中儘管有慶親王亦劻這樣愛財如命的主兒，但也不乏精明強幹之輩，端方就是其中之一。端方舉人出身，與榮慶、那桐並稱為「北京旗下三才子」。時人將其列入四大能臣之中，稱「岑春煊不學無術，袁世凱有術無學，張之洞有學無術，端方有學有術」，可見端方並非浪得虛名，確有真才實學。

端方本來就不贊同鐵路國有政策，一再上奏朝廷，希望收回「鐵路國有」成命，又發電各督撫，請「務須和平，勿專制強硬，以致激變」。對於此行的凶險，端方早有預料，一路上走走停停，在南下路過河南彰德時，端方還特意拜訪了被革職三年的袁世凱。二人就時局交換了意見，袁世凱還特意告誡說：「近聞湘人頗有風潮，大節似宜先駐漢陽，分投委員勘查，步步經營」。

在朝廷的嚴令之下，端方帶領湖北新軍第八鎮的一部分隊伍入川，隨後釋出通告：「蒲羅九人釋放，王周四人蓼辦；爾等哀命請求，天恩各如爾願；良民各自回家，匪徒從速解散；非持槍刀抗拒，官軍絕不剿辦。」

也就在這個時候，武昌發生兵變，湖北獨立，端方更是糾結，「沿途飲食，並無菜蔬可食，每飯只有白飯鹹菜。沿途所住之房即係養豬堆糞之屋，即欽差亦係此等之房。行至兩三月均如是。」於是，端方索性在距成都四百里的資州停了下來，準備看看情況再說。

1911 年 11 月 27 日，隨行部隊發生譁變，士兵衝入統帥的房間，欲將其殺之。雙方曾有如下對話：

端方：我本漢人，姓陶（據說端方有一方印章，上刻「陶方」），投旗才四代，今願還漢姓如何？

眾兵：晚了！

端方：我治軍湖北，待兄弟們不薄，此次入川，優待加厚。請各位周全……

眾兵：那是私恩，今日之事乃國仇。

隨後，士兵們砍下了端方和其弟弟端錦的頭顱，浸在煤油桶裡，一路傳示之後被送到了武昌。

端方之死是一個悲劇，在當時的清末新政運動中，端方倡言改革，推進新政，創造了許多個第一，在維新變法、慈禧西逃、五大臣出洋、預備立憲、廢除科舉、派員留學、興辦學堂等事件中都有他的身影，甚至是最重要角色。然而，就是這樣一位難得的開明改革家，卻在「種族革命」的風潮之下，在造反有理、革命無罪的輿論中被殺害，這不能不說是一個歷史的悲劇。

四川保路運動猶如一根導火線，引燃了全國各地的革命風潮，革命黨正式登場了。

提到革命黨，就不能提到一個人物：孫中山。

孫中山，名文，字載之，號日新，又號逸仙，幼名帝象，化名中山樵，常以中山為名。西元 1866 年生於廣東，少年時即反感封建禮教，後得兄資助赴檀香山入西學，萌生民主思想。

孫中山曾經幻想過以改良的手段來挽救中國，西元 1894 年，他曾上書清廷直隸總督李鴻章，陳述「治國之大經，強國之大本」，但遭到李鴻章拒絕。上書的失敗，再加上甲午戰爭的慘敗，使得孫中山開始重新思索中國未來的出路，「知和平之法無可復施。然望治之心愈堅，要求之念愈切，積漸而知和平之手段不得不稍易強迫。」之後走上了一條孤獨的革命

者的道路。

作為一名先行者，孫中山是孤獨的。當初他發動起義的時候，「舉國輿論莫不目予輩為亂臣賊子、大逆不道，咒詛謾罵之聲，不絕於耳；吾人足跡所到，凡認識者，幾視為毒蛇猛獸，而莫敢與吾人交遊也」。他是孤獨的先行者！

要革命，需要堅忍不拔的毅力，百折不撓的精神，和勇於蔑視權威的氣概，這些條件孫中山都具備，但還有一條可讓他很煩惱，那就是錢。

西元 1894 年 11 月 24 日，孫中山於檀香山成立了中國近代史上第一個民主革命團體 —— 興中會，宗旨是驅除韃虜，恢復中華，平均地權，創立合眾政府。此後，孫中山踏上了漫長的籌募革命經費的道路。

為了籌集經費，孫中山想盡了各種辦法。當時，孫中山主要去美國、加拿大、歐洲，新加坡、馬來西亞等國籌款，其方式主要有這麼幾種：

一是寫信，給海外華僑和同盟會會員寫信，向他們宣揚革命思想，鼓勵他們捐款支援革命，因此也有「華僑為革命之母」之說。

二是在華僑聚集的地方舉行演講，譬如，孫中山在檳榔嶼的一次籌款會議中這樣演講道：「蓋海外華僑捐錢，國內同志捐命，共肩救國之責任是也。余決計回國親自督師，生死不計。」

三是發行債券，面額從 1 元到 1,000 元不等，承諾新政府成立後還本付息，且利息極高。孫中山稱：「此於公私皆有裨益，各有咸具愛國之誠，當踴躍從事，比之（向清政府）捐頂子買瓴枝，有去無還，洵隔天壤。且十可報百，萬可圖億，利莫大焉，機不可失也。」

武昌起義前，孫中山領導了十次武裝起義，無一例外都歸於失敗。尤其是黃花崗一役，喪失了眾多的青年菁英，也讓革命陷入了低潮。孫中山

一生曾兩次前往黃花崗祭奠烈士，對於這些青年才俊的犧牲，孫中山極為痛心，曾形容「吾黨菁華，付之一炬」。

事實上，從廣州首義到黃花崗起義，有多少革命烈士為了中國的革命事業失去了他們年輕而又寶貴的生命！吳樾、鄒容、陳天華、秋瑾、徐錫麟、林覺民……他們留下的，是「吾幸而得汝，又何不幸而生今日之中國！卒不忍獨善其身」、「秋風秋雨愁煞人」的悲壯！

1901 年之後，清廷開啟了新政改革，革命黨與立憲派同時開始賽跑。面對日益高漲的參政壓力，清政府陷入了權力與權威的雙重危機，從而失去了立憲派與底層民眾的支持。在此過程中，革命黨的影響已滲透進新軍內部，並且取得了一定的成效。

在當時，清政府有兩支近代化軍隊，一是袁世凱的北洋新軍，一是清末重臣張之洞的湖北新軍，二者組成了大清王朝的兩大柱石。湖北新軍所招收的兵員，大都是當時有一定文化的青年，思想活躍，更容易接受革命思潮的影響。革命黨人正是看準了這一點，開始積極滲入。軍營內，「每每士兵交頭接耳之議題，必《大江報》所登之話題」，以至於後來的國民黨大佬居正也說：「時吾鄂有識之士，皆知清運將終，多有懷革命之志。」

在當時的新軍隊伍中，潛伏著兩大革命勢力，一為共進會，一為文學社。

先來看這共進會。

1907 年 8 月，共進會在日本東京成立，主要領導人是同盟會會員焦達峰、日知會會員孫武等，幾乎都是留日學生出身。之所以要從同盟會中分裂出來，是因為他們不爽同盟會的工作方式，認為同盟會「行動舒緩」，於是決定出來單幹，以結納會黨為主，謀在長江發難。

成立之日，共進會發表宣言：

嗚呼！吾同胞苦於祖國淪亡，呻吟於異族專制之下，垂三百年矣。以四百兆黃帝子孫神明華冑之多，而屈辱於區區五百萬腥羶之韃虜，其可恥可哀，孰有過於此者？凡有血氣，皆奮起，以雪累世深仇。此共進會今日成立之原因及其宗旨意義之所在也。

共進會者，合各派共進於革命之途，以推翻滿清政權、光復舊物為目的。吾同胞甘心恭順，願認仇賊作父，則亦已矣；若不然者，當應撫胸自問，猶有熱血，當必憤火中燒，應該揮刀直前，以圖報復。太平天國討滿檄文有云：忍令上國衣冠，淪於夷狄；相率中原豪傑，還我河山！何其壯也，功雖未竟，亦其傑矣。我共進會當繼承其志，以竟其未竟之功，然後可以上對祖宗，下垂後人，以齒於圓顱方趾之儔，皇天后土，實鑑斯言，弟兄袍澤，有如此約。

1908 年秋，共進會的主要成員如孫武、焦達峰等人從日本回國，抵達漢口，於次年 4 月在漢口法租界設立共進會機關，在國內謀求活動。

再來看看文學社。

初看其名，有點小清新，看上去像是一個文藝青年組織的文學社團，其實不然。之所以起這麼一個文藝的名字，是為了避免受到官府的懷疑。

文學社的前身是群治學社，由一群立志推翻清廷的有志青年組成，群治學社在簡章中宣稱是「集合多數人知識，研究學問，提倡自治」，實際上做的卻是革命工作。出於祕密工作的需要，群治學社後來改成了振武學社。

1911 年 1 月 30 日，革命黨人借新軍團拜名義，在武昌黃鶴樓舉行文學社成立大會，大會推舉蔣翊武為文學社社長，詹大悲為文書部長，劉復

基為評議部長，同時還在漢口設立《大江報》館，作為革命的宣傳機關，很多湖北新軍士兵紛紛被吸收為會員。

詹大悲在會上提議：「今天是文學社成立大會，簡章無革命字眼，只是研究文學，是為了避人耳目。我們以前的學社被敵人偵破，但我們從不放棄革命，如今重整旗鼓，以研究文學為名，爭取同志，總有一天，我們要把新軍變成革命力量，這就是我們的『端營主義』。」蔣翊武補充說：「今年說不定會有革命發生，我們方略已定，急應開展活動，一日有事，不致坐失良機。」

文學社與共進會在新軍中搶地盤拉人頭，互不服氣。據當時在炮八標的共進會成員鄧玉麟回憶：「辛亥革命在武漢方面之組織，先有共進會，次有文學社，該社由蔣翊武、劉堯澄（復基）、王憲章辦理。辛亥五月，共進會會員，在各軍隊，時與文學社員衝突。後翊武、劉堯澄來孫武家會議，兩派聯合進行，俟商妥後，一切經費由共進會供給，行動完全一致聯合。」

就這樣，為了同一個革命目標，兩派強強聯合，走到了一起。

四川保路運動爆發後，端方率領湖北新軍第十六協第三十一、三十二兩標緊急赴川，湖北空虛。革命黨人認為時機成熟，決定發動起義。雙方隨後舉行聯席會議，成立聯合指揮機關，公推蔣翊武為湖北革命總指揮，制定了起義計畫，商定在農曆八月十五中秋節（10月6日）舉行起義，又派人到上海邀請黃興、宋教仁、譚人鳳到武昌主持大局。

誰知天有不測風雲，就在開完會的這天下午，出事了。

這天下午，南湖炮隊的幾名士兵出去喝酒，回來鬧事，一時興起竟開啟彈藥庫，拖出了大砲準備向城裡轟擊。統制張彪得知後，立即派人前往

彈壓，雖然最後事情沒有鬧大，但此事卻引起了湖廣總督瑞澂和張彪的警覺，下令加強戒備。隨後，漢口不少報紙上瘋傳「八月十五日殺韃子」、革命黨「中秋起事」之說，湖廣總督瑞澂預感事情不妙，下令提前一天過中秋節，八月十五那天（10 月 6 日）全城戒嚴，並將武器彈藥收入楚望臺軍械庫，同時要求加強街頭軍警的巡邏和偵察：「各旅館、學社加意調查。如有行跡可疑之人，准其即行拿獲，以憑訊辦而保治安。」

這下子，革命黨人傻眼了。

中秋節安然度過，武漢三鎮一切如常。之前派人去邀請的黃興、宋教仁都沒來，黃興當時正在南方策劃一起暗殺行動，他對湖北的新軍起義並不看好，給出的意見是：「各省機關，還沒有一氣打通，湖北一省，恐難做到，必須遲到九月初（農曆），約同十一省同時起事才好。」

劉復基說：「我們幾個雖可以遲得，無奈他們（士兵們）現在都是摩拳擦掌的好像一會兒都等不得。」眾人也紛紛表示：「在外面謠言很大，若不即早起事，必要發生意外，那時還可以悔得及嗎？況且軍中同志，已占十九八九，若一舉事，何患武漢三鎮不唾手可得，體恤以他人為轉移。」

此時的蔣翊武還是下不了決心，對是否起事猶豫不決。

很快，一起偶然事件，將還在猶豫的革命黨人逼上了絕路。

10 月 9 日，孫武和鄧玉麟等人正在漢口俄租界寶善里 14 號起義臨時指揮部裡製作炸藥，準備起義。中午，鄧玉麟外出，「首義元勛」劉公的弟弟劉同叼著一根菸走了進來，到裡面晃了一圈兒後，劉同菸蒂上的火星不經意間落入了一盆火藥中……

轟的一聲，滿屋煙霧瀰漫，爆炸引發了大火，引起了俄租界的巡捕的注意，正在造炸彈的孫武被炸成重傷。革命黨趕緊跑路，但最重要的革命

黨花名冊卻鎖在櫃子裡，取不出來！

鑰匙放哪裡了？

鑰匙在鄧玉麟手中，而他此時正好外出！

很快，俄租界巡捕搜到了革命黨人名冊、起義文告等。眼見事態嚴重，俄租界主動將資料交給了湖廣總督瑞澂。瑞澂在拿到這份革命黨人名單後，陷入了沉思。擺在他面前的有兩個選擇：

其一，按名單拿人，從嚴從重從快處理，將革命黨的氣焰壓下去。

其二，公開燒毀名單，安撫人心。

在經過仔細權衡後，瑞澂另闢蹊徑，選了另一條路，他下令全城戒嚴，迅速搜捕革命黨人，彭楚藩、劉復基、楊洪勝三人被逮捕。

當天深夜，清督署開庭張燈會審。主審官鐵忠見彭楚藩穿著憲兵服，有意為其開脫，道：「你既身為憲兵，應知王法受皇室俸祿，自當愛護大清，而你竟敢謀反，該當何罪？」

彭楚藩厲聲反問：「所謂俸祿，是我漢族同胞的血汗，吃同胞的飯，為同胞報仇，這是理所當然，何罪之有？」

緊接著，彭楚藩作手勢索來紙筆書供：「自韃虜入關，揚州十日，嘉定三屠，文字興獄蓄髮罹罪，殘暴數百年，與我漢族同胞不共戴天。親貴用事，賣官鬻爵，失地喪權，猶以『寧贈友邦，勿與家奴』之手段，斷送我大漢民族於萬劫不復之地。我黃帝子孫，不忍見民族之淪亡，同伸革命救國之大義，是天經地義，責無旁貸！」

鐵忠搖了搖頭：「你年紀輕輕，父母妻兒尚在此地，如執迷悟，罪不容誅；若能認罪伏法，可以免死。」

彭楚藩冷笑道：「我既從事革命，個人生死，早置之度外，革命不怕死，怕死不革命，要殺就殺，何必多言！」

鐵忠知不可屈，嘆息一聲，次日將彭楚藩、劉復基和楊洪勝押到督署東轅門斬首示眾。

在處決了一批革命黨首腦後，瑞澂擔心大規模抓人會引發兵變，將革命黨人的花名冊公開燒毀，以安撫人心。

這下子，革命黨更抓狂了，原本定於10月9日發動起義，但城內炮隊和城外南湖炮隊互相等待對方炮響的訊號，結果誰都沒有動。到10月10日，氣氛更是緊張起來，新軍士兵人心惶惶。眼見革命黨人首腦人物死的死，傷的傷，一時群龍無首，時任工程第八營營共進會代表的熊秉坤知道，是該自己站出來主持大局了。

熊秉坤鼓動大家：「吾人今已勢成騎虎，不觀昨日捕人殺人乎？吾曹名冊已攫去，具在可捕可殺之列，不早圖之，後悔何及？質而言之，今日反亦死，不反亦死，大丈夫能驚天動地，雖死尤烈。」

10日正午，一場醞釀已久的暴雨傾盆而下，熊秉坤冒雨通知各營起義事宜。其實，不只是底層的革命黨新軍，就連新軍軍官似乎都嗅到了危機，10日晚必定有大動靜。當天下午，熊秉坤恰在操場邊與隊官羅子清、排長方定國相遇，隊官羅子清攔住熊秉坤問道：「今晚外面風聲不好，汝知否？」

熊秉坤含糊道：「只風聞三十標今晚起事。」

羅子清：「是孫黨否？」

熊秉坤：「所有會黨都以孫中山為共主，應該是孫黨。」

羅子清：「人有幾何？」

熊秉坤：「鄂軍，商、學各界皆是也。」

羅子清：「排滿殺官有之乎？」

熊秉坤：「排滿固其宗旨，殺官亦其用神。不殺官無以奪其權，且不先殺之，氣必為其所挫；氣挫，則事無濟。恐管帶以上皆不免，餘與反對者亦然。」

羅子清：「能否成事？」

熊秉坤：「能。近來民智日開，俱有種族思想，並知專制共和之利害。聞各省均運動齊備，唯湖北程度較淺。現各省黨人唯鄂軍第八鎮是懼，所以然者，安徽、湖南各處起事，咸為所平。八鎮一起，各省斷無不應者。故曰能。」

羅子清且走且囑咐道：「今晚恐有事，須好維持。」

夜幕降臨。

二排長陶啟勝帶兵查鋪，看到工程第八營副班長金兆龍和兵士程定國正在擦槍裝彈，便高聲斥問：「你們想造反嗎？」金兆龍回道：「老子即造反，汝將奈何？」陶排長大怒，上前奪槍，兩人扭打起來，金兆龍大聲呼喊：「吾輩今不動手，尚待何時！」

同棚的士兵程正瀛挺身而出，用槍托猛擊陶啟勝的頭部。陶啟勝血流滿面，轉身欲逃，程正瀛抬槍瞄準，扣動扳機。

砰！一聲槍響，寂靜的夜空被劃破，聲音響徹雲霄。武昌起義的第一槍，就這樣被打響了！

這一槍，絕非普通的一槍，它是中國民主主義、民族主義革命的發令槍，是埋葬舊王朝的奪命槍！

　　現在大多數人談論辛亥革命，都把首義第一槍歸功為熊秉坤。一次聚會上，孫中山指著熊秉坤向在場者介紹：「這就是武昌首義放第一槍的熊秉坤同志啊！」其實這是一種誤解，程正瀛才是打響武昌起義第一槍的人。

　　回到歷史現場，槍聲響起，陶啟勝腰部中彈，革命黨士兵登時大噪，全營革命黨人紛紛按計畫在左臂纏上白布帶，持槍出營集合。在熊秉坤的帶領下，士兵直奔楚望臺軍械庫，獲得了充足的槍支彈藥，隨後又公推工程營左隊隊官吳兆麟任起義總指揮，舉熊秉坤為副指揮，二人令義兵分頭通知各營黨人共同舉事。當時測繪學堂有在宿學生八十名，見新軍革命黨起義，學生李翊東高呼：「今晚是革命黨舉事，願意革命的跟我到楚望臺領槍！」學生皆呼願意，在革命黨人的帶領下到楚望臺領取武器。與此同時，城南的南湖炮隊第8標宣布起義，在工程營的接應下順利進城，布置陣地。在蛇山砲兵的有力支援下，革命軍炮轟總督署，湖廣總督瑞澂見勢不妙，慌忙鑿開督署後牆，帶領衛隊逃往江上的「楚豫」艦。回望城中，火光熊熊，槍炮聲雜亂，瑞澂只得向朝中緊急彙報：「湖北新軍結合革命黨全體叛變，懇乞即派重兵來鄂，平此大亂。」

　　起義出乎意外地順利，當清晨的第一縷曙光降臨後，武昌城的蛇山之巔，一面紅底十八星的大旗高高飄起，標誌著一個新政權的誕生。

　　武昌城被占領後，革命黨人面臨一個重大問題：誰來領導這場起義？

　　孫中山遠在海外，革命軍諸首領黃興、宋教仁、譚人鳳、居正等人均不在武昌城內，事前推舉的臨時總司令蔣翊武因炸彈事故逃亡，不知所蹤；被炸藥燒傷的孫武與原定的都督劉公都在漢口，其餘革命同志也都失去了連繫，革命軍一時處於群龍無首的境地。

有人要問了，不是還有熊秉坤、蔡濟民、吳兆麟等人嗎？他們不能擔此重任嗎？

事實還真是這樣。熊秉坤、蔡濟民等人只是新軍的班長、排長，級別太低，吳兆麟在工程營也不過是左隊隊長，其參加起義不過是被迫捲入了兵變，乃不得已為之。黎東方在《細說民國創立》中這樣寫道：吳「參加過日知會，其後便與革命同志沒有什麼來往。工程營起義之時，他溜了出去，被汪長林遇到，連拉帶勸的引至回軍械所，受熊秉坤及一般同志的推戴，當了臨時總指揮。」

眾人經過商議後，想到了湖北諮議局議長湯化龍，誠邀他作為軍政府都督。不料湯化龍卻婉言拒絕道：「革命事業，鄙人素表贊成。」，但「此時正是軍事時代，兄弟非軍人，不知用兵」。

湯化龍真的是因為不懂軍事才拒絕的嗎？顯然不是！更深層次的原因是，湯化龍是立憲派的領袖，與革命黨本不是一路人，貿然相邀，自然不能輕下決斷。湯化龍事後對李廉方說：「革命黨人來（諮議）局時，曾以都督相推。予未有絕對拒絕意。子笏（胡瑞霖）則力持不可。其意以予與革命黨素無密切關係，又其時成敗尚未可知。」

既然湯化龍無意做鄂軍都督，眾人自然也無法強求，想來想去，大家想到了一個人 —— 黎元洪。

黎元洪時任第二十一混成協協統，曾考入天津水師學堂，先後入北洋水師、廣東水師任千總、二管輪等職。起義爆發後，黎元洪躲到了部下劉文吉家中，對他說，「我身居協統地位，部下兵變，如果革命黨失敗，我必定會受到朝廷的嚴屬處分；如果革命黨成功，我能否活命也不得而知。」

　　而此時，革命黨人認為黎元洪「在湖北負人望，且得軍心，此時出任都督，最為適當」，於是派人去邀請。得知革命黨人的意願後，黎元洪堅決不從，最後被脅持送到諮議局，有人這樣記載道：

當元洪未到諮議局前，群龍無首。……一籌莫展。……消息沉悶。躁急者失望，膽怯者恐惶，至有怨怨作歸計者。午後則武昌城內遍貼布告，往觀者途之為塞，歡聲雷動。至有艱於步履之白髮老翁，請人扶持擁至布告前，必欲親睹而後快。旅漢外籍人士，聞之亦為之（震）動，皆曰：想不到黎協統也是個革命黨！殘敵更心驚膽裂，易裝潛逃者，不可勝算。

　　當然，這只是外界的一種看法，實際情況是，當得知革命士兵要黎元洪當軍政府都督的時候，他連聲道：「莫害我！莫害我！」死活不肯在安民告示上簽字，最後還是由別人代簽的。

　　魯迅先生曾在小說《阿Q正傳》中嘲諷辛亥革命，阿Q走進錢府，正看到「假洋鬼子」正站在院子中央講得正起勁：「我是性急的，所以我們見面，我總是說：洪哥！我們動手罷！他卻總說道No！──這是洋話，你們不懂的。否則早已成功了。然而這正是他做事小心的地方。他再三再四的請我上湖北，我還沒有肯。」

　　「假洋鬼子」吹噓的「洪哥」，就是「首義都督」黎元洪。

　　接下來的三天內，起義出乎尋常地順利，漢口和漢陽先後光復，武漢三鎮全部落入革命軍之手。眼見革命形勢一片大好，黎元洪也轉而以革命黨人自居，慷慨激昂地表示：「自此以後，我便是軍政府之一人，願與諸君共生死」，隨後還接見了前來拜訪的美國駐漢口的領事，向他們表達了推翻清廷建立共和政體的政治訴求。

　　10月12日，軍政府通電全國：

粵維我祖軒轅，肇開疆土，奮有中夏，經歷代聖哲賢豪之締造，茲成文明古國。凡吾族今日所依止之河山，所背服之禮教，所享受之文物，何一非我先人心血頸血之所留遺，故睹城邑宮室，則思古人開土殖民之惠；睹干戈戎馬，則思古人保種敵愾之勤；睹典章法制，則思古人貽謀教誡之殷。駿譽華聲，世世相承，如一家然，父傳之子，祖衍之孫，斷不容他族幹其職姓。

何物胡清，敢亂天紀，挽弓介馬，竟履神皐。夫胡清者非他，黑水之舊部，女真之韃種，犬羊成性，罔通人理。始則寇邊抄虜，盜我財物，繼則羨我膏腴，耽我文繡，利中國土，遂窺神器。唯野蠻之不能統文明，戎狄之不能統華夏，少數之不能統多數。故入關之初，極肆凶威，以為恐嚇之計。我十八省之父老兄弟諸姑姐妹，莫不遭逢淫殺，靡有孑遺。若揚州，若江陰，若嘉定，屠戮之慘，紀載可稽。又複變法易服，使神明衣冠，淪於禽獸，而歷代相傳之文教禮俗，掃地盡矣。乃又焚毀書籍，改竄典冊，興文字獄，羅織無辜，穢詞妖言，尊曰聖諭，戴仇養賊，謬曰正經，務使人人數典而忘其祖。是其害乃中於人心風俗，不但誅殺已也。

嗚呼同胞，誰無心肝？即不憶父老之遺聞，且請觀夫各省駐防之誰屬，重要之職權誰掌，其用意可揣知矣。二百六十年姦淫苛忍之術，言之已不勝言，至今日則發之愈遲，而出之愈刻也。今日者，海陸交通，外侮日急，我有家室，無以圖存。彼以利害相反，不惜倒行逆施。故開智識，則為破其法律，尚技術，則謂擾其治安。於是百術欺愚，一意壓制。假立憲之美名，行中央集權之勢，借舉新政之虛說，以為搜刮聚斂之端。而乃日修園陵，治宮寢，賚嬖倖，賞民賊，何一非吾民之膏血。饑民遍野，呼籲不靈，哀鴻嗷嗷，是誰奪其生產而置之死地。且矜其「寧送友邦弗與漢族」之謬見，今日獻一地，明日割一城，今日賣礦，明日賣路。吾民或爭持，則曰干預政權，曰格殺勿論。甚且將吾民自辦之路，自集之款，一網

而歸之官。嗚呼！誰無生命，誰無財產，而日託諸危疑之地，其誰堪之！夫政府本以保民，而反得其害，則奚此政府為！況乃淫德醜類，有玷華聲耶？

本軍政府用是首舉義旗，萬眾一心，天人共憤，白麾所指，天裂山頹。故一二日間湘、鄂、贛、粵，同時並舉，皖、寧、豫、陝，亦一律響應。而西則巴蜀，已先克復，東南半壁，指顧告成。是所深望於十八省父老兄弟，戮力共進，相與同仇，還我邦基，雪中國恥，永久建立共和政體，與世界列強並峙於太平洋之上，而共享萬國和平之福，又非但宏我漢京而已。將推此赤心，振扶同病。凡文明之族，降在水火，皆為我同胞之所必憐而救之者。

嗚呼！機不可失，時不再來。想我神明貴族，不乏英傑挺生之士，曷勿執竿起義，共建鴻勳，期於直抵黃龍，敘勳痛飲，則我漢族萬萬世世之榮光矣。我十八省父老兄弟其共勉之！

17 日，黎元洪登壇誓師，莊嚴宣誓：「以我五洲各國立於同等，用順天心，建設共和大業！」

武昌起義的消息第一時間傳到了一個人的耳中。

1908 年，光緒皇帝、慈禧太后相繼去世，載灃上位，主持朝中大局。為了除掉羽翼已豐的袁世凱，載灃在經過利弊權衡後，以「足疾」為由，將袁世凱開缺回原籍。袁世凱不敢反抗，只得悻悻回到了河南安陽的洹上村，過起了賦閒垂釣的生活。

洹上披蓑垂釣，胸中權謀激盪。

被解職的袁世凱顯然不會就此沉淪，他耗銀數十萬，建造洹上村，通鐵路，在自家的後院建了一個電報室，時刻關注著時局的變化。別看袁世凱深居簡出，他其實什麼都知道，其政治抱負從一首詩中可以看出來：

百年心事總悠悠，壯志當時苦未酬。

野老胸中負兵甲，釣翁眼底小王侯。

思量天下無磐石，嘆息神州變缺甌。

散髮天涯從此去，煙蓑雨笠一漁舟。

1911 年 10 月 11 日，是袁世凱的五十二歲生日。這一天，洹水河邊的洹上村「養壽」園賓客滿座、觥籌交錯，一片祝壽慶賀之聲。正宴飲間，一封電報突然傳來，武昌發生兵變！眾人「相顧失色」，袁世凱在心中也湧起狂瀾：「大事不好！此亂非洪楊可比，不可等閒視之！」

已經賦閒三年的袁世凱終於等來了屬於他的機會。

武昌起義發生後，消息很快就傳到了北京。朝廷大為驚恐，經過一番緊急磋商，清廷一面將瑞澂就地免職，仍暫署湖廣總督，戴罪立功，一面派陸軍大臣蔭昌抽調北洋軍兩鎮兵力南下鎮壓，同時又調派了薩鎮冰率海軍軍艦和長江水師前往助剿。

作為一個正經八百的滿族人，蔭昌絕對算得上一頑主，他留過洋學過軍事，但對打仗一事卻屬於門外漢。接到南下鎮壓起義的任命之後，蔭昌心裡一百個不情願，他對攝政王載灃說：「我這個陸軍大臣，其實就是個光桿司令，手裡連一個兵都沒有，你讓我拿什麼去打？是用拳頭打呀，還是用腳踢？」載灃好說歹說，才說動蔭昌走這一趟，因為朝中實在是無人可用了。

據梅蘭芳回憶，蔭昌啟程時，腳登德國長統靴，身穿中式緞袍，嘴裡唱著京劇《戰太平》，搖頭晃腦地上了火車，頗有「為君談笑淨胡沙」的派頭。

問題在於，北洋軍是袁世凱一手訓練出來的，幾乎已變成了袁大頭的

私人軍隊，沒有袁大頭，誰能指揮得動這支軍隊？

10 月 15 日，蔭昌在彰德下車，向袁世凱問計。蔭昌與袁世凱私交甚好，當初攝政王載灃掌權後，決定誅殺袁世凱，蔭昌沒少為袁世凱的事幫忙。袁世凱對他也不隱瞞，勸他：「湖北方面，有黎元洪為將，千萬不可小視！」

經袁世凱這麼一提醒，蔭昌對局勢變得極為悲觀。由於排程無方，貽誤軍機，全國各省紛紛宣布獨立，革命的西洋骨牌開始徹底倒塌。

事情發展到這個份上，清廷終於不得不面對一個人 —— 三年前被「開缺回籍養痾」的袁世凱。

形勢危急，洋人們也坐不住了，為了保護各自在華利益，美國駐華公使嘉樂恆（Calhoun）、英國駐華公使朱爾典（Jordan）及洋人的駐京公使團一起對載灃施壓，要求重新起用袁世凱；慶王奕劻、那桐、徐世昌等人也強烈建議讓袁世凱復出。萬般無奈下，載灃只得無奈答應：「你們這樣主張，就照你們的辦，日後有事發生，請不要推卸責任！」那桐回答：「不用袁，指日可亡；如用袁，覆亡尚希稍遲，或可不亡。」

10 月 14 日，清廷終於給袁世凱下發了諭旨：

湖廣總督著袁世凱補授，並督辦剿撫事宜。君著迅速赴任，勿庸來京觀見。該督等世受國恩，當此事機緊迫，自當力顧大局，勉任其難。袁世凱、岑春煊到任後，瑞澂、趙爾豐再行交卸，欽此。

同一天，清廷又頒上諭：袁世凱現簡授湖廣總督，所有該省軍隊，暨各路援軍均歸該督節制調遣。蔭昌、薩鎮冰所帶水陸各軍並著袁世凱會同調遣，迅赴事機，以期早日戡定。

面對清廷的這份委任狀，袁世凱淡然一笑，不為所動，給朝廷回道：

「臣舊患足疾，迄今尚未大癒。去冬又牽及左臂，時作劇痛……近自交秋驟寒，又發痰喘作燒舊症，蓋以頭眩心悸，思慮恍惚……一俟稍可支持，即當力疾就道。」（《袁世凱奏摺》）

你載灃從前不是以「足疾」為由，將我老袁開缺回老家「養痾」嗎？現如今我腿腳的老毛病非但沒有好，反而還添了新毛病，手臂也不好使，還咳嗽發燒，連腦袋也不行了。

袁世凱真的病成這樣嗎？

顯然不是！

袁世凱其實什麼事沒有。他之所以推諉，無非是想跟載灃討價還價——區區一個湖廣總督，官太小，不做！

載灃明知老袁是在耍花樣要權，卻一籌莫展。

軍情急如星火！載灃無奈，只得派袁世凱小站練兵時期的部下、時任內閣協理大臣的徐世昌親赴洹上村，請袁世凱出山。

袁世凱開出了六個條件：

1. 明年即開國會。

2. 組織責任內閣。

3. 寬容參與此事件諸人。

4. 解除黨禁。

5. 須委袁世凱以指揮水陸各軍及關於軍隊編制的全權。

6. 須與袁世凱以十分充足的軍餉。

同時，袁世凱還公然宣稱，此六條缺一不可，否則絕不出山。

載灃那個氣啊！朝堂之上，一片愁雲慘霧，卻又拿袁世凱無可奈何。

10 月 27 日，朝廷召回蔭昌，任命袁世凱為欽差大臣，召授袁世凱為欽差大臣，督辦湖北剿撫事宜。幾天後，袁世凱被授予內閣總理大臣之職。這一天，載灃被解除了攝政監國的職務。

早在幾天前，英國《泰晤士報》駐華記者莫理循就敏銳地意識到：「我深信，袁重新掌權已為期不遠。我斗膽揣測，袁將接替蔭昌掌管陸軍部，其後升為內閣協理大臣，以接替即將退休之那桐，我還冒昧預測，上述變動將在 10 月間資政院再次舉行會議之前實現。」

莫理循不愧是中國通，他的預言此後一一實現。

就在袁世凱與清廷討價還價之際，武昌起義之後的革命形勢迅速發展，反清烈焰如火山一樣四下噴發，燃遍了全中國。

10 月 22 日，湖南新軍在長沙舉義，於第二天宣布湖南獨立；同日，陝西西安爆發起義，宣布陝西獨立；10 月 29 日，革命者在太原舉事，宣布山西獨立；10 月 31 日，江西南昌宣布獨立；11 月 1 日，雲南昆明獨立；11 月 4 日，貴陽被革命軍攻占，貴州宣布獨立⋯⋯

京城內外，各種流言飛傳，民眾一片恐慌：「京城之逃徙紛紛，每次火車均擠不能容。市面則現銀現錢搬取一空，屢向度支部商借鉅款維持，尚有供不應求之勢，以致百物昂貴，窮民愈無聊生。」

10 月 30 日，清廷匆匆下罪己詔，有大臣這樣自我安慰：「亂黨再無藉口了，可立見敉平矣。」同時，清廷還開放黨禁，釋放所有政治犯：「所有戊戌以來因政變獲咎，與先後因犯政治革命嫌疑，懼罪逃匿以及此次亂事被脅自拔來歸者，悉皆赦其既往。」

然而，大廈已然傾頹，清廷如何挽救，都無濟於事了。

袁世凱出山後，北洋軍士氣大盛，一路旗開得勝，連連攻陷漢口及漢

陽，革命形勢岌岌可危。

危急時刻，同盟會的二把手 —— 黃興出現在了武昌。

黃興的出現，給革命軍注了一支強心劑，黎元洪拉著黃興的手興奮地說道：「克強兄你來，武漢幸甚！革命幸甚！」武漢作家羅時漢在《城市英雄》一書中這樣寫道：「武昌市民聽說黃興到了，都擁到漢陽門正街（今民主路）兩旁一睹黃興風采，沿途鞭炮不絕。軍政府還派出幾隊人騎著高頭大馬，手持寫著鬥大『黃興到』的大旗，分頭向各處奔馳。還把許多寫有『黃興』二字的旗幡插到漢口的高樓屋頂，大張聲威。市民們興高采烈，議論紛紛，比喻為『天將下凡』。」

面對北洋軍凌厲的攻勢，黃興提出了一個大膽的建議：反攻漢口！當天雨夜發動突襲，差一點就取勝了。

黃興率革命軍與之血戰，依然無法抵擋北洋軍凌厲的攻勢，死傷遍野。黃興深感無顏面見江東父老，痛哭失聲，欲拔槍自盡被人勸阻，悲憤之下黯然離開湖北，乘船前往上海。

然而，就在革命軍節節敗退，北洋軍完全可以一鼓作氣拿下武昌之際，袁世凱卻宣布停戰，不打了。

袁世凱深知，大清氣數已盡，袁世凱又不是陸秀夫、文天祥，憑什麼為這樣一個腐朽沒落的朝廷賣命？眼下武昌的革命黨如同砧板上的肉，只要自己願意，隨時可以將革命黨一勺燴了。

問題在於，這之後呢？誰能保證清廷不做卸磨殺驢的勾當？

重新出山後的袁世凱思慮顯然更加深沉，更加老到，他不會輕易受清政府的擺布，也不會放任革命黨繼續鬧事。此時此刻，他想起了湖北新軍起義之初，楊度對他說過的一句話：「亂事一平，袁公有性命之憂。」

老袁要下一盤很大、很大的棋，對革命黨既打又拉，對清廷連哄帶嚇，他要在清廷和革命黨之間進行平衡和博弈。

據說，袁世凱曾對幕僚講過一個拔樹的例子：

各位，你們知道拔樹的辦法嗎？專用猛力去拔，是無法把樹根拔出來的；過分去扭，樹幹一定會斷折。只有一個方法，就是左右搖撼不已，才能把樹根的泥土鬆動，不必用大力就可以一拔而起。清朝這棵大樹，是三百多年的老樹，要想拔這棵又大又老的樹，不是一件容易的事情。鬧革命的，都是些年輕人，有力氣卻不懂如何拔樹；鬧君主立憲的人，懂得拔樹卻沒有力氣，我今天忽進忽退，就是在搖撼大樹，等到泥土已經鬆動了，大樹不久也就會拔出來的。

停戰之後的袁世凱，主動向革命軍拋來了橄欖枝。黎元洪寫信給袁世凱，只要他贊同革命：「將來民國總統選舉時，第一任之中華共和大總統，公固不難從容獵取也。」黃興也給冤大頭戴高帽，「明公之才能，高出興等萬萬。以拿破崙、華盛頓之資格，出而建拿破崙、華盛頓之事功，直搗黃龍，滅此虜而朝食，非但湘鄂人民戴明公為拿破崙、華盛頓，即南北各省亦當無有不拱手聽命者。」隨後，革命黨人不斷向袁世凱發出訊號，希望袁世凱能掉轉槍口，推翻清朝，成就大業。

遠在大洋彼岸的孫中山也高姿態表示：「總統自當選黎君（元洪），聞黎有擁袁（世凱）之說，合宜亦善。總之，隨意推定，但求早日鞏固國基。」

袁世凱出山後，沒有親臨武漢，而是選擇了北上。在北京的日子裡，為了策反袁世凱放棄君主立憲擁戴共和，革命黨人汪精衛、魏宸組可是下了不少功夫。據張國淦在《辛亥革命史料》中的記載：

「袁到京，主張擁護君主，絕口不言共和，至各處通電到京，則言『本人地位但知擁護君主到底，絕對不能贊成共和，不過世界既有共和學說，亦不妨研究。』此時汪兆銘（即汪精衛）已經開釋，乃約汪到錫拉衚衕談論，汪每晚飯後七八時謁袁，十一二時辭出，初只言共和學理，談至三更，漸及事實，汪言：『如須繼續談去，請求再約一人。』袁問何人，汪以魏宸組相對，袁許可。次夜汪魏同謁袁，於是討論中國於君主共和何者適宜，魏善於辭令，每以甘言餌之，袁初尚搭君主官話，連談數夜，袁漸漸不堅持君主，最後不言君主，但言中國辦到共和頗不易，汪魏言：『中國非共和不可，共和非公促成不可，且非公擔任不可。』袁初謙讓，後亦半推半就矣。」

12 月 18 日，上海英租界工部局市政廳，南北議和的會議開始了。袁世凱派出了唐紹儀為代表，南方革命軍政府則選出了伍廷芳為議和首席代表。

唐紹儀是清末民初著名的政治活動家、外交家，曾經和袁世凱拜過把兄弟，跟袁世凱關係密切，後來還做了民國首任總理。對手伍廷芳也不弱，他是中國自費留學第一人，獲得過博士學位及大律師資格，也是中國近代史上第一個法學博士、大律師。伍廷芳曾經當過李鴻章十四年的幕僚，長期活躍在中國外交舞臺上。唐紹儀和伍廷芳都是廣東老鄉，還曾經是同事，倆人雖然年齡相差二十歲，但其實早就是好朋友，所以議和現場氣氛非常融洽。前兩次會談中，圍繞停戰和國體問題，兩人展開了討論。

12 月 28 日，袁世凱將南方革命黨力主共和、唐紹儀請開國會的建議呈報隆裕太后。隆裕太后垂淚諭袁總理大臣：「汝看著如何辦，即如何辦。無論大局如何，我斷不怨汝。即皇上長大，有我在，亦不能怨汝。」

事情似乎進行的很順利，一切都在袁世凱的謀劃中穩步進行。就在南

北雙方舉行第三次會談時，一個人的出現，打破了這種局面。

孫中山回國了。

武昌起義發生時，孫中山正在美國猶他州鹽湖城旁的一個小鎮旅店，當時的他正在四處演說籌措革命經費。唐德剛先生在《晚清七十年》中稱孫中山此時在美國洗盤子，這個說法流傳甚廣，但卻不是事實。

武昌起義爆發後，黃興、宋教仁連番催促孫中山盡快回國主持大局，但孫中山並不急於回國，他決定繼續遍訪歐美諸國政要，試圖透過外交活動幫助革命政府贏得列強的承認，並獲取經濟上的支援。孫中山對此曾有自述：「此時吾當盡力於革命事業者，不在疆場之上而在樽俎之間，所得效力為更大也。故決意先從外交方面致力，俟此問題解決而後回國。」

兩個月後，也就是 1911 年 12 月 25 日，孫中山結束了長達 16 年的流亡生涯，正式公開抵達上海，受到了民眾的夾道歡迎。作為海外華人起義的領袖人物，孫中山在國內也有很高的聲望。此次回國，盛傳他攜鉅款而來。如吳景濂聽說，孫氏在美國募有美元數千萬，兵船十隻，「如在寧組織臨時政府舉伊為臨時大總統，可將錢及船獻出，為政府用」。日本駐上海總領事有吉明也說：「據傳孫氏攜回許多活動經費，但其數額並不會太大（一說五千萬元）」。有記者問道：「孫先生，你這次帶了多少錢回來？」孫中山一愣，說：「予不名一錢也，所帶來回者，唯革命精神耳！」

12 月 29 日，各省代表舉行選舉預備會，以投票選出臨時大總統候選人，孫中山得 16 票，黃興得 1 票。投票結束後，各省代表派人赴上海歡迎孫中山來南京就任臨時大總統一職。

1912 年 1 月 1 日，孫中山抵達南京，當天晚上，臨時大總統府裡各界人士濟濟一堂，孫中山舉左手，宣誓就職，大總統誓詞如下：

顛覆滿洲專制政府，鞏固中華民國，圖謀民生幸福，此國民之公意，文實遵之，以忠於國，為眾服務。至專制政府既倒，國內無變亂，民國卓立於世界，為列邦公認，斯時文當解臨時大總統之職。謹以此誓於國民。中華民國元年元旦。

　　就職典禮相當倉促，據陝西代表馬凌甫回憶，典禮結束，大家「邊跳邊喊，沿街居民多從睡夢中驚醒。不少人懷疑是散兵遊勇滋擾，也有披著衣服從門縫中窺伺動靜的。誰也沒有想到這是當時掌握國家最高權力機關的代表們餘興未盡，作此有類兒戲的行動」。

　　孫中山的出現以及臨時大總統的選舉打亂了袁世凱的布局，讓老袁頗為被動。袁世凱隨後將北方議和代表唐紹儀撤職，宣布此前所談之條款一概無效，命令馮國璋、段祺瑞等四十餘人聯名電請內閣代奏，竭力要求維持君主立憲，反對共和政體。同時，老袁還公開聲稱「君主制度萬萬不可變更」、「只有維持君憲到底，不知其他」。

　　孫中山就任臨時大總統後，革命陣營裡對他也頗多非議，章太炎等認為「論功應屬黃興，論才應屬宋教仁，論德應屬汪精衛」。革命的大旗之下，各色人等魚龍混雜，摻雜其間，原新軍協統吳介璋出任都督後就曾抱怨道：「地方情形還很混亂，青紅幫中人，干涉地方政事，措施困難，急於求去。」

　　最讓人頭疼的還是軍費問題。

　　一次安徽前線軍情告急，糧餉皆缺，都督孫毓筠派專使來求援。孫中山大筆一揮，撥 10 萬元救急。總統府祕書長胡漢民持此總統硃批，前往財政部要求撥款，卻發現國庫之內，孤零零隻躺著十塊大洋。

　　當時正值隆冬季節，大雪紛飛，革命軍路過上海時，身上只穿單夾不

等的平民服裝，加上一件羊皮背心。軍隊長官請求上海方面協助製造棉被褥各三千條，限三日內交貨，但結果卻是，「公所以無軍服製造廠可轉託製，且棉花市面缺貨，只得做了稻草的被褥各三千條，以應急需」。

　　孫中山本人也對嚴峻的處境有著清醒的認識，革命黨人自知理虧，為了安撫袁世凱，孫中山在宣誓就職當天就電告老袁：「公方以旋轉乾坤自任，即知億兆屬望，而目前之地位尚不能不引嫌自避；故文雖暫時承乏，而虛位以待之心，終可大白於將來。望早定大計，以慰四萬萬人之渴望。」

　　袁世凱於 1 月 2 日回電說：「君主共和問題，現方付之國民公決。所決如何，無從預揣。臨時政府之說，未敢與聞。謬承獎誘，慚悚至不敢當，唯希鑑諒為幸。」

　　孫中山再次回電：「倘由君之力，不勞戰爭，達國民之志願……推功讓能，自是公論。若以文為有誘致之意，則誤會矣。」

　　1912 年 1 月 15 日，孫中山再次向袁世凱承諾：「如清帝實行退位，宣布共和，則臨時政府絕不食言，文即可正式宣布解職，以功以能，首推袁氏。」

　　袁世凱這才放下心來。一方面，老袁繼續推進南北議和；另一方面，老袁開始加緊向皇室「逼宮」。袁世凱對清廷的手段無非兩個字，哄與嚇。

　　1912 年 1 月 16 日，養心殿東暖閣中，袁世凱正式向隆裕太后提出了清帝退位問題。為了避免有欺負孤兒寡母的嫌疑，袁世凱跪倒在地痛哭流涕，痛斥革命黨亂國，然後話鋒一轉，訴說自己殫精竭慮，終於為皇室爭取了優待條件，尊號依舊保留，皇帝暫時還可以居住在紫禁城內，每年還有四百萬兩日常開銷等等。

末代皇帝溥儀在《我的前半生》一書中回憶：「在最後的日子裡所發生的事情，給我印象最深的是：有一天，在養心殿的東暖閣裡，隆裕太后坐在靠南窗的炕上，用手絹擦眼，面前地上的紅氈子墊上跪著一個粗胖的老頭子，滿臉淚痕。」

「我坐在太后的右邊，非常納悶，不明白兩個大人為什麼哭。這時，殿裡除了我們三個，別無他人，安靜得很。胖老頭很響地一邊抽縮著鼻子，一邊說話，說的什麼我全不懂。後來我才知道，這個胖老頭就是袁世凱。這是我看見袁世凱唯一的一次，也是袁世凱最後一次見太后。如果別人沒有對我說錯的話，那麼正是在這次，袁世凱向隆裕太后直接提出了退位的問題。從這次召見之後，袁世凱就藉口東華門遇險的事故，再不進宮了。」

1912 年 2 月 12 日，也就是宣統三年十二月二十五日。

這一天，養心殿裡舉行了清王朝最後一次朝見儀式，袁世凱稱病沒來，一班大臣們在外務部大臣胡惟德的帶領下，向隆裕太后和 6 歲的宣統皇帝三鞠躬。柔弱的隆裕太后想到大清江山亡在了自己手中，心中悲苦，不由得當眾抽泣起來，漸而轉為嚎啕大哭，口中還喊著：「祖宗啊祖宗……」

在大臣們的勸慰下，隆裕太后總算是收住了眼淚，領班大臣胡惟德捧起清帝退位詔書，大聲宣讀道：

奉旨朕欽奉隆裕皇太后懿旨：

前因民軍起事，各省相應，九夏沸騰，生靈塗炭，特命袁世凱遣員與民軍代表討論大局，議開國會，公決政體。兩月以來，尚無確當辦法，南北暌隔，彼此相持，商輟於途，士露於野，徒以國體一日不決，故民生一

日不安。今全國人民心理，多傾向共和，南中各省既倡議於前，北方各將亦主張於後，人心所向，天命可知，予亦何忍以一姓之尊榮，拂兆民之好惡？是用外觀大勢，內審輿情，特率皇帝，將統治權歸諸全國，定為共和立憲國體，近慰海內厭亂望治之心，遠協古聖天下為公之義。袁世凱前經資政院選舉為總理大臣，當茲新舊代謝之際，宜有南北統一之方，即由袁世凱以全權組織臨時共和政府，與民軍協商統一辦法，總期人民安堵，海宇乂安，仍合滿、漢、蒙、回、藏五族完全領土，為一大中華民國，予與皇帝得以退處寬閒，優遊歲月，長受國民之優禮，親見郅治之告成，豈不懿歟？欽此。

至此，統治中國長達 268 年的清王朝徹底落下了帷幕。飄揚了二百多年的黃龍旗緩緩落下，取而代之的，是一面象徵著五族共和的五色旗。

民國的大幕，終於拉開了！

一個新的時代開始了。

2 月 13 日，孫中山履行諾言，向參議院提出辭呈，同時舉薦袁世凱為繼任大總統。

14 日，臨時參議院召開十七省代表投票選舉臨時大總統，袁世凱以全票當選。參議院在致袁世凱的電報中說：「查世界歷史，選舉大總統，滿場一致者，只華盛頓一人。公為再見。同人深幸公為世界之第二華盛頓，我中華民國之第一之偉業，共和之幸福，實基此日。」

1912 年 3 月 10 日下午 3 時，袁世凱宣誓就職臨時大總統。就職當天，袁世凱著軍服、佩長劍，面南正立，宣讀誓詞：

世凱深願竭其能力，發揚共和精神，滌蕩專制之瑕穢。謹守憲法，依國民之願望，祈達國家於安全強固之域，俾五大民族同臻樂利。

問題在於，革命成功了，共和卻難建立。1913 年 3 月 20 日，上海火車站的一聲槍響，奪走了宋教仁年輕的生命，也打碎了宋教仁北上組閣的夢想。孫中山發動「二次革命」，與袁世凱徹底決裂，卻也將袁世凱逼上了專制的道路。此後，民國的歷史舞臺上亂烘烘一片，一群又一群人粉墨登場，或振臂高呼，或跳梁而過，你方唱罷我登場，上演著城頭變幻大王旗的混亂年代大戲。

　　在經歷了短暫的民主共和希望後，中國再一次陷入了軍閥混戰的亂世之中。無量頭顱無量血，可憐換來假共和！

　　弱肉強食的亂世裡，理想被摧毀，信念遭踐踏，尊嚴更是蕩然無存。埋葬了腐爛到極點的舊時代，卻換來了一個爭權奪利的混亂民國。歷史的悲劇往往在於，播下的是龍種，收穫的卻是跳蚤！

　　一切的一切，從未注定，卻永不終結。

　　然而，就在這暗沉沉的夜裡，一艘南湖紅船從歷史深處向我們駛來，裡面傳出高昂豪邁的歌聲。東方天際，一輪紅日正噴薄而出，放射出萬道霞光！

　　（全文完）

後記
我爲什麼要寫這部書？

寫完這部稿子，我重溫了一遍《走向共和》。

歷史是什麼？

英國詩人雪萊（Shelley）說，歷史是刻在時間記憶上的一首迴旋詩。高曉松說，歷史是精子，犧牲億萬，才有一個活到今天。

讀中國近代史，有人憤怒，有人傷感，有人遺憾，還有人無奈。作為讀者，儘可以從自己的角度出發去評判歷史，喜歡或厭惡，這都沒有錯。但作為著史者來說，重要的是在千般感慨、萬端思緒之上的理性分析，你要對你的讀者負責，對筆下的人物負責，更要對歷史負責。

為什麼要寫晚清史？

無論人們願意不願意，高興不高興，不得不承認的是，中國社會的轉型是從晚清開始的。當然，與一般的著史者不同，我把這個開始的節點往前調了一下，在我的歷史框架中，決定中國未來走向的這場大變革，起自西元 1793 年，迄於 1911 年，百餘年間，不知多少人頭落地，匯成滔滔血海。

我們背負了太多沉重的歷史，沉重到一個轉身是如此艱難。晚清七十年的歷史，留給後人的不只是有形的恥辱，還有巨大的心靈創傷。我們忘不了圓明園的沖天大火，也忘不了八國聯軍的肆意蹂躪，這是晚清歷史上對中國人的集體心理的兩次傷害，當然還有後來的南京大屠殺。這創傷如此之深，以至於到今天都無法完全癒合。

在我看來，一部晚清史，始終在追尋這樣一個問題：中國從何處來，又向何處去？

我們有著悠久的歷史文化，也曾創造了領先世界的燦爛文明，但卻在近代歷史的潮流中，落伍了。然而，我們無法苛責前輩，作為今人，應該

充分尊重前人的歷史選擇。儘管他們受眼界和知識的限制，無法打破這個鐵屋子，但至少他們沒有甘於沉淪，而是在絕境中艱難前行，探索未來的道路，儘管結果並不盡如人意。

忽然想到李鴻章那句話，一代人只能做一代人的事。

100多年前的歷史，離我們說遠不遠，說近也不近。多年來，由於文科教育的失敗，我們的歷史枯燥乏味，遠談不上什麼歷史觀。一提到革命必定是烽煙滾滾血橫流，慈禧必定是反動保守的，李鴻章必定是「賣國賊」，袁世凱竊取了革命果實……遺憾的是，這不是真實的歷史。

我們大多數人對歷史人物的判斷，都簡單而粗暴，只是君子與小人、仁君與昏帝、好人與壞人的二為分法，沒有灰色地帶。遺憾的是，人性是複雜的，這個世界沒有絕對的黑與白之分，每一位歷史人物的選擇都沒有對錯，他們只是基於當時的內外因素做出了合理的抉擇，與其區分好與壞，不如從利與弊的角度出發去分析歷史，有些問題自然不難理解了。

歷史格局的演化自有其規律在，所有的局中人都是迫不得已，慈禧如此，李鴻章如此，末代攝政王載灃亦是如此。錢穆先生曾說，對歷史應報以溫情與敬意，讀歷史亦是如此。很多時候，歷史是沒有真相的，或者說我們只能無限接近真相，卻永遠無法企及。我讀歷史，更多的關注其背後的邏輯，以及由此獲得的感觸。

晚清之際，風雲激盪，中西文明以血與火的形式火碰撞與交流，古老的中華帝國面臨生死存亡危機，各種思潮此起彼伏，各類政治人物粉墨登場，尋求救世良方。眼看大廈將傾，企圖孤木撐天，迷茫與希望，改良與革命……

客觀地說，晚清的覆亡，從甲午戰敗後就已經埋下了伏筆。此前的鴉

片戰爭、太平天國起義只能算得上是陣痛，並沒有觸及帝國的命脈。甲午一戰，泱泱大國竟然敗給了蕞爾小國，這是時人無論如何也接受不了的。從帝國重臣到士紳階層再到普通百姓，心頭普遍瀰漫著一股屈辱與悲憤的情緒。從此後的歷史中，我們可以梳理出這樣一條脈絡：清廷因兵敗而圖強，因圖強而變政，因變政而召亂，因召亂而亡國。

晚清新政在清末歷史上是一抹難得的亮色，但清廷在這場系統性的改革中逐漸失去了控制力，權力與權威受到了質疑和損害，由改革所引發財政問題更是成為清廷的一個死結。在此過程中，清廷也喪失了支撐傳統帝制王朝的利益集團基礎，即士、軍、紳。而傳統士、軍、紳恰恰又不足以支撐一個憲政國家，故民初憲政的失敗，是不可避免的。

晚清最後十年改革，以地方自治為旗幟，其結果，是將維繫傳統地方秩序的「紳」，納入一種新的「地方諮議局」系統內。「紳」對「諮議局」懷抱極大的希望，並非因為他們認同其憲政特質，而在於「諮議局」是變革時代維繫他們既有社會地位的要津。清廷一再在國會問題上拖延、推諉，與「紳」希望盡快確立起新社會地位的願望背道而馳，反倒給了革命黨滲透崛起壯大的機會。儘管晚清的最後幾年，各種現代化舉措正在迅速推進，但帝國的柱石卻已被掏空，民心已失，覆亡已是其必然的歸途。

1911 年武昌起義後，旅居日本的梁啟超寫下了〈新中國建設問題〉，其中有這樣一段話：

十年來之中國，若支破屋於淖澤之上，非大亂後不能大治，此五尺之童所能知也。武漢事起，舉國雲集響應，此實應於時勢之要求，冥契乎全國民心理之所同然。是故聲氣所感，不期而治乎中外也。今者破壞之功，已逾半矣。自今以往，時勢所要求者，乃在新中國建設之大業。而斯業之

艱鉅，乃什百於疇曩，此非一二人之智力所能取決，實全國人所當殫精竭慮以求止於至善者也。

儘管清政府的自救以失敗而告終，辛亥革命也終結了晚清，但梁啟超所言的新中國建設問題並沒有因此被打斷，甚至可以說，辛亥革命本身就是新中國建設中的一部分。

我試圖用自己的文字沖開覆蓋在歷史上的層層汙穢和金粉，力求在原始的檔案歷史材料之上，還原事實真相，以晚清歷史大事件為線索，探索帝國崛起被打斷的原因。

寫作本書，是一個漫長的過程，漫長到我上大學就開始動筆，斷斷續續直至畢業多年才得以完稿，其中艱辛不足為外人道也。板凳甘坐十年冷，文章不寫半句空，是我終身堅守的誓言。作為一個新人，也許其中還有很多不足，部分觀點也有待商榷，但我確實是盡力了。

以此為記。

帝國末路，晚清的衝突與變革：

四千年大夢之覺醒，一個王朝的隱退！以晚清歷史大事件為線索，揭開帝國崛起被打斷的原因

作　　　者：朱耀輝
發　行　人：黃振庭
出　版　者：崧燁文化事業有限公司
發　行　者：崧燁文化事業有限公司
E - m a i l：sonbookservice@gmail.
　　　　　　com
粉　絲　頁：https://www.facebook.
　　　　　　com/sonbookss/
網　　　址：https://sonbook.net/
地　　　址：台北市中正區重慶南路一段
　　　　　　61 號 8 樓
8F., No.61, Sec. 1, Chongqing S. Rd.,
Zhongzheng Dist., Taipei City 100, Taiwan

電　　　話：(02)2370-3310
傳　　　真：(02)2388-1990
印　　　刷：京峯數位服務有限公司
律師顧問：廣華律師事務所 張珮琦律師

定　　　價：420 元
發行日期：2024 年 07 月第一版
◎本書以 POD 印製
Design Assets from Freepik.com

國家圖書館出版品預行編目資料

帝國末路，晚清的衝突與變革：
四千年大夢之覺醒，一個王朝的隱
退！以晚清歷史大事件為線索，揭
開帝國崛起被打斷的原因 / 朱耀輝
著 . -- 第一版 . -- 臺北市：崧燁文化
事業有限公司 , 2024.07
面；　公分
POD 版
ISBN 978-626-394-480-0(平裝)
1.CST: 晚清史
627.6　　113009098

電子書購買

爽讀 APP

臉書